LA VIE QUOTIDIENNE DES FEMMES DU ROI

D'AGNÈS SOREL À MARIE-ANTOINETTE

LA VIE QUOTIDIENNE
DES
FEMMES DU ROI
D'AGNÈS SOREL À MARIE-ANTOINETTE
GUY CHAUSSINAND-NOGARET

Hachette

INTRODUCTION

LA REINE PLURIELLE

L'HISTOIRE anecdotique, frivole ou paillarde, des amours des princes, telle qu'on la rencontre sous l'écriture verte et drue de Brantôme ou sous la plume élégante et légère de Bussy-Rabutin, n'est pas le sujet de ce livre, et si la gaillardise et la gauloiserie n'en sont pas absentes, c'est que les rois de France furent souvent paillards et gaulois et que leurs palais furent presque toujours un des hauts lieux de la galanterie française.

Les femmes du roi... On sera peut-être surpris de ce pluriel agressif, qui peut paraître bien singulier, surtout si, au-delà du nombre, on considère les implications morales, sociales et politiques d'un pluriel qui ne doit rien à la majesté. Certes le roi est entouré d'un grand concours de femmes – épouse, mère, sœurs –, des nombreux bataillons de leurs suivantes, compagnes et dames qui ont, depuis la fin du XVe siècle, effacé la rudesse de la cour en la féminisant. Aussi bien cette prise de possession d'une cour, restée longtemps masculine et resserrée, par des femmes qui y introduisent de nouvelles formes de sociabilité, les sentiments et l'art de vivre de leur sexe devait-elle entraîner de grandes conséquences dans la structure même de la famille royale, déterminer pour l'avenir les comportements sexuels et affectifs du roi, introduire de grands bouleversements dans la police du château et régler la politique monarchique en fonction des influences féminines, qui furent parfois des facteurs de désordre mais purent aussi, à l'occasion, avoir des effets positifs. La féminisation de la cour, ce fut la féminisation de la civilisation française, de sa culture et de son art, de ses usages, mais ce fut aussi la révolution du cœur, des mœurs et de la vie sociale de celui qui la couronnait et la symbolisait : le roi. Marié par politique, et le plus souvent sans qu'il eût manifesté la moindre inclination, il jeta naturellement les yeux sur ce vivier de fraîcheur, de beauté et de consentement que constituaient les escadrons de jeunes filles ou de jeunes femmes qui formaient les maisons de la reine et des princesses. Il en choisit une et l'aima, la para, la décora; les courtisans se prirent d'abord au jeu de ce papillon étincelant qui les éblouit, les charma car ils lui durent leurs joies, leurs divertissements, des fêtes prodigieuses, des amusements renouvelés. Ils y virent aussi un instrument de faveur ou de disgrâce. Les politiques en firent un enjeu, un instrument d'influence. Ils s'ingénièrent à manœuvrer ce levier de puissance. Parfois ils choisirent pour le roi et mirent dans son lit l'objet docile de leur ambition. Le roi voulut que tout fût lumière autour de lui et la clandestinité fut bannie. Il éleva sa maîtresse, et porta jusqu'à lui, à côté de la reine dynastique, la reine de beauté et d'amour. Il eut deux femmes, l'une pour régner sur les affaires, l'autre pour régner sur les plaisirs; l'une pour le droit, l'autre pour le cœur. La femme aimée ne fut pas ensevelie dans le secret; c'est au grand jour et dans toute la gloire des favorites désignées que le roi la produisit et l'offrit aux hommages de ses fidèles. Elle vécut sous son toit, joignant à sa qualité de maîtresse et de favorite celle de concubine, et elle put donner des enfants au roi.

Le ménage royal devint alors d'une grande

complexité, et son économie se distingua radicalement du modèle monogamique de la famille chrétienne. Le roi très-chrétien, en effet, est polygame. Le terme, ici, n'est pas employé dans une extension abusive. Épouse et concubine(s) vivent dans la maison du roi, l'une et l'autre assurant sa postérité biologique. Certes, la reine seule peut assurer en principe l'avenir de la dynastie : mais l'amour paternel et la raison d'État peuvent à l'occasion élever les bâtards jusqu'au trône. L'éducation des enfants, légitimes et adultérins, contribue également à la structuration de la famille polygamique : ils peuvent être, par la volonté du souverain, nourris et élevés ensemble. Quant aux femmes du roi, chacune a sa place officielle, son statut reconnu; mais celui de la reine, sanctifié par le sacrement, bénéficie de la permanence (sauf répudiation) alors que celui de la favorite est incertain et transitoire. Entre elles la hiérarchie, toute protocolaire, est fréquemment inversée : de l'épouse du roi, souvent effacée, et de la maîtresse jeune, belle, brillante, la véritable reine est rarement celle qui doit son titre à sa condition et à son rang et il arrive que ce soit la femme légitime qui fasse sa cour à celle qui règne sur le cœur du roi. Une ethnologie de la tribu royale devrait prendre en compte ce perpétuel va-et-vient entre le sacré et le profane, le légitime et l'illégitime, le pur et l'impur, qui structurent fonctionnellement vie publique et vie privée du roi.

Le roi de France, s'il n'est pas très catholique, est en tout cas le très-chrétien. Il est donc marié selon les canons de l'Église. Son mariage est une affaire d'État, qui échappe le plus souvent à sa décision : c'est un traité destiné à resserrer l'alliance de deux pays, à assurer au roi les droits d'une princesse, à compléter la formation territoriale du royaume. À la différence des concubines qui n'offrent au roi que leur chemise, la reine apporte une dot. Son rôle n'en est pas plus considérable pour autant. Son effacement, non pas général, mais fréquent, tient à des raisons complémentaires : statut d'étrangère, indifférence du roi, personnalité. Elle n'a guère qu'une occasion de révéler ses mérites et de jouer, au-delà de sa vocation naturelle à assurer la continuité dynastique, un vrai rôle politique : la régence, où elle montre parfois un grand caractère car il s'agit généralement d'une période troublée où les grands appétits contrariés se réveillent. La vie d'une reine est marquée par trois séquences qui influent sur les destinées de l'État : son mariage où elle est un enjeu politique; sa grossesse où elle donne un héritier au trône; et éventuellement la régence qui lui confie le pouvoir pour un temps.

En dehors de ces temps forts, et à l'exception de quelques personnalités plus vives qui profitent de la jeunesse, de l'amour ou de la faiblesse du roi – Marie Stuart ou Marie-Antoinette –, leur influence, si elle existe, se manifeste dans l'obscurité, mais le plus souvent elles sont réduites presque à la nullité. Alors la piété est leur domaine ou leur refuge et elles contribuent surtout à maintenir la décence et au moins l'apparence des bonnes mœurs matrimoniales dans la famille royale. Elles rassemblent souvent autour d'elles tout ce que la cour compte de dévots, d'esprits chagrins, hostiles à la gaieté mais aussi à la politique du roi et à l'influence de ses maîtresses. Les reines deviennent souvent le centre d'un foyer d'opposition. Elles donnent aussi un ton à la cour. Elles en ont adouci la police, l'ont civilisée et rendue audacieuse et brillante, l'ont transformée en paradigme du plaisir et de la civilité, en y introduisant une suite nombreuse de femmes, dames et filles d'honneur, surtout depuis Anne de Bretagne qui transplanta en France les usages de sa très féminine et très policée cour bretonne. Les maisons de la reine et des princesses constituaient certes un sérail à la fois riche et juvénile où le roi pouvait à volonté puiser ses favorites, et ce n'est pas un hasard si le règne des grandes maîtresses commence précisément au moment où s'organise l'élément féminin de la cour qui ouvre les portes aux délices du libertinage mais constitue aussi un facteur d'adoucissement des mœurs. Et l'on mesure toute l'importance de cette révolution sur les progrès de la civilisation et de la civilité si l'on songe que la vie de société ne fut, au moins jusqu'au XVIIIe siècle, que l'épanouissement de la vie de cour hors du calice où elle était née.

Auprès de ces reines dont le ventre fécond enfante le demi-dieu qui régnera demain, les maîtresses royales auraient pu n'être que des courtisanes, des prêtresses de plaisir reléguées dans les alcôves de la débauche, dans ce « Parc aux Cerfs » que certain roi entretiendra dans l'ombre de la clandestinité. Généralement il n'en est rien, et la favorite brille au premier rang des astres de la cour, rejetant dans un respectueux mais obscur néant la concurrente privilégiée qui n'a d'autre titre qu'un parchemin. Elle est la première étoile de la galaxie royale, et la reine ne peut se prévaloir que d'un avantage : « Vous passerez », peut-elle dire à la favorite, « et moi je reste ». Les deux femmes ont d'ailleurs tout le loisir de s'observer, de se haïr ou de s'estimer, car elles vivent dans une étonnante promiscuité comme elles se partagent l'intimité du roi.

Les rois ne se sont jamais privés de fôlatrer dans leur palais et de donner l'assaut aux servantes, suivantes ou putains, mais c'est avec Charles VII (1403-1461), qui fit à Agnès Sorel une position sans précédent, que les maîtresses en titre firent leur entrée à la cour, et c'est avec Francois Ier surtout que le règne de la favorite, accompagné de tout l'appareil du prestige et de l'influence, devint une institution à laquelle devaient sacrifier par la suite tous les Valois et la dynastie des Bourbons. La maîtresse royale était devenue une dignité, avec ses rites et protocoles, que l'italianisation de la cour de France avait en quelque sorte imposée au roi : les désirs et les besoins affectifs de l'homme firent le reste. Désormais la favorite tint le grand premier rôle féminin dans le spectacle monarchique et dans la symbolique du pouvoir. Elle fut le personnage allégorique où se croisèrent, dans l'ambiguïté de l'érotique royale, le droit de cuissage du premier seigneur de France et la fertilité métaphysique du surhomme souverain. Le roi prit appui sur elle pour définir sa propre mythologie. Diane de Poitiers parvint à imposer son image de déesse-lune et son amant alla vers l'héroïsation; Renée de Châteauneuf, mignonne d'Henri III, fut célébrée par les poètes sous les traits de Vénus et la cour la compara au soleil.

L'allégorie, renforcée et soutenue par la puissance et l'orgueil, aboutit à l'époque classique à l'idéalisation solaire de Louis XIV, à une baroque divinisation de l'État. Mais le mythe peut se renverser, la déesse être arrachée des cieux et précipitée au séjour infernal; elle devient alors la sorcière fatale et lubrique qui entraîne dans la crapule et l'orgie le royal amant dont l'astre pâlit. Charles VII, entièrement livré aux femmes à la fin de son règne, Louis XV tombé dans le discrédit, durent à leurs maîtresses de connaître cette chute.

Mais la favorite n'est pas seulement la fable d'un imaginaire amoureux et d'une symbolique de la puissance royale, pouvoir et virilité. Elle exerce aussi une magistrature. Très souvent suffète des arts, des lettres et des mœurs, elle a un ministère plus large, qui peut s'étendre à tout et imposer son autorité aux ministres eux-mêmes. Autorité qui tient son avantage de l'amour et de la faiblesse et qui reste, en quelque sorte, domestique. On peut s'étonner que tout ce que la France comptait de richesses, de beauté, de dignité, de talents ait porté ses hommages aux pieds d'une créature vénérée parfois comme une idole. C'est que la favorite royale est l'archétype sensible du courtisan.

En elle se manifeste, par le contact physique et le partage de l'amour, le désir de dévotion et le don absolu du sujet à son maître. Tout courtisan rêve d'être anagogiquement la maîtresse du roi dont la concubine est l'hypostase érotique. À la reine, génitrice et édifiante, s'oppose ainsi la maîtresse allégorique qui symbolise dans le don de sa chair l'amour mystique des serviteurs du roi.

Pourtant la favorite n'est pas seulement un mythe où la dégénérescence de la chevalerie trouve un aliment à ses fantasmes d'allégeance et de noble servitude féodale. Elle est aussi un enjeu entre les ambitions, les cabales et les intrigues et participe elle-même, avec ses armes de femme et l'appui de ses fidèles, aux querelles du palais, aux luttes d'influence pour la conquête du pouvoir. Chef de parti, elle dispose, dans le roi, d'un atout majeur. Mais parfois la concurrence bénéficie d'un avantage comparable, et la cour devient un sérail où les ennemis s'affrontent par favorites interposées : ainsi la fin du règne de François Ier est marquée par la rivalité entre la duchesse d'Étampes, maîtresse du vieux roi, et Diane de Poitiers, qui a voué ses charmes au futur Henri II, dauphin et impatient.

Il arrive que la maîtresse ne doive pas sa position aux hasards de l'amour. Les courtisans, les favoris, les ministres sont d'habiles entremetteurs pour qui le maquerellage n'a pas de secret et le marchandage parfois va bon train. Une maîtresse dans le lit du roi, c'est la fortune d'une famille assurée, c'est la faveur pour ses amis, c'est parfois le pouvoir et l'espérance d'une grande destinée. L'argent n'est pas absent de la prostitution royale et les d'Entragues, par exemple, exigent un tombereau d'écus pour livrer Henriette aux coucheries d'Henri IV dont l'avarice est pourtant proverbiale. Les favorites offrent d'ailleurs des caractères contrastés et, si certaines sont aimantes et désintéressées, d'autres sont sèches, cupides, insatiables et Diane de Poitiers, l'immortelle déesse-lune que chantèrent les poètes, la femme dominatrice qui entraîna Henri II, mit le royaume en coupe réglée et inspira la haine des huguenots à son royal amant pour s'approprier leurs biens confisqués.

Lorsque la favorite est installée se pose la question de sa position et de son avenir. Elle reçoit souvent de grands biens, des titres, des rentes, mais sa situation demeure précaire. Elle peut à tout moment cesser d'être aimée, ou être supplantée par une rivale habile; ses ennemis peuvent la discréditer auprès du roi, une maladresse peut la perdre. Conserver la faveur de l'amant, surtout s'il est d'un caractère volage, est donc la grande affaire de la sultane royale dont, pour être durable, le règne doit être fondé, autant que sur l'amour et le désir, sur des artifices qui soumettent le roi à son empire. Si le monarque est très épris, si les circonstances sont favorables, il peut venir à la favorite d'immenses prétentions, le rêve fou de la femme et de la courtisane, devenir l'amante-reine et obtenir du roi le seul organe inaccessible à la maîtresse : sa main. Une telle ambition, universellement blâmée, jetait le trouble et la perturbation dans l'économie du système monarchique. Le mariage du roi est du ressort de la diplomatie, et le choix de l'épouse relève de la raison d'État et non de la raison du cœur. Les Français d'Ancien Régime, qui respectaient l'autorité et les sentiments du roi, qui lui passaient même ses caprices, ne toléraient pas qu'il prît des libertés avec ses devoirs, ceux que lui imposaient la tradition et la coutume, et ces hypothétiques « lois fondamentales » qui tenaient lieu de constitution. S'il les bravait, il s'exposait à l'opposition de sujets sourcilleux qui dénonçaient alors le péril de l'État et le mépris de leurs droits. Le roi n'était plus alors le représentant de cette monarchie française dont on s'accordait à vanter la belle harmonie et l'équilibre;

on l'assimilait à un despote oriental, ce repoussoir du prince vertueux et sage. Le roi devait, de bon cœur, accepter ses servitudes; le mariage politique était une des plus impérieuses. Mais lorsqu'il est sans femme légitime, veuf ou séparé, qu'il est très amoureux ou esclave de sa maîtresse, la tentation peut être forte de passer outre aux conventions, à la bienséance et à l'intérêt de l'État. À dire vrai, le cas se présenta rarement. Henri IV fut le premier à y songer, pour Gabrielle d'Estrées, et, malgré le scandale que suscita son projet, il l'eût réalisé si la mort qui frappa brutalement sa maîtresse ne l'eût sauvé d'une inconséquence si coupable que tous les bons esprits de France avaient ouvertement blâmée. Finalement un seul prince osa. Doit-on s'étonner d'avoir à nommer le plus rude et le plus orgueilleux des rois ? Louis XIV épousa sa maîtresse, très dévotement il est vrai et presque en pénitence, et dans le plus grand secret : c'était aussi le secret de Polichinelle, mais les apparences étaient sauvegardées.

Une des interrogations les plus importantes que pose la vie sentimentale du roi concerne la position exacte de la favorite (et celle des bâtards également) dans la structure familiale, mais aussi dans l'organisation politique de la cour. Son statut est indéfinissable, à la fois marginal et central, toujours ambigu et souvent provisoire car une maîtresse chasse l'autre. Elle est certes la dame du roi, la femme d'élection, ce qui lui assure une position forte. Mais elle ne se maintiendrait pas longtemps, dans ce foyer d'intrigues, de jalousies, de bassesses et de coups bas que sont le Louvre, Fontainebleau ou Versailles, si elle n'était soit la créature, soit l'inspiratrice d'une puissante cabale qui réunit des ministres, des dignitaires et des favoris du roi. Parfois, on l'a vu, les ministres eux-mêmes pourvoient aux plaisirs du monarque pour assurer leur position. La favorite peut avoir de l'esprit, de l'ambition, des idées, une politique qu'elle peut inspirer au roi, des amis qu'elle peut placer et gouverner. Même si elle est modeste et ne se mêle pas ostensiblement de politique, elle est au moins dispensatrice des grâces royales, elle est l'intercesseur plus ou moins discret entre le roi et ses sujets et s'assure par ses bontés une clientèle dévouée. Ainsi se crée un déséquilibre entre la reine et la maîtresse : à l'une l'indifférence et le respect, à l'autre l'amour et l'influence. La première, isolée, ne recevant que des hommages de convention, regroupe tristement autour d'elle la vertu, la rancune et l'opposition, sans poids politique, sans moyens pour entreprendre, presque toujours sans appuis solides sur lesquels compter. La seconde au contraire garde dans ses filets dorés la faveur et l'ambition avec la gaieté et les plaisirs. Pour la reine les pleurs, la prière et le renoncement; pour la maîtresse l'amour, l'argent, le pouvoir et les fêtes.

Il y a donc, entre les femmes du roi, distribution des rôles, spécialisation des fonctions.

La reine incarne l'ordre et la légitimité, l'orthodoxie et l'immobilisme. La maîtresse, au contraire, est plaisir, mouvement et création. Elle est souvent l'inspiratrice et l'enjeu de la production artistique et littéraire. Les architectes construisent pour elle, élèvent parfois un temple à la gloire de sa divinité : Philibert Delorme et Benvenuto Cellini créent dans le parc du château d'Anet une symbolique architecturale et sculpturale qui assimile la favorite à la déesse créatrice, chasseresse des forces du mal et conseillère éclairée et puissante du prince son amant. Les poètes se disputent l'honneur de célébrer sa beauté, sa force mais aussi sa vertu car elle n'est pas justiciable de la vulgaire morale des hommes et ce n'est pas pécher que de coucher avec le roi, héros à qui revient de droit toute beauté céleste. « Toute dame aimée d'un grand roi, dit Brantôme, c'est signe que perfection abonde et habite en elle qui la fait aimer; aussi la beauté donnée des cieux ne doit être épargnée aux demi-dieux [1]. » Les poètes écrivent aussi pour animer les fêtes et exalter l'amour et, lorsque la mythologie cède le pas au rationalisme, l'allégorie s'efface et la maîtresse est arrachée des cieux. Mais ce n'est pas une chute car elle est aussitôt placée au nouveau panthéon : celui de la philosophie; et Voltaire peut s'écrier, à la mort de la marquise de Pompadour : « Elle était des nôtres. »

Comme la société, par mimétisme et par calcul, se modèle largement sur la cour, on peut dire qu'elle évolue au rythme de la succession des maîtresses royales. Au reste il arrive que la reine monopolise un rôle qui n'est pas réservé aux favorites, et Anne de Bretagne ou Catherine de Médicis qui ont introduit l'imitation des cours bretonne et italienne ont joué un rôle décisif dans l'évolution de la civilisation aulique, dans l'affinement et l'italianisation de toute la société. Mais, généralement, c'est à la favorite que revient l'initiative : elle donne le ton, crée la mode, impose son magistère aux créations de l'art et ce n'est pas en vain qu'existe, par exemple, un style Pompadour. Mécène, protectrice des écrivains, des poètes, des artistes, elle a, pour attribut le plus estimable, l'inspiration créatrice. Sans doute parce que le roi fait pour elle de grandes dépenses, aménage des palais à son intention pour son confort et son plaisir, donne bals, spectacles, festins qui requièrent l'assistance de comédiens, de danseurs, de musiciens, d'artistes en tout genre, mais encore parce qu'elle a besoin de baladins, de poètes et de flatteurs pour satisfaire son goût du luxe et de la beauté, et plus encore pour sa gloire et sa publicité. Elle pensionne des écrivains pour qu'ils chantent ses louanges, ses charmes et sa vertu, engage des artistes pour distraire le roi – sûr moyen de le garder et de lui plaire – et pour la

1. *Les Dames galantes*, Gallimard, collection Folio, p. 335.

construction, l'embellissement et la décoration de nids d'amour dignes de son souverain, qui marquent, d'Anet à Louveciennes, des étapes majeures de l'invention architecturale, des arts décoratifs et d'une manière plus générale de l'esthétique française. Car, Françaises et souvent Parisiennes, elles font régner le goût français, parisien, dans une cour où les reines, étrangères, auraient pu facilement imposer l'imitation de leur patrie d'origine, ce que certaines firent parfois d'ailleurs avec bonheur.

Dispensatrice des plaisirs, déesse de la sagesse ou prêtresse d'amour, la maîtresse se trouve investie parfois d'un rôle inattendu, et scandaleux, qui empiète sur la prérogative incontournable de la reine : assurer l'avenir de la dynastie. Le cas est exceptionnel, ressenti comme une provocation, et Saint-Simon condamne l'audace d'une telle énormité comme un acte de tyrannie sans exemple dans une monarchie libre. Avant son mariage avec Marie de Médicis, Henri IV, sans enfant, avait écrit une promesse de mariage à Henriette d'Entragues sous réserve qu'elle lui donnât un héritier mâle. Mais c'est Louis XIV, qui n'admit jamais que rien fît obstacle à sa volonté, qui avait exigé que les lettres de légitimation reconnussent aux bâtards de la marquise de Montespan tous les droits d'enfants royaux, comme « nés en légitime mariage », et il leur assura, dans l'ordre de succession, la faculté d'être élevés au trône. Situation extrême, paradoxale, qu'expliquent les circonstances. Fréquente au contraire est, jusque dans le protocole, l'inversion de hiérarchie. La favorite peut être traitée en véritable reine de France, et prendre le pas sur la souveraine et les princesses. L'économie de l'espace, la proximité physique avec la personne du roi, règlent en partie non seulement le degré de familiarité mais l'ordre réel des rangs. L'ordonnance des appartements, la fréquence et la durée des contacts, surtout dans l'architecture solaire de Versailles, déterminent une échelle de valeurs et marquent symboliquement la place et le poids de chacun. La disposition du logement par rapport à celui du roi délimite les zones dont le rayonnement croît ou décroît à mesure du voisinage ou de l'éloignement. La maîtresse partage plus de temps avec le roi que la reine qui ne reçoit généralement qu'une brève visite par jour, et ses appartements sont contigus à ceux de son amant. À Versailles, en 1676, la reine disposait de onze pièces au deuxième étage, Montespan de vingt pièces au premier. Cela en dit long à la fois sur les relations qui unissaient le roi et la reine, le roi et sa maîtresse, sur l'empire qu'exerçaient l'une et l'autre, sur le degré d'empressement des courtisans pour leur influence respective. Le roi peut d'ailleurs imposer à son entourage, aux autorités, aux corps constitués, qui ne s'y refusent pas et parfois devancent les ordres, l'obligation de rendre à sa maîtresse des honneurs de reine. Lorsque Henri IV alla à Rouen tenir les États (1596), il exigea que Gabrielle d'Estrées fût accueillie cérémonieusement par les échevins, le parlement de Normandie et haranguée par le premier président Groulard. Catherine de Navarre, sa sœur, venue le rejoindre, reçut des honneurs plus discrets.

La faveur de la maîtresse royale déborde aussi les frontières du royaume, et la diplomatie doit compter avec une puissance dont dépend parfois un traité, un crédit, voire le sort des princesses, la guerre ou la paix. Les ambassadeurs étrangers, le nonce du pape lui-même lui réservent leurs premières visites et sont porteurs de lettres et de brefs à son intention. C'est qu'elle est parfois l'arbitre de la diplomatie et des armes et l'on vit, sous les Valois, Diane de Poitiers mettre fin aux guerres d'Italie (paix de Cateau-Cambrésis, 3 avril 1559) et, sous Louis XV, Pompadour nommer et gouverner les généraux.

Cette position clé de la maîtresse royale, mais aussi la jalousie, les blessures d'amour-propre, la dignité même, rendent souvent difficiles et tendues les relations avec la reine, d'autant plus que la favorite occupe souvent une fonction dans la maison de la souveraine; subalterne ici, là maîtresse, celle qui sert la reine est servie par le roi. Si généralement la reine, faisant contre mauvaise fortune bon cœur, se résigne, il n'en va pas toujours de même avec la dauphine, le dauphin, les princesses. Mais le roi est le maître : on ose rarement exprimer son dépit, son mépris ou son hostilité; les réfractaires s'exposent à d'amères réprimandes, à la disgrâce, au châtiment, et nul n'est à l'abri de la colère du roi. Marie-Antoinette, dauphine, qui s'exprimait trop ouvertement sur Du Barry, alors maîtresse en titre, fut sèchement rappelée à l'ordre par sa mère, Marie-Thérèse d'Autriche, qui lui écrivit sans détour : « Il suffit que le roi distingue une telle ou un tel pour que vous lui deviez des égards (...), sans éplucher leurs mérites. » L'amour du roi était un bouclier digne des forges de Vulcain, dont la protection écartait tout danger, même la fureur des maris trompés. Brantôme raconte que François Ier, voulant coucher avec une dame de sa cour, se heurta au mari qui menaçait de tuer sa femme; le roi le somma de lui céder sa place au risque de sa vie. « Cette dame était bien heureuse, ajoute-t-il, d'avoir trouvé un si bon champion et protecteur de son con, car jamais depuis le mari ne lui osa sonner mot, mais lui laissa tout faire à sa guise. » Et le profond moraliste de la cuisse galante tire la leçon de l'anecdote : « Comme plusieurs vont en guerre pour sauver leurs terres et y mettent les armoiries du roi sur leurs portes, ainsi font ces femmes de celles de ces grands rois, au bord et au-dedans de leur con, si bien que leurs maris ne leur osaient dire mot, qui sans cela, les eussent passées au fil de l'épée [1]. » Cette sauvegarde avait pourtant ses limites, et les fleurs de lys, même disposées stratégiquement au bon endroit comme le suggère Brantôme, ne mettaient pas toujours la favorite à l'abri de l'opinion.

Elle courait cependant un danger plus immédiat, car il était au cœur même de la monarchie : si le trône s'accommode de l'excentricité royale, l'autel est réfractaire à une polygamie qui mortifie ses dogmes et bafoue ses sacrements. Assez généralement bien accueillie par ses sujets qui considèrent la double vie du souverain comme la compensation naturelle de son sacrifice à la raison d'État, elle reste pour l'Église un sujet de scandale. Le roi de France, fils aîné de l'Église, ignore ses commandements, est adultère, et souvent doublement. Le clergé ne peut donc que condamner le roi. Tout au moins en principe, car il existe bien des accommodements avec le Ciel et avec les intérêts de l'Église elle-même. On doit donc nettement distinguer la doctrine de la pratique et ne pas s'étonner des complaisances des prélats (dictées parfois par des vues personnelles) et du pape lui-même pour la maîtresse du roi. Et prendre en compte aussi la chronologie : la bienséance, la décence des mœurs ont varié avec le temps et, plus ou moins volontaire, l'Église a suivi l'évolution. Les progrès de la police des mœurs, le grand effort de reconquête catholique, l'influence de la préciosité et des salons civilisateurs comme celui de l'hôtel Rambouillet, ont adouci les caractères, assagi le langage, les usages, et ôté à l'amour ses trivialités les plus rudes : on n'imagine pas Louis XIV lutinant sa maîtresse en plein Conseil, comme le faisait trois quarts de siècle plus tôt son aïeul Henri IV, gaillard et Béarnais.

L'attitude de l'Église, généralement tolérante,

1. *Les Dames galantes*, Gallimard, collection Folio, p. 40.

souvent complaisante, parfois complice, est de toute façon ambiguë. Certes un Bossuet, un Bourdaloue n'hésitent pas à user de la liberté de la chaire et des privilèges du sacerdoce pour fulminer publiquement, et parfois en des termes qui frisent la lèse-majesté, la condamnation des débordements du roi, et ordonner des pénitences sévères rarement reçues avec contrition. Ce sont là de grands caractères, d'une piété profonde, que la foi et l'intérêt de la religion inspirent, et qui savent aussi se montrer discrets et indulgents; et l'on vit Bossuet s'entremettre pour réconcilier Louis XIV et Montespan un moment brouillés. Le plus souvent les ecclésiastiques se laissent dominer par des considérations politiques ou l'intérêt de leur propre carrière, et le cardinal Fleury, Premier ministre (1653-1743) et désireux de le rester, met lui-même une femme – Mme de Mailly – dans le lit du roi pour consolider, par elle, son pouvoir. Si la morale chrétienne et le sacrement du mariage sont invoqués hautement pour exiger le renvoi d'une maîtresse, c'est moins parce qu'elle est pécheresse que parce qu'elle est importune; c'est pour arracher le roi au parti qui le domine et assurer ainsi la victoire de ses concurrents.

Il existe donc une sorte de conspiration générale pour excuser le roi. L'opinion populaire se réjouit de la bonne santé du souverain qui prouve ainsi sa jeunesse et sa vigueur. La cour profite de la vie de fêtes et de plaisirs dont la favorite est l'occasion ou l'animatrice. Et les politiques utilisent ou manœuvrent l'amante royale comme la pièce maîtresse de leur échiquier.

La médaille, bien sûr, a son revers. Entourée d'admirateurs zélés, de courtisans, d'obligés, la favorite a aussi beaucoup d'ennemis. D'abord ses rivales, qui envient sa faveur et rêvent de la supplanter dans le cœur du roi; ensuite les ambitieux qui espèrent une rapide fortune ou le moyen de contrôler le roi en lui donnant une maîtresse de leur main. Ce sont là intrigues de sérail. Il y a plus grave. En période de crise, elle devient tout naturellement le bouc émissaire de tous les péchés, la cible idéale des mécontentements et des rancœurs. Tous les maux, les catastrophes, les disettes comme les revers militaires, l'impôt trop lourd et même la grêle qui ravage les récoltes, tout lui est imputé à crime et elle attire aujourd'hui la haine et l'injure aussi naturellement qu'elle inspirait hier l'hommage et l'amour.

Bien que beaucoup de favorites aient été, sinon d'honnêtes femmes, du moins des femmes exquises, la déconsidération et le mépris ne les ont pas épargnées. On dénonce alors, avec une violence parfois triviale ou ordurière, leur immoralité, leur luxe, leurs dépenses, leur influence (nécessairement néfaste) sur le roi. Les pamphlets qui les traînent dans la boue et déversent sur elles des tombereaux d'immondices rendent compte du dépit et de l'amertume accumulés contre « la putain royale ».

Du XVIe au XVIIIe siècle la syntaxe et le vocabulaire des chansons qui couraient Paris ont peu changé. Lorsque Henri IV légitima le fils qu'il avait eu de Gabrielle d'Estrées, il trouva un soir sur son lit cet insolent quatrain qui avait peut-être été composé par quelqu'un de son entourage :

Mariez-vous de par Dieu, Sire,
Car votre lignage est certain,
Puisqu'un peu de plomb et de cire
Légitime un fils de putain.

Le peuple s'emparait de ces mots malveillants et l'on ne parlait dans Paris que des audaces de la maîtresse et des conséquences désastreuses de la faiblesse du roi. Ce qui valut à Henri IV, au dire de L'Estoile qui le rapporte dans son journal, une curieuse aventure qui aurait pu le fâcher mais dont il rit. Un jour que, incognito, il traversait la Seine par le bac, il interrogea le passeur sur l'opinion qu'il avait du roi : « Le roi est assez brave homme, répondit le batelier, mais il a une méchante pute qu'il entretient et qui nous ruine tous. » Au XVIIIe siècle, les « poissonnades » contre Mme de Pompadour furent de la même eau, témoin ces pauvres vers, œuvre de courtisan sans doute, dont la marquise fut fort marrie :

Une petite bourgeoise
Élevée à la grivoise
Mesurant tout à sa toise
Fait de la cour un taudis (...)

Cette catin subalterne
Insolemment le gouverne [le roi]
Et c'est elle qui décerne
Les honneurs à prix d'argent (...)

Et, le lendemain de sa mort, ce distique, qui fait allusion au rôle qu'on lui supposait, courait Paris :

Ci-gît qui fut vingt ans pucelle
Sept ans catin et huit ans maquerelle.

Pamphlets et chansons éclairent aussi sur l'image du roi dans le public et la majesté du trône est éclaboussée par l'ordure. Louis XV en fit cruellement l'expérience et ses maîtresses lui valurent d'être rudement chansonné avec une violence dont on chercherait en vain l'équivalent sous les règnes antérieurs, et la prophétie, presque incroyable, annonçait le mépris dans lequel le roi devait tomber :

Louis, dissipateur des biens de tes sujets,
Toi qui comptes les jours par les maux que tu fais,
Esclave d'un ministre et d'une femme avare,
Louis, apprends le sort que le ciel te prépare (...)

Tu verras chaque instant ralentir notre zèle
Et souffler dans nos cœurs une flamme rebelle :
De guerres sans succès fatiguant tes États,
Tu fus sans généraux, tu seras sans soldats (...)
Tu ne trouveras plus des âmes assez viles
Pour oser célébrer tes prétendus exploits,
Et c'est pour t'abhorrer qu'il reste des François! (...)

La favorite peut être un facteur dévalorisant dans la représentation du souverain et de la monarchie. Si, dans certains cas, elle bénéficie d'un capital de sympathie qui donne du lustre à la couronne (le mythe de Diane de Poitiers assimilée à une déesse a joué un rôle dans l'héroïsation de l'image royale), elle contribue aussi, en d'autres circonstances, à déconsidérer le roi et, plus largement, à appauvrir le crédit de la monarchie.

Assez souvent, pourtant, elle joue un autre rôle, de prévention et d'immunité : elle est le bouclier de la monarchie. En concentrant sur elle la protestation, l'injure et le mépris, elle épargnait au roi l'irrévérence, le protégeait de la profanation, détournait sur elle la déconsidération. Certes, beaucoup de fins de règne, où le roi semblait tomber dans la débauche (Charles VII, Henri IV, Louis XV) ont vu décliner le respect pour la personne du roi. Mais il fallut attendre Louis XVI, le seul roi dont la vie familiale fût irréprochable, qui se tint constamment éloigné des femmes et rompit avec la tradition séculaire des favorites, grandes ou petites, pour que l'on osât s'en prendre sans ménagement à la famille royale, et d'abord à son membre le plus faible et le plus exposé, la reine. Le palladium qui avait jusqu'alors sauvegardé la réputation de la femme légitime du roi n'exista plus, et elle devint la cible de l'injure et de l'irrespect. La concordance entre la fin des grandes favorites et la perte de prestige et l'humiliation de la monarchie ne fut pas fortuite. La disparition de l'écran protecteur permit de frapper la monarchie au cœur.

Au demeurant, le bilan de cette organisation subtile et complexe de la famille royale polygamique, bien peu vertueuse et bien peu chrétienne, se révèle assez largement positif. Grâce à la répartition des tâches entre la reine et la maîtresse, la cour remplit pleinement sa fonction. Majestueuse pour la reine, elle est ludique, féérique et inventive pour la favorite qui la protège de l'ennui et en fait un lieu attractif où se concentre tout ce que le royaume compte de jeunesse, de vitalité et de talent ; elle est ainsi devenue le creuset privilégié de la création et de la culture. Chateaubriand a vu dans le règne des favorites « une des calamités de l'ancienne monarchie ». Opinion rapide et péjorative qui doit être nuancée. Peu de favorites ont été vraiment néfastes et certaines ont donné à la monarchie et à sa fonction civilisatrice un éclat qui, sans elles, eût peut-être manqué.

Enfin, sur le plan des mœurs, la longue litanie des favorites royales offre un terrain d'observation qui, sans promettre d'être universellement exemplaire, s'étend au moins à la société de cour qui modelait, autant que faire se peut, ses comportements, ses affectivités et ses passions sur le paradigme régalien, objet de ses admirations et de ses émerveillements. On pourrait ainsi, par divertissement plus que par utilité, se livrer aux jeux des devinettes galantes. L'amour humaniste, mythologique et savant, ce serait bien sûr Diane de Poitiers. Et l'amour gaillard, rabelaisien, vigoureux ? Sans aucun doute, Henri IV et ses maîtresses répondent à cette définition. La Vallière ? Hésiterons-nous entre la passion romantique, ou l'amour tendre, malheureux et sulpicien ? Montespan serait la galanterie baroque à la fois orgueilleuse et inquiétante, ambitieuse et excentrique. Au XVIIIe siècle on opposerait l'amour spirituel, raisonneur et philosophe de Pompadour au professionnalisme libertin et crapuleux de Du Barry. Le divertissement est sans fin et se prête à toutes les spéculations les plus gratuites. Mais, au-delà du jeu, l'enjeu se devine : c'est celui du sentiment amoureux.

CHAPITRE I

LA COUR DES DAMES

Depuis la fin du XVe siècle, de profondes transformations affectent le cadre et le style de vie des souverains français et un spectacle tout nouveau, gracieux et enjoué, s'offre dès lors aux regards : la cour se féminise, la reine et les princesses s'entourent d'escadrons de jeunes femmes qui donnent au palais du roi un air de fête perpétuelle et contribuent à renouveler les comportements, à multiplier les formes du loisir, à modifier la psychologie des hôtes privilégiés de la maison royale.

Jusqu'alors la cour, peuplée des serviteurs du roi, de ses officiers, de ses conseillers, était presque exclusivement masculine. Les visiteurs habituels, des hommes, ne se faisaient accompagner par leurs femmes que dans des circonstances exceptionnelles, à l'occasion des fêtes, des bals, des tournois. Certes les reines et les princesses avaient à leur service quelques femmes pour leur tenir compagnie, mais celles-ci étaient peu nombreuses, généralement effacées, et tenues à la discrétion. Le cheptel était maigre; le roi et ses familiers avaient peu de chance de trouver auprès d'elles les distractions et les soulagements que ces hommes, souvent rudes, savaient trouver auprès des belles peu farouches qui, selon l'expression de l'époque, « suivaient la cour ». En effet la maison du roi entretenait un bordel, bien choisi et payé sur les deniers du Trésor, qui subsista jusqu'à la fin du règne de François Ier. En 1540 le trésorier de l'Épargne payait chaque mois la somme de 45 livres tournois à Cécile de Viefville, « dame des filles de joie suivant la cour », pour leur entretien et leurs gratifications [1].

Cependant, c'est sous le roi-chevalier aussi que la cour achève sa transformation, se dépouille de sa masculinité, devient l'écrin qui abrite désormais d'abondantes pléiades de nymphes et de nymphettes couvertes d'hommages, de brocarts et de concupiscence. Le premier pas a été fait par Anne de Bretagne, devenue reine de France en 1491. Elle créa, organisa, magnifia la maison de la reine et celles des princesses. Elle eut neuf dames et trente-cinq à quarante filles d'honneur. Après elle ce chiffre s'accrut et Catherine de Médicis eut plus de cent dames et demoiselles d'honneur. La reine Anne, de chaste et précieuse mémoire, imposait à ses femmes une grande discipline, soucieuse à la fois de mesurer leurs plaisirs et de contrôler leur vertu. Elle exigeait d'elles beauté, car elles étaient l'ornement de la cour, et sérieux pour balancer la paillardise naturelle des hommes qui, en ces temps de rudesse, avaient besoin d'être affinés. Brantôme ne tarit pas d'éloges sur cette prude princesse ni sur la tenue de ses femmes chez lesquelles elle ne tolérait ni écarts ni légèreté. « Sa cour, écrit-il, était une fort belle école pour les dames, car elle les faisait bien nourrir [élever] et sagement, et toutes à son modèle se faisaient et façonnaient très sages et vertueuses. » Anne prenait d'elles un soin infini, les habillait richement, les mariait, les dotait, les protégeait contre tous les dangers auxquels se trouvent exposées de jeunes personnes dans un milieu où les tentations sont grandes et les suborneurs toujours prêts à partir à

1. Lavisse, *Histoire de France*, t. V.

l'assaut. « La sage princesse, dit Charles de Sainte-Marthe, ne voulait que sa maison fût ouverte à un tas de dangereuses personnes qui ne savent entretenir les dames et demoiselles que de propos obscènes et lascifs [1]. » L'autorité d'Anne faisait d'ailleurs merveille. Cultivée, aimant les livres et la lecture, possédant une belle bibliothèque de près de 1 500 volumes, dont beaucoup de manuscrits donnés par Charles VIII à son retour d'Italie, elle vivait entourée de poètes – Lemaire de Belges, Jehan Marot –, et faisait partager à ses femmes ses goûts raffinés; le chant, la lecture – des lectures de l'Écriture et des récits historiques – constituaient le loisir commun de ce cercle qui semblait n'avoir d'autres préoccupations que celles de l'esprit, et qui annonce, avec élégance et discrétion, les salons précieux qui triompheront plus tard dans l'entourage de Mesdames de La Fayette et de Rambouillet.

François Ier n'eut qu'à développer et embellir cette cour des dames que la pieuse Anne avait si joliment installée dans le palais du roi. Brantôme encore reconnaît à cette reine l'initiative d'une si charmante tradition qui devait tant peser sur l'avenir de la monarchie. « Ce fut la première, assure-t-il avec émerveillement, qui commença à dresser la grande cour des dames, que nous avons vue depuis elle jusqu'à cette heure; car elle en avait une très grande suite et de dames et de filles, et n'en refusa jamais aucune; tant s'en faut qu'elle s'enquérait des gentilhommes leurs pères qui étaient à la cour, s'ils avaient des filles, et quelles elles étaient, et les leur demandait [2]. » Cette présence devint dès lors permanente, imposa à tous un ton, de la politesse, de l'élégance et la cour s'en trouva changée; François Ier voulut qu'elle fût magnifique et que les femmes en fussent l'ornement et l'éclat. Il les voulut belles, parées, à la fois désirables et sensibles. Il

1. Cité par Toudouze, p. 158.
2. *Les Dames galantes.*

leur offrit des robes, les étoffes les plus riches, les encouragea à la magnificence tout en entraînant ses commensaux à la galanterie. « Il n'y avait nopces grandes qui se fissent en sa cour qui ne fussent solemnisées, ou de tournois, ou de combats, ou de masquarades, ou d'habillements fort riches, tant d'hommes que de dames, lesquelles en avaient de lui de grandes livrées. J'ay veu des coffres et garde-robes d'aucunes dames de ce temps-là, si pleines de robes que le roy leur avait données en telles et telles magnificences et festes que c'estait une très grande richesse [1]. »

Que les femmes aient sur les hommes une grande influence pédagogique, les civilisent, leur ôtent leur rudesse, leur âpreté, leur sécheresse de sentiment et d'attitude, c'est ce que les contemporains ont fort bien senti. Le jeune duc de Bouillon, Henri de la Tour-d'Auvergne, raconte dans ses mémoires la métamorphose qu'il dût à une belle. Arrivé à la cour à l'âge de douze ans, en 1567, et sans doute encore mal équarri, il se vit attribuer, selon l'usage, une maîtresse – c'est-à-dire un mentor féminin –, déjà formée à la vie du palais. « J'étais, dit-il, soigneux de lui complaire et de la faire servir, autant que mon gouverneur me le permettait, de mes pages et laquais. Elle se rendit très soigneuse de moi, me reprenant de tout ce qu'il lui semblait que je faisais de malséant, d'indiscret ou d'incivil, et cela avec une gravité naturelle qui était née avec elle, que nulle autre personne ne m'a tant aidé à m'introduire dans le monde et à me faire prendre l'air de la cour [2]. » Femme éducatrice et déjà protectrice, privilège qui apparaît alors et ne disparaîtra plus.

François Ier, grand amateur de femmes, eut d'ailleurs une conscience aiguë de leur rôle civilisateur et, s'il les entoura de caresses ardentes, il les couvrit aussi de sa protection. Il veilla toujours jalousement à ce que

1. *Id.*
2. Cité par Solnon, *La Cour de France.*

les apparences, au moins, du bon ton fussent toujours respectées, lança ses foudres contre les sabreurs trop pressés, allant jusqu'à menacer de mort ceux qui parleraient mal des femmes. Henri II, et Catherine de Médicis surtout, veillèrent à la bonne tenue de la cour. Les mœurs s'affinèrent encore, et les entorses à la vertu ne furent tolérées que pour le salut de l'État et le libertinage fut couvert du voile de la politique : Catherine n'utilisa les charmes de l' « escadron volant » de ses filles d'honneur qu'à des fins diplomatiques.

La cour était sortie de sa rudesse primitive. Les influences étrangères y avaient contribué pour beaucoup. Charles VIII et Louis XII, puis François Ier, avaient découvert l'élégance raffinée des cours italiennes et Henri II avait épousé une Florentine qui s'entoura de compatriotes. L'Italie princière, docte et civilisée, pénétra en France, l'éblouit, la fascina. Les jeunes gens allèrent s'y instruire; ses livres franchirent la frontière : le *Corteggiano* de Castiglione, évangile des gens de cour, fut traduit en 1537 et le *Décameron* de Boccace en 1545. Des Italiens, devenus des modèles, firent carrière à la cour de France; Pietro Strozzi devint maréchal en 1554, Gondi et le chancelier Birague devinrent les conseillers de Charles IX; Catherine choisit des Italiennes pour filles d'honneur.

La modestie des propos imposée par la bienséance cache mal toutefois la liberté qui régnait entre hommes et femmes et faisait de la cour un lieu de délices pour les chasseurs entreprenants. Le roi François obtint les faveurs des nombreuses dames pour lesquelles il réservait, au Louvre et dans ses châteaux, des appartements dont il avait les clés. Les maris parfois montraient leur mécontentement mais François, dans ce cas, n'hésitait pas à les menacer. Les honnêtes femmes prenaient donc peu à peu la place des filles de joie qui, si elles n'avaient pas encore déserté la cour, y étaient désormais moins recherchées. « Je voudrais bien savoir, écrit Brantôme : qu'était-il plus louable au roi, ou de recevoir une si honnête troupe de dames et de demoiselles en sa cour, ou bien d'en suivre les erres des anciens rois du temps passé, qui admettaient tant de putains ordinairement à leur suite, desquelles le roi des ribauds, qui depuis a été converti en prévôt de l'hôtel, selon qu'on dit, avait charge et soin de leur faire départir quartier et logis ? (...) Il me semble que tel putanisme débordé et public, et tout plein de vérole, ne pouvait être si bien qu'en secret, discret et caché bien de nos dames qui étaient très nettes et saines, au moins aucunes, et qui ne gâtaient ni rendaient les gentilshommes impotents comme celles des bordels. » L'atmosphère de galanterie qui régnait dans cette cour joyeuse et libre était favorisée par un roi jeune, de complexion robuste et de grand appétit, par l'espièglerie des dames et demoiselles que la cour plaçait hors de tutelle, et par les jeunes hommes, souvent hommes de guerre, habitués à l'assaut et aux triomphes rapides. On prête beaucoup, sur ce plan, à François Ier et on lui attribue aussi la féminisation de la cour, bien qu'il eût seulement poursuivi les efforts d'Anne de Bretagne. À son crédit on peut verser une création de grand avenir : l'installation, auprès du roi, d'une favorite officielle et institutionnalisée. Il y avait eu, certes, un précédent sous Charles VII, et Agnès Sorel reste le prototype de la maîtresse royale, reine de la cour et influente. Mais Agnès était restée une exception et c'est à partir de François Ier qu'un rituel, qui ne disparaîtra plus, s'installe : à côté de la reine dynastique, il y eut désormais une reine de beauté, établie comme une seconde épouse, et souvent plus influente que la première.

Si l'on en croit ses détracteurs, François Ier aurait poussé très loin cette dépendance à l'égard des favorites. L'un d'eux, Jean de Saulx-Tavannes, écrit : « L'âge attiédit le sang, les adversités l'esprit, les hasards le courage, et la monarchie désespérée n'espère que la volupté. Tel était le roi François, blessé des dames au corps et en l'esprit. La petite bande de madame d'Étampes gouverne. Alexandre voit les femmes quand il n'a point d'affaires. François voit les affaires quand il n'a plus de femmes. (...) Dans cette cour, ajoute-t-il, les femmes faisaient tout, même les généraux et les capitaines [1]. »

François appartenait à la branche de Valois-Angoulême et descendait de Charles V. Né en 1494, il avait été élevé, dans le goût chevaleresque, galant et romanesque, par sa mère, Louise de Savoie, une ambitieuse et profonde politique qui rêvait de voir son fils sur le trône de France, et par sa sœur Marguerite, future reine de Navarre. Enfant terrible, à la fois violent et tendre, batailleur et courtois, François était avide de plaisirs et dès l'âge de dix ans selon les uns, dès quinze ans selon sa sœur, il choisit ses premières maîtresses parmi les filles d'honneur de sa mère. En 1514, il a épousé Claude de France, fille d'Anne de Bretagne et de Louis XII qui n'a pas d'héritier mâle. Mariage tout politique, d'ambition, comme l'écrit François lui-même : « Rien en sa personne ne me séduit. Mais qu'importe ! Je la veux cette enfant. Question d'État. Pour l'amour il est d'autres prés où, sans presque me baisser, j'aurai tout loisir de cueillir à foison les plus capiteuses corolles. Et je continuerai tant qu'il me plaira d'effeuiller chaque jour les roses du plaisir avec la femme de l'avocat Dixhommes » – allusion à la belle Parisienne qui est à l'origine de la légende née au XVIIe siècle de la belle Ferronnière. Son avocat de mari, de tempérament vengeur, aurait donné la vérole à sa femme qui l'aurait transmise à François Ier [2]. Louis XII mourut le 1er janvier 1515 et François devint roi. Louise de Savoie dirigea les affaires pendant

1. Cité par M. Heim, *François Ier et les femmes*, Paris, 1956, p. 10.
2. M. Heim, *op. cit.*

que le beau chevalier allait en Italie cueillir les lauriers de Marignan. À son retour, il s'occupa de ses plaisirs, emmena sa cour dans les châteaux de la Loire, troussa les filles avec l'ardeur de ses vingt ans, les prit partout où elles étaient faciles, y compris dans les lupanars. Pourtant, en 1517, il se rangea ou plutôt établit ses relations extraconjugales sur un nouveau pied en créant à la cour une nouvelle fonction : la maîtresse en titre dont la nécessité était devenue urgente, pour des raisons sanitaires autant que pour répondre aux nouvelles exigences de la civilité et au progrès des mœurs. Une favorite permanente fixait le roi au cœur de sa cour dont elle relevait l'éclat. L'hygiène y gagnait, et la femme devenait une étoile autour de laquelle les courtisans gravitaient. Ainsi naquit le règne des grandes favorites qu'à titre exceptionnel Agnès Sorel avait déjà illustré.

Françoise de Foix, comtesse de Châteaubriant, peut donc être considérée comme la première des dames de cœur, officiellement installée auprès du roi et présentée comme l'élue commise à l'organisation et à la présidence des plaisirs. Née en 1495, Françoise avait d'abord été appelée à la cour avec ses trois frères, Lautrec, Lesparre et Lescun, par la reine Anne. En 1509 son mariage avec le comte de Châteaubriant l'avait écartée de la cour où elle ne revint qu'en 1517 pour remplir sa charge de dame d'honneur de la reine. La belle résista d'abord à François Ier avant de succomber avec les honneurs de la guerre. Très belle, enjouée, spirituelle, elle se tint, autant que sa nouvelle dignité et ses intérêts le permettaient, à l'écart des affaires, mais usa de tout son crédit pour faire nommer ses proches aux grandes charges : de hauts commandements militaires furent ainsi donnés à ses frères sans que l'État eût à se réjouir de ces nominations, car leur mérite était faible, et les échecs militaires de François Ier durent beaucoup à leur incapacité. En 1522,

Lautrec, maréchal de France, perdit ainsi le Milanais. À l'exception de ces promotions fâcheuses, elle n'eut pas d'autre influence néfaste, et si, par ailleurs, elle trompait abondamment le roi, celui-ci le lui rendait avec intérêt.

La charge était bonne et universellement convoitée mais aurait pu rester un accident, comme sous Charles VII, dans les annales de la maison royale. Par ambition, la mère de François Ier lui donna une sorte de consécration et lui assura la pérennité. En 1525, après Pavie, le roi, prisonnier à Madrid, n'oublia pas Françoise de Châteaubriant comme en témoigne la correspondance des deux amants pendant cette période. Mais Louise de Savoie jugea que l'occasion d'évincer une maîtresse indépendante et qui échappait à sa tutelle était trop belle pour qu'elle la laissât passer. Lorsque François fut libéré, le 18 mars 1526, sa mère organisa sa réception à Bayonne avec l'art consommé d'une entremetteuse et réussit parfaitement à réaliser ses vœux : donner à son fils une favorite de sa main.

À Bayonne, Françoise de Châteaubriant ne fut pas présente pour accueillir François Ier, mais, en revanche Louise de Savoie s'était fait accompagner par une jeune fille à l'air angélique qui appartenait à sa maison et qu'elle lui présenta. À dix-huit ans, Anne de Pisseleu était d'une beauté radieuse et fraîche que rendaient plus attrayante encore sa vive intelligence et son esprit. La cupidité, qui se révéla par la suite le trait saillant de son caractère, n'apparaissait pas sur ce visage lisse et dans ses yeux limpides par lesquels François fut aussitôt fasciné. Mais Françoise de Châteaubriant rejoignit rapidement le roi et la guerre s'engagea entre les deux femmes. François y mit un terme avec la muflerie d'un homme qui croit que rien n'est impossible à une femme qui aime : il proposa à Françoise d'être maîtresse en second. Indignation, refus. Il ne restait à Françoise qu'à se retirer sur ses terres de Bretagne, ce qu'elle fit aussitôt. Elle ne devait revoir le roi qu'en 1532, passer avec lui trois semaines pendant lesquelles ils renouèrent leur ancienne liaison, et mourir en 1537, laissant derrière elle une tradition qui n'a jamais été confirmée : son mari, que la jalousie n'avait cessé de tourmenter, lui aurait fait ouvrir les veines.

Cependant François était veuf depuis 1524 et la paix qui survint en 1529 amena son mariage avec Éléonore d'Autriche, sœur de Charles Quint. Reine effacée à laquelle le roi de France n'épargna ni les humiliations ni l'indifférence. Pour donner le ton à leurs relations, il la reçut avec une insolence cavalière dont l'intention n'échappa pas à la nouvelle reine de France qui se tint désormais dans une semi-clandestinité : lorsqu'elle fit son entrée à Paris, François la regarda passer du balcon d'une fenêtre où il exhibait à ses côtés, rayonnante et superbe, Anne de Pisseleu. Les noces n'interrompirent pas un instant leur idylle et le roi couvrit sa maîtresse de faveurs. Il la maria, la dota, nomma son mari, Jean de Brosse, gouverneur du Bourbonnais. Après la mort de Louise de Savoie, en 1531, Anne appesantit son empire sur le roi qui n'échappa à la dépendance de sa mère que pour tomber plus complètement sous celle de la favorite. C'est alors qu'elle devint vraiment reine : promue gouvernante des filles de France, elle reçut des titres et des seigneuries, entre autres les duchés de Chevreuse et d'Étampes, et de belles charges ecclésiastiques pour ses frères. À partir de 1539, François, malade, se laissa materner et gouverner par l'impérieuse duchesse dont l'influence artistique fut par ailleurs du meilleur aloi; elle protégea les lettres, les poètes, les peintres – le Primatice entre autres –, mais la grande affaire de son règne galant fut d'investir l'État et de placer partout ses créatures et ses fidèles. S'emparer du Ministère, y mettre des hommes à elle fut sa constante préoccupation et elle y réussit admirablement : elle y fit entrer le maréchal Chabot, qui était sans doute son amant; le cardinal de Tournon, et obtint la charge d'amiral de France pour son ami Hannebaut. Cependant Montmorency la gênait et elle n'eut de cesse qu'elle obtînt sa disgrâce. Elle avait, il est vrai, des raisons très personnelles, et très féminines, de souhaiter l'éloignement du connétable : conseiller du dauphin, il comptait parmi les favoris de la maîtresse du futur Henri II, Diane de Poitiers. Entre les deux femmes, celle du règne déclinant et celle qui attendait impatiemment la succession et qui, en attendant, s'était assuré le cœur de l'héritier, la guerre était ouverte et la cour, depuis 1540, assistait à leur affrontement. Dans ce conflit qui reproduit les heurts, la jalousie, l'ambition et les mesquineries d'un sérail, la duchesse d'Étampes l'emporte aussi longtemps que François est vivant. Son influence se fait moins discrète et ses interventions souvent inopportunes prêtent à la raillerie mais aussi à l'hostilité de plus en plus prononcée de ses ennemis parmi lesquels Diane est au premier rang.

En 1542, la guerre a recommencé; on se défie d'Anne, surtout dans l'entourage du dauphin, et les contemporains n'hésitent pas à l'accuser de duplicité, voire de trahison, et de livrer à Charles Quint des secrets militaires. La vérité est qu'elle ne sait pas rester dans l'ombre et qu'elle prétend exercer son autorité jusque dans des domaines où les hommes mettent leur honneur à ne pas supporter d'ingérence féminine. Témoin cette lettre, écrite au bailli de Vitry en 1544, où elle s'instituait ministre de la Guerre et qu'elle terminait par une mercuriale qui fut très mal reçue par les officiers : « Je ne vis oncques Roy si mal servi, disait-elle, et je vous commande que vous montriez ma lettre aux capitaines. » On imagine l'émoi et la colère desdits capitaines qui s'irritèrent grandement que cette femme ait « osé usurper telle autorité de commander et se mêler du fait de guerre. »

Plus le roi vieillissait, plus l'empire d'Anne s'appesantissait. Mais le règne des favorites ne va jamais au terme de leur vie. Il dépend du caprice, de la fidélité ou des accidents qui frappent le monarque. En 1547, François mourut. Du jour au lendemain, la duchesse d'Étampes ne fut plus rien. Le roi est mort, vive la nouvelle maîtresse! Diane de Poitiers, dame de Henri II, évinça la vieille adversaire, et la nouvelle étoile s'empara de la place encore chaude; à nouveau règne, nouvelle divinité. Anne, disgraciée, dut quitter la cour et vieillit lentement, oubliée, avec les souvenirs de sa splendeur passée, et ne mourut que tardivement, en 1580 – plus de trente ans après le roi qu'elle avait si bien et si complètement asservi.

Les favorites de François Ier avaient assuré aux femmes la présidence de la société la plus policée qu'il y eût alors en Europe. Cette innovation capitale donne le ton qu'adopta la cour sous les derniers Valois et qu'elle conserva sous les Bourbons, l'esprit chevaleresque imprégné de la tradition de la Dame du Moyen Âge en moins, mais le libertinage, au moins sous le premier d'entre eux, Henri IV, toujours fort à la mode. Les maîtresses régnèrent, les reines furent annulées, sauf à revenir en force au temps des régences, et le rôle culturel et politique des épouses de la jambe gauche, inauguré par Agnès Sorel sous Charles VII, consacré par la duchesse d'Étampes sous François Ier, se maintint jusqu'au siècle des Lumières qui fut aussi le siècle de la femme et celui de la Pompadour.

Les maîtresses royales ont toujours été l'objet, de la part des prudes comme des envieux et des ennemis politiques, d'un grand dégoût et l'injure ne les a jamais ménagées. Mais leur gaieté, l'animation festive que leur présence donnait à la cour leur valurent aussi bien des courtisans, leur protection bien des flatteurs parmi les grands, les gens de lettres et les artistes. Ainsi naquit, dès le XVIe siècle, une tradition quasi officielle qui éleva la favorite au rang d'inspiratrice positive du souverain, l'encourageant à faire son métier de roi avec intelligence et énergie, l'élevant au-dessus de son caractère, lui insufflant par ses remontrances et ses exhortations une volonté vraiment royale et parfois héroïque.

Agnès Sorel devint le modèle, grand cœur et influence faste, proposé en exemple à toutes ses héritières. Bernard de Girard fut le premier à dresser à la favorite ce socle prestigieux dans l'*Histoire de France* qu'il publia en 1576. Brantôme, qui s'en inspira de fort près, éleva Agnès Sorel au rang d'héroïne au mérite si éclatant que la gloire de Jeanne d'Arc en pâlit. « La belle Agnès, écrit-il, voyant le roi Charles enamouraché d'elle et ne se souciant que de lui faire l'amour, et, mol et lâche, ne tenir compte de son royaume, lui dit un jour que, lorsqu'elle était encore jeune fille, un astrologue lui avait prédit qu'elle serait aimée et servie de l'un des plus vaillants et courageux rois de la Chrétienté; que, quand le roi lui fit cet honneur de l'aimer, elle pensait que ce fût ce roi valeureux qui lui avait été prédit; mais le voyant si mol, avec si peu de soin de ses affaires, elle voyait bien qu'elle s'était trompée et que ce roi si courageux n'était pas lui, mais le roi d'Angleterre qui faisait de si belles armes et lui prenait de si belles villes à sa barbe : “ Dont, dit-elle au roi, je m'en vais le trouver car c'est celui duquel entendait l'astrologue. ” Ces paroles piquèrent si fort le cœur du roi qu'il se mit à pleurer; et là en avant, prenant courage, et quittant ses chasses et ses jardins, prit le frain aux dents; si bien que par son labeur et vaillance, chassa les Anglais de son royaume [1]. »

L'image de la prestigieuse maîtresse de

1. Brantôme, *Œuvres complètes*; Dufresne de Beaucourt, *Histoire de Charles VII*, 1881; Robert Philippe, *Agnès Sorel*, 1983.

Charles VII, créditée plus que la Pucelle elle-même de la volonté et du succès de la libération du territoire, devait s'imposer désormais aux grandes favorites et, au besoin, on leur rappellerait l'héroïque précédent. À la veille de son avènement, madame de Pompadour reçut de Duclos le message très clair d'imiter en tout point la sage conduite d'Agnès : « Ce fut la maîtresse pour qui Charles eut la plus forte passion et qui fut la plus digne de son attachement... *Rare exemple pour celles qui jouissent de la même faveur*, elle aima Charles uniquement pour lui-même, et n'eut jamais d'autre objet dans sa conduite que la gloire de son amant et le bonheur de l'État [1]. » Au dire d'historiens, l'exemple aurait été peu suivi et Agnès Sorel serait restée une exception dans les annales royales. Ainsi Chateaubriand affirme que le règne des favorites a été une des calamités de l'ancienne monarchie, mais ajoute : « De toutes ces maîtresses, une seule, Agnès Sorel, a été utile au roi et à la patrie [2]. » Abîme des prétentions, la gloire des favorites s'ensevelit dans l'indifférence et le mépris.

1. Duclos, *Histoire de Louis XI*, 1745.
2. Chateaubriand, *Analyse raisonnée de l'histoire de France.*

CHAPITRE II

MARIAGES

Chez les particuliers, l'inclination et l'amour ne sont pas absents du choix des alliances. Mais, à tous les étages de la société, le mariage est dominé d'abord par des considérations stratégiques. On se préoccupe surtout d'unir deux partis assortis, et, s'il existe bien une tendance à l'hypergamie des femmes, elles compensent généralement en biens ce qui leur manque en honneur et illustration. Consolider et arrondir le patrimoine, s'assurer l'influence d'une famille en crédit et pour des personnages puissants lier à leur propre clan un autre clan qui apporte en partage sa faveur, sa clientèle, son capital matériel et moral, sont les principales considérations qui président à la conclusion des contrats. S'y ajoute, chez les nobles, le désir de transmettre un nom avec un surcroît d'éclat et de prestige. Plus on monte dans l'échelle sociale, plus les motivations « domestiques » cèdent le pas à la décision « politique ». Dans le cas du roi, le mariage est un traité diplomatique qui scelle, avec plus ou moins de bonheur, l'alliance entre deux États en satisfaisant le désir de gloire et de postérité du monarque et en lui assurant des avantages concrets. La fiancée doit être capable d'assurer la continuité de la dynastie et apporter des avantages territoriaux, financiers ou diplomatiques qui renforcent le lustre et la puissance de la couronne et du royaume.

La première qualité que l'on exige d'une princesse, c'est qu'elle soit saine et féconde et ne soit pas affligée de disgrâces trop voyantes. Dans certains cas, rares il est vrai, cette exigence est même quasiment unique. Marie Leczyńska, mariée par intrigue à Louis XV, n'apporta guère en dot que sa bonne santé. Aussi l'enquête fut-elle particulièrement vigilante. On lui dépêcha des observateurs. La pureté de ses mœurs ne laissait rien à désirer. Mais la calomnie s'en mêla. Ceux qui, à la cour, désapprouvaient cette alliance déclarèrent la princesse malsaine, atteinte du mal sacré : épileptique. Un médecin fut donc chargé de l'examiner et, sa santé s'étant révélée aussi pure que ses mœurs, le mariage put être célébré.

Mais, la plupart du temps, le mariage royal relève de la construction politique et de la stratégie européenne du royaume. Le mariage du roi commande souvent les alliances internationales et du choix de la future reine dépend l'orientation de la politique étrangère. L'établissement de relations privilégiées avec un royaume ami, la fin d'une guerre ou un renversement d'alliances, sont ainsi préparés, souvent de longue main, par le mariage de deux jeunes gens, voire de deux enfants qui peuvent être unis longtemps avant l'âge de la consommation.

Rien d'étonnant, dans ces conditions, que le choix du roi (ou du dauphin) n'intervienne presque jamais. C'est une affaire qui se discute et se conclut en Conseil des ministres, sans que l'intéressé y contribue autrement que par son acceptation. Quant aux princesses, elles sont généralement préparées dès leur plus jeune âge au mariage qu'on leur destine et qu'on leur apprend à désirer. Elles sont élevées dans la fierté de devenir un jour reine du plus beau royaume d'Europe et, parfois, elles viennent tout enfant faire leur apprentissage à la cour de France : la petite infante destinée à Louis XV fut ainsi élevée près de son futur mari, que d'ailleurs elle n'épousa pas, pour cause d'impatience d'intrigants avisés. La condition des reines apparaît donc, dès l'abord, comme particulièrement douloureuse. Elles sont arrachées, souvent à un âge tendre, à leur patrie et à l'affection des leurs, sans espoir de retour (sauf à subir la pire des humiliations : la répudiation), et sont transplantées sans solution de continuité dans un pays étranger, une cour parfois peu accueillante ou hostile, dont les mœurs en tout cas lui paraissent étranges. L'usage, en France, est de priver, presque dès son arrivée, la princesse de sa suite. Elle se retrouve donc séparée de presque tous ses amis, de ses compatriotes et entourée de visages étrangers. La reine de France est donc, au moins pendant les premières années, très isolée, très dépendante et très faible, à moins que le roi se prenne pour elle, ce qui arrive parfois, d'une réelle affection et l'entoure de ses soins et de ses attentions.

Mais elle ne trouve pas toujours dans son mari un allié. Le roi se montre souvent indifférent, peu galant, et il n'interrompt pas pour elle ses liaisons antérieures, s'il en a. Il arrive même qu'il lui impose la présence de sa maîtresse dès son arrivée. Ainsi Henri IV, pour officialiser dès le début son double ménage, présenta en ces termes Henriette d'Entragues à Marie de Médicis : « Cette femme a été ma maîtresse et veut être aujourd'hui votre humble servante. » La muflerie apparemment émouvait fort peu les contemporains du valeureux Béarnais. La reine se voit donc parfois imposer la vie à trois, au cours même de sa lune de miel, et doit partager avec sa concurrente non seulement la vie du roi, mais parfois aussi les honneurs. Le roi affiche ses liaisons avec une impudeur qui ne fâche que les esprits chagrins; il va plus loin : il établit la confusion entre la famille légitime et la famille concubinaire. Le jeune Louis XIII fut élevé avec ses frères adultérins et sur les genoux des maîtresses de son père. Hérouard, le médecin du jeune prince, nous a laissé la chronique – qui paraît aujourd'hui bien gaillarde – des relations du dauphin avec la marquise de Verneuil et des jeux qui constituaient leur passe-temps favori. 4 avril 1603 : « Elle lui met une chaîne au col; il s'en glorifie, se regarde dans le miroir, lui met la main dans son sein, puis baise le bout de ses doigts; elle le couvre de son mouchoir, il le découvre, et puis y touche comme auparavent... la marquise lui mettait souvent la main sous sa cotte; il se fait mettre sur le lit de sa nourrice, où elle se joue à lui, lui mettant souvent la main sous sa cotte. » Cependant l'entourage veille et ne juge pas toujours innocents ces enfantillages. Écoutons encore Hérouard. 7 juillet 1604 : « Il ne veut jamais permettre que la marquise [de Verneuil] lui touche les tétons; sa nourrice l'avait instruit, disant : " Monsieur, ne laissez point toucher vos tétons, ne vôtre guillery, on vous la couperait [1]. " » Le dauphin n'a pas toujours pour les amours de son père la tolérance et l'indulgence de ses fidèles sujets, et il lui arrive d'exprimer son dépit en termes vigoureux. Mme des Essarts venait d'accoucher d'une fille. Le petit enfant royal, à qui l'on annonçait qu'il se trouvait pourvu d'une autre sœur, se mit en colère, refusa de la reconnaître pour telle parce qu'elle « n'a pas été dans le ventre de maman », et expédia la mère d'un non définitif : « C'est une putain, si [ainsi] je l'aime point [2]. » Quant aux enfants de l'adultère, que dans son langage enfantin il appelait « féfés », il ne voulut jamais les reconnaître comme ses frères et, avec des nuances délicates, gradua savamment la hiérarchie de ses mépris. Vendôme, le fils de Gabrielle d'Estrées ?

1. *Journal de Jean Hérouard sur l'enfance et la jeunesse de Louis XIII (1601-1628),* éd. E. Soulié et E. de Barthélemy, p. 1868, 2 vol.
2. *Id.,* 11 janvier 1608.

« une race de chien ». Verneuil ? « une autre race de chien ». La meilleure race ? « C'est la mienne, puis celle de féfé Vendôme et féfé Chevalier, puis féfé Verneuil et puis le petit Moret. C'est le dernier, il est après ma mede que je viens de faire [1]. » Pour ce dernier venu l'éloge était digne de la considération que l'enfant royal portait à sa mère, la comtesse de Moret, qu'il nommait avec une emphase toute parodique « madame de Foire ». Le roi, inversement, ne cachait pas toujours sa préférence pour sa progéniture illégitime.

Lorsque Henri IV fut marié, sa maîtresse, la marquise de Verneuil engagea avec Marie de Médicis une course de vitesse, un curieux concours de fécondité, mettant son honneur à accoucher au même rythme et avec la même régularité que la reine. Ainsi, en 1601, Marie ayant donné au roi un dauphin, Verneuil ne perdit pas de temps et mit aussitôt un enfant au monde, « que le roi baise et mignarde fort, l'appelant son fils et le disant plus beau que celui de la reine sa femme, qu'il disait ressembler aux Médicis, étant noir et gros comme eux. De quoi on dit que la reine étant avertie, pleura fort [2]. » Cette préférence marquée pour l'enfant de l'amour enflait démesurément l'orgueil de la favorite qui en venait à se considérer comme l'unique et véritable femme du roi, déclarait impudemment « qu'elle était reine devant l'autre [3] » et appelait son fils *dauphin* [4]. La confusion était donc totale et le roi l'entretenait à dessein, confondant les mères comme il confondait les enfants. Lorsqu'il rendait visite à sa nombreuse descendance, il se faisait accompagner indifféremment par la reine ou par la maîtresse et, par-

1. *Id.*, 18 mai 1608.
2. L'Estoile, *Journal pour le règne de Henri IV*, Gallimard 1960, t. II, nov. 1601.
3. *Id.*, déc. 1604.
4. Claude Groulard, « Mémoires » in *Mémoires pour servir à l'Histoire de France*, Michaud et Poujoulat éd., 1838, t. 11, p. 595-596.

fois, par toutes deux à la fois. Henri IV n'est pas un cas singulier, et des scènes familières, réunissant toutes les femmes du roi, se reproduisent fréquemment et prennent parfois, dans des circonstances solennelles ou dramatiques, un caractère insolite. 1672 : Marie-Thérèse de France, fille de Louis XIV et de Marie-Thérèse, est mourante et trois femmes, la reine et les deux maîtresses, La Vallière et Montespan, alors concurrentes et complémentaires, la veillent ensemble. Dans une circonstance aussi grave, tout se passe comme si la femme et les concubines avaient à remplir un devoir commun. Preuve supplémentaire, s'il en était besoin, que nous avons bien affaire à une famille polygamique où la reine est seulement la première épouse, et où les échanges de services entre les femmes sont permanents de même que la vie commune. La souveraine, par exemple, partage souvent ses dames d'honneur avec la favorite. Mme de Sévigné note que les dames de Marie-Thérèse forment la compagnie ordinaire de Montespan; bien plus, la reine fait elle-même sa cour à la favorite, la visite fréquemment et joue humblement un rôle subalterne devant l'élue de cœur de son mari. Mme de Sévigné observe le jeu : « Quanto [Montespan] joue en robe de chambre avec la dame du château [la reine] qui se trouve trop heureuse d'être reçue, et qui souvent est chassée par un coup d'œil qu'on fait à la femme de chambre [1]. »

Ainsi, dans la vie domestique, la hiérarchie se trouve fréquemment inversée et la favorite prend, du consentement de tous, la première place; inversion fréquente sous l'Ancien Régime où la hiérarchie des pouvoirs, des influences et des faveurs prend souvent le pas sur la hiérarchie des dignités. Ces hyperbates domestiques entraînent souvent, cela va sans dire, des querelles, des humiliations, des jalousies, mais aussi des injures qui n'épargnent pas les oreilles du roi. Henri IV

1. *Correspondance.*

tolérait que Marie de Médicis qualifiât Henriette d'Entragues de « poutane de marquise » et que celle-ci ripostât sans ménagement en traitant la reine, avec force moquerie, de « grosse banquière ».

Ces échanges de civilités, et la guerre ouverte souvent engagée entre les partenaires de la maison royale, n'entraînent pourtant pas de conclusions entièrement négatives ni sur l'estime dont bénéficiait la maîtresse royale ni sur les satisfactions et le bonheur qui pouvaient, à l'occasion, égayer la vie d'une reine passionnément, voire goulûment aimée. François II, jeune souverain qui a pris sa femme pour maîtresse, est follement épris de Marie Stuart qui le dirige entièrement et exerce sur ses sens comme sur ses décisions un empire absolu. Louis XV, fraîchement marié, et que les femmes intimident encore, partage pendant quelques années avec Marie Leszczyńska, que les appétits de son mari laissent d'ailleurs assez froide, une ivresse sexuelle qu'il portera très vite ailleurs, il est vrai, découragé par une femme plus friande des plaisirs de la table que des gourmandises du lit. Il arrive, en revanche, que le jeune souverain se montre indifférent, voire réticent ou cruel : après son mariage, Louis XIII resta quatre ans sans approcher sa femme, sans que des sollicitations extérieures fussent responsables de cet éloignement. Le tempérament qui, chez lui, était faible, explique aussi une négligence à laquelle Anne d'Autriche n'était pas insensible et qui rend compte en partie de ses imprudences ou de ses légèretés.

Après cet excursus dans la vie domestique de la reine, revenons au mariage et aux considérations qui président à sa conclusion. La première a joué un rôle central au Moyen Âge dans la formation territoriale du royaume. À l'époque moderne, le royaume est en grande partie déjà constitué, mais il n'est pourtant pas achevé. Certaines provinces échappent encore à la souveraineté royale et les frontières ne sont pas partout consolidées. La politique matrimoniale des Valois, puis des Bourbons, a eu en partie pour objectif de combler ces lacunes.

La première grande réunion réussie par le mariage du roi donna à la France une province très convoitée, la Bretagne. Il y fallut beaucoup d'obstination et pas moins de trois mariages successifs, mais on évita que la Bretagne passât sous la domination d'un souverain étranger. Le principal mérite en revient à Anne de Beaujeu, femme de beaucoup d'esprit qui sut mêler, dans une régence troublée, menace et diplomatie pour résister aux forces de désagrégation et parvenir à ses fins. En 1488 une ligue menaçante, réunissant François II, duc de Bretagne, Orléans, le duc de Lorraine et le comte d'Angoulême, se forma contre elle. Elle remporta des victoires en Bretagne, et la mort du duc de Bretagne la débarrassa d'un obstacle considérable; mais la situation ne fut pas pour autant réglée. En effet l'héritière de Bretagne, la duchesse Anne, tentée par l'alliance avec Maximilien d'Autriche, l'épousa secrètement en 1490. La Bretagne menaçait d'échapper à la France, d'autant plus qu'on devait ménager Maximilien : sa fille, fiancée au jeune Charles VIII, était élevée à la cour de France et devait apporter en dot la Picardie et la Franche-Comté. Cependant le mariage d'Anne n'était pas valable : la Bretagne étant vassale de la France avait besoin de son consentement. Anne de Beaujeu le fit donc annuler par une commission de juristes et de théologiens et fiança Anne à Charles VIII. On renvoya sa fille à Maximilien, perdant ainsi la Picardie et la Franche-Comté, mais la Bretagne paraissait alors plus importante. Le contrat de mariage prenait des garanties pour que la Bretagne n'échappât pas à la France, quoiqu'il advînt : au cas où Charles VIII viendrait à mourir sans héritier, Anne devrait se remarier avec son successeur; ce fut le duc d'Orléans, Louis XII, qu'Anne épousa en effet en 1499, et qui dut se séparer de sa première femme, Jeanne de France, fille de Louis XI. L'annexion de la Bretagne fut définitive lorsque le duc d'Angoulême, François Ier, épousa Claude, fille de Louis XII et d'Anne de Bretagne.

Autre exemple qui montre que la France s'est construite par des mariages autant que par des conquêtes : le mariage de Louis XIV. Mêlant intrigues d'amour (le roi est alors épris de Marie Mancini, nièce de Mazarin) et politique, il est lié à la conclusion de la paix entre l'Espagne et la France. Il donna lieu d'abord à un grand traité diplomatique qui mit fin à 25 ans de guerre, agrandit le royaume et marqua le début de la prépondérance française en Europe.

Ce mariage, qui fut voulu par Anne d'Autriche et Mazarin, lesquels ne ménagèrent pas leurs efforts pour le faire aboutir, s'imposait à la France comme une sorte de fatalité. Le royaume était constamment menacé par les possessions européennes de l'Espagne, Pays-Bas, Franche-Comté, Italie. L'Espagne pourtant était bien affaiblie : la ligue du Rhin, que la France avait suscitée contre elle, empêchait les Habsbourg de Vienne de lui envoyer des renforts; les Pays-Bas étaient menacés par l'Angleterre alliée de la France. Épuisé, Philippe IV était donc acculé à la paix, qui serait scellée par un mariage, mais son orgueil s'opposait à une contrainte qui l'humiliait. Mazarin eut alors recours à la ruse : il feignit de marier le roi à la princesse de Savoie. Si ce mariage se consommait, Philippe IV perdrait l'occasion de faire la paix, et les vallées alpines reviendraient à la France qui pourrait ainsi surveiller l'Italie. L'artifice était habile et l'Espagne se prit au stratagème, d'autant plus que Mazarin travailla opiniâtrement à la conclusion d'un mariage qu'Anne d'Autriche désirait ardemment, malgré les réticences du jeune roi. Louis XIV aimait les femmes. Il avait été déniaisé par Mme de Beauvais, femme de chambre d'Anne d'Autriche, et s'était amouraché successivement d'Olympe Mancini, puis de Marie Mancini qu'il songeait même à épouser. Mais Mazarin, que des pamphlets accusaient de prêter la main, par orgueil et ambition, à ce mariage inégal, n'en voulait pas : tout à son dessein d'assurer la paix, il poursuivait inlassablement la conclusion du mariage espagnol. Les préliminaires de paix furent signés le 4 juin 1659 : ils prévoyaient l'alliance de Louis XIV et de Marie-Thérèse. Les négociations eurent lieu dans l'île des Faisans et l'on traita conjointement les conditions de la paix et celles du mariage. La dot de l'infante fut au centre des discussions. Elle serait prise en partie sur les conquêtes effectuées et la fiancée renoncerait à l'héritage de son père (auquel l'absence de « loi salique » lui donnait droit en cas de décès de ses deux frères); mais en échange de cette renonciation l'Espagne s'engageait à payer 500 000 écus d'or. Clause adroite qui ménageait l'avenir : la dot ne serait sûrement pas payée et l'on pourrait un jour revendiquer l'héritage espagnol. Dans l'immédiat la paix, que le mariage avait rendu possible, consolidait les frontières de la France et lui permettrait de s'agrandir du Roussillon et d'une partie de la Cerdagne, de l'Artois, de places en Flandre, en Hainaut, en Luxembourg, de postes avancés aux Pays-Bas. Les alliés de l'Espagne contribuaient aussi aux acquisitions de la France, et le duc de Lorraine cédait le Barrois, Clermont-en-Argonne et quelques enclaves. Les espérances, liées au non-paiement de la dot promise, permettraient au moins de revendiquer, sur l'héritage espagnol, les provinces nécessaires à la sécurité du royaume, comme la Franche-Comté. En réalité il fallut conquérir ces territoires par la force, mais la France eut apparence du bon droit. Quant à la succession d'Espagne, bien qu'elle aboutît à l'installation d'un

Bourbon à Madrid, elle ne fit pas de la péninsule un pays français.

Le mariage royal n'entraîne pas toujours d'acquisitions territoriales. Il est souvent le résultat des combinaisons de la politique internationale, mais aussi parfois s'y joignent les calculs d'opérations financières qui lui donnent l'aspect mercantile d'un marchandage très âpre et très trivial. Le mariage d'Henri IV avec Marie de Médicis illustre cette double préoccupation diplomatique et financière. La conclusion de cette alliance, traversée par le caractère romanesque du roi et les intrigues des favorites, réunit tout ce que l'on peut désirer de perfidie, de maquignonnage et de chantage. Henri IV avait songé à épouser sa maîtresse, mais la mort inopinée de la belle Gabrielle d'Estrées avait coupé court à ce projet qui soulevait, parmi les conseillers du prince, bien des objections et des réticences. En fait, on louchait depuis déjà longtemps sur une autre alliance qui semblait offrir beaucoup d'avantages : un mariage florentin avec Marie de Médicis, sœur du grand-duc Ferdinand. Ce mariage en effet permettrait de maintenir l'équilibre italien, de s'opposer aux progrès de l'Espagne déjà installée à Milan et très influente en Piémont-Savoie. Comme ce mariage avait les faveurs du pape et celles de l'Italie, la France se trouverait dans les conditions les plus efficaces pour y faire rayonner son influence. En France même, les catholiques, toujours méfiants à l'égard d'Henri IV soupçonné de nourrir encore des sympathies huguenotes, voyaient d'un bon œil cette alliance avec une princesse catholique. Mais c'est l'argent, plus encore que toute autre considération, qui conduisit à la conclusion du mariage. La France avait accumulé, envers le grand-duc de Toscane, une énorme dette de près de 1 500 000 écus d'or, et il n'était pas question de la rembourser. La discussion du contrat fut donc sordide et l'on ne recula devant rien, pas même devant le chantage. Le grand-duc n'offrait que 500 000 écus. On brandit alors la menace d'Henriette d'Entragues, la nouvelle maîtresse en titre, et l'on fit craindre la rupture du projet : Henri épouserait la favorite. Manœuvre habile; Ferdinand délia un peu plus sa bourse, on transigea à 600 000 écus et l'alliance fut conclue (1600).

Le mariage du prince peut être aussi l'occasion ou le prétexte de grandes spéculations politiques, établir un nouvel équilibre diplomatique en Europe et aboutir à un renversement des alliances de la France. Le mariage de Louis XVI appartient à ce type; voulu par Choiseul pour resserrer l'alliance avec l'Autriche, clé de sa politique, il le fut également par l'Autriche pour infléchir la politique française : Louis XVI avait la réputation d'un esprit influençable et timide, et le cabinet de Vienne espérait le gouverner par Marie-Antoinette, jeune femme pleine de grâces qui prendrait vite un grand ascendant sur son mari et qui serait elle-même une pâte docile entre les mains de Marie-Thérèse sa mère.

Toutefois, il arrive que le choix d'une princesse n'obéisse pas à de profonds calculs diplomatiques, mais aux desseins ambitieux d'une douairière, d'un ministre ou d'un favori. Il est en effet tentant, pour ceux qui gouvernent sous le règne d'un jeune roi qui n'a pas encore pris en main ses affaires, de consolider ou pérenniser leur position en donnant au roi une femme modeste, d'une condition inégale, et qui, redevable de son élévation à ceux qui l'ont portée jusqu'au trône, leur est toute dévouée, et peut devenir un simple jouet entre leurs mains. Le mariage d'Henri III avec Louise de Vaudémont semble bien avoir été conclu par la prévoyance intéressée de Catherine de Médicis, soucieuse de conserver son influence sur son fils qu'une grande princesse indépendante et forte aurait pu lui ravir.

Lorsque Henri III fut appelé au trône de France après son frère Charles IX, sa mère lui proposa deux alliances royales : Isabelle de Suède et Anne de Danemark. Henri, conquis par la grâce et la piété de Louise de Vaudémont, leur préféra cette fille d'un cadet de Lorraine, malgré les grands inconvénients politiques d'une alliance qui renforçait la puissance et l'orgueil des Guise déjà si redoutables et qui permettrait à la jeune reine d'exercer son influence en faveur de la Ligue. Catherine pourtant se résigna et, le choix d'Henri étant arrêté, favorisa même ce mariage, escomptant le peu d'autorité que Louise parviendrait à conquérir sur le roi pour conserver son pouvoir. Un contemporain, à l'écoute des opinions diverses qui couraient sur ce surprenant mariage, a fort bien rendu l'ambiguïté des intentions et les calculs de la reine-mère : « Le lundi 14 dudit mois de février [1575] qui était le lendemain de son sacre, le roi fiança damoiselle Louise de Lorraine, auparavant appelée mademoiselle de Vaudémont (...) : et le mardi 15 dudit mois, l'épousa en ladite ville et église de Reims. Plusieurs seigneurs, même les plus grands du royaume de France, et autres étrangers, trouvèrent ce mariage fort inégal et néanmoins précipité et avancé et quasi plus tôt consommé que pourparlé. Mais on disait que le roi, l'an précédant, allant en Pologne, l'avait vue passant par la Lorraine, et la trouvant belle et de bonne grâce, même averti qu'elle avait été fort bien nourrie [= élevée] et était bien sage, en avait pris dès lors quelque opinion, laquelle lui continuant depuis son retour et avènement à la couronne, avait été conforté par la reine sa mère, qui trouva ce mariage bon et l'avança d'autant qu'elle espéra que si belle et bien formée princesse, le roi pourrait tôt avoir belle et abondante lignée; qui était chose (selon le commun bruit) que ladite reine désirait le plus (ou le moins selon les autres) en ce monde. » Et L'Estoile ajoute perfidement, mais certainement avec raison car Catherine ne pouvait être satisfaite d'une alliance qui n'apportait aucun avantage mais au contraire quelques inconvénients, ce jugement fort dur : « Quoi que c'en soit, il est bien certain que ce qui en fit le plus d'envie à la reine, ce fut l'esprit paisible et dévot de cette princesse, laquelle elle jugea devait plutôt s'adonner à prier Dieu qu'à se mêler de l'État et affaires du monde (comme il est advenu) et qu'elle prierait Dieu pour elle pendant qu'elle n'y pouvait entendre [1]. »

Le mariage de Louis XV et de Marie Leczińska, négatif quant au profit, quasiment nul quant à la gloire, a été concocté par le duc de Bourbon et sa maîtresse, madame de Prie, dans le but exclusif d'assurer leur pouvoir et de le garder. La fille de Stanislas, prince sans couronne, sans fortune et sans influence, n'ayant d'autre appui que son gendre, d'autre volonté que la sienne, n'était aux yeux d'une puissance comme la France qu'une pauvre bergère dont ceux qui l'avaient élevée jusqu'au trône pouvaient attendre reconnaissance et docilité. Une telle destinée, pour une petite princesse obscure et d'ailleurs sans charme, était inattendue et presque incroyable. Une héritière prédestinée, élevée dans la prévision d'un grand mariage, soutenue par une dynastie puissante, est naturellement tentée par fierté et par éducation de jouer un rôle, et sa famille et ses entours l'encouragent à ne pas jouer les caractères effacés. On ne redoutait rien de semblable avec Marie Leczińska et l'on saurait à l'occasion la rappeler à son obscurité. D'ailleurs son père lui-même, surpris et extasié de l'honneur disproportionné que l'on faisait à sa maison, avait pris soin de recommander à sa fille la plus parfaite soumission. « Répondez, lui avait-il ordonné, aux espérances du roi par toute

1. *Journal de L'Estoile pour le règne d'Henri III*, Gallimard, 1943, p. 67.

l'attention à sa personne, par une entière complaisance en ses volontés, par la confiance en ses sentiments, et par votre douceur naturelle à ses désirs : que de lui plaire soit toute votre envie, de lui obéir tout votre plaisir, et d'éviter tout ce qui peut lui faire la moindre peine soit votre étude, et que sa vie précieuse, sa gloire et son intérêt soient toujours votre unique et aimable objet [1]. » Stanislas jugeait en particulier et ne voyait que le roi. Bourbon et Mme de Prie entendaient exiger de la reine bien plus que de la déférence aux désirs de son mari. Ils attendaient d'elle une entière soumission à leur autorité. Les raisons de leur choix ont été fort bien démêlées par d'Argenson avec sa lucidité et sa verdeur habituelle : « La marquise de Prie, maîtresse de M. le duc de Bourbon, a élevé la reine au trône, où elle ne donne que de bons exemples. Elle fit en elle un excellent choix, selon ses vues : fécondité, piété, douceur, humanité, surtout grande inaptitude aux affaires [2]. » Cette « inaptitude aux affaires » n'était pas une garantie suffisante que Marie Leczińska ne tenterait pas de s'immiscer ici ou là pour satisfaire un caprice, se rendre maîtresse d'une grâce ou obséder le roi en faveur d'un ami. Aussi Mme de Prie la surveillait-elle étroitement; si la reine bronchait, la coterie Bourbon n'hésitait pas à recourir aux procédés les plus infâmes, à la menace et à l'insulte. Elle trouva un jour sur sa table quelques mauvais vers qui sous le titre d'*Instruction de Mme de Prie à la reine de France,* lui rappelait la médiocrité de sa condition, la reconnaissance et l'obéissance qu'elle devait à ceux qui l'avaient mariée à Louis XV, et se terminait par un chantage éhonté à la répudiation :

1. *AN. Monuments historiques K. 138,* cité par Goncourt; Madame de Châteauroux, p. 23, note 1.
2. D'Argenson, *Mémoires,* cité par Sainte-Beuve, *Nouveaux Lundis,* 8, p. 293.

Le renvoi de l'infante est la preuve certaine[1]
Qu'à rompre votre hymen on aura peu de peine;
Et nous aurons alors de meilleures raisons
Pour vous faire revoir vos choux et vos dindons[2]

L'intimidation était une arme bien forte sur une jeune princesse timide dont l'ambition était d'ailleurs bornée et qui ne se relevait qu'avec peine de l'étonnement où son élévation l'avait jetée.

Le mariage du roi est donc aussi parfois le résultat d'intrigues médiocres, de calculs sordides et ceux qui le préparent sont guidés par le désir égoïste d'assurer leur propre succès beaucoup plus que gouvernés par le devoir et l'avantage du royaume. De telles unions se réalisent quand l'État est aux mains de ministres médiocres entièrement livrés à satisfaire leur appétit de pouvoir et à écarter tout ce qui pourrait porter ombrage à leur carrière ou affaiblir leur influence. Une situation bien différente peut se présenter quand le roi, entièrement maître de sa personne et de son autorité, n'obéit qu'à ses désirs et peut imposer sa volonté. Il peut alors perdre de vue l'intérêt supérieur de l'État, s'abandonner à la passion, épouser celle qu'il aime sans se soucier de bienséance, de gloire, ou d'intérêt. À vrai dire, une telle tentation est rare et, pendant toute l'époque moderne, ne s'est manifestée que deux fois, n'a abouti qu'une fois : encore s'agit-il d'un mariage secret et morganatique conclu après que le souverain eut assuré sa postérité ; Mme de Maintenon fut la femme légitime de Louis XIV, elle ne fut jamais reine ; elle avait d'ailleurs été la maîtresse du roi, mais secrètement, sans que Louis XIV la produisît jamais comme favorite officielle. Bien différente était la position de Gabrielle d'Estrées qu'Henri IV voulut faire

1. La jeune infante avait été renvoyée chez elle lorsqu'on avait décidé de marier Louis XV à Marie.

2. Cité par Sainte-beuve, *Nouveaux Lundis*, 8, p. 279.

reine de France et qui ne manqua cette haute destinée que par une mort prématurée.

Henri de Navarre avait été marié en 1572 à Marguerite, fille d'Henri II et de Catherine de Médicis, malgré le peu de goût qu'ils éprouvaient l'un pour l'autre et les réticences très manifestes de « Margot ». Depuis 1576, date à laquelle Henri avait fui la cour où on le retenait prisonnier, sa femme menait une vie très libre, multipliant les aventures et passant de bras en bras, consentant pourtant parfois une brève visite à son mari à Nérac, en 1578 ou en 1584. Henri, de son côté, contait fleurette à bien des filles et jouissait en galant homme de son indépendance. On ne se donnera pas le ridicule, imitant l'érudit qui dressa le tableau chronologique des amants d'Hélène, de recenser par le menu les conquêtes du Béarnais. On lui en attribue 56 avec exactitude, sans compter celles qui n'ont pu être identifiées; mais, en dépit de l'abondance avec laquelle il prodiguait ses faveurs, Henri était fidèle dans ses affections. Dix ans de soins prodigués à Diane d'Andouyn, ce n'est pas mal pour un cœur volage; et il fallut encore que la belle Corisandre prît de l'embonpoint, que sa taille s'élargit et qu'elle perdît beaucoup de ses charmes pour que la passion d'Henri déclinât. En 1590, lorsqu'il rencontra Gabrielle d'Estrées, Diane n'était presque plus qu'un souvenir, et sa situation avait bien changé. Devenu roi de France à la mort d'Henri III, il lui fallait encore conquérir son royaume contre les ligueurs et mener de front sa double vocation de guerrier et de grand amoureux, faire à la fois le siège des villes et celui des belles. Gabrielle d'Estrées, dont le roi devait un jour prétendre faire sa femme, appartenait à une race galante et belle qui donna beaucoup d'elle-même et à qui l'on prêta encore davantage. Son aïeule, si l'on veut en croire les rumeurs, aurait sauté du lit de François Ier dans celui du pape Clément VI de passage à Nice et, de là, dans les bras de

Charles Quint qui traversait la France; elle se serait en somme spécialisée dans les tiares et les couronnes. Le maréchal de Bassompierre, qui eut il est vrai de longs loisirs à la Bastille pour aiguiser ses fantasmes et peaufiner ses calomnies, est intarissable sur les talents d'entremetteuse de la mère de celle qui fut pendant dix ans la maîtresse d'Henri et à qui il ne manqua peut-être qu'un peu de temps pour devenir reine de France. « Madame d'Estrées, écrit-il perfidement, ne faisait aucun scrupule de faire trafic de ses filles : l'une d'elle, Gabrielle, était à l'âge de seize ans, belle et de belle taille; elle l'offrit au roi [Henri III] par l'entremise du duc d'Épernon qui entretenait Diane d'Estrées, sœur aînée de Gabrielle, de laquelle il eut une fille (...); le duc ayant exagéré la beauté de Gabrielle au roi Henri III, il lui en fit venir l'envie qui fut bien aisée à passer (...) Mais le roi en fut bientôt dégoûté, et disait que pour du blanc et du maigre il en trouvait assez chez la reine sa femme, sans en chercher autre part [1]. » Conte invraisemblable : Gabrielle avait dix-sept ans quand elle rencontra Henri IV en 1590; c'est donc une enfant que sa mère aurait donnée à Henri III et, bien que la jeune fille ne fût pas farouche, les résistances qu'elle opposa d'abord à l'impétueux Béarnais ne plaident pas en faveur d'une reddition facile de celle qui devait d'un premier mouvement refuser ses faveurs au Vert-Galant par amour pour un de ses sujets. Son entourage, il est vrai, donnait de bien peu vertueux exemples. Sa mère vivait ouvertement avec le marquis d'Alègre, gouverneur d'Issoire, où les deux amants furent tragiquement assassinés en 1592; sa sœur Diane était la maîtresse du duc d'Épernon, et sa tante, Mme de Sourdis, partageait ses plaisirs avec le chancelier de Cheverny. Lors des premières entrevues de Gabrielle et d'Henri, en 1590-1591, celle-ci, amou-

1. Bassompierre, *Nouveaux Mémoires*, cité par Niel, in *Louise de Vaudémont*, p. 3 n. 5.

reuse d'un beau cavalier, Bellegarde, ne manifesta au roi que de la hauteur et du dégoût et il fallut toute l'autorité d'Henri IV qui signifia très royalement son congé à son concurrent et l'ordre de lui laisser le champ libre, et tout l'entregent de Mme de Sourdis qui fit miroiter aux yeux de Gabrielle l'avantage d'être la maîtresse du roi, pour que la jeune fille, conquise par les hauts faits de son amant et l'expression chaleureuse d'une passion que la difficulté exaltait, se rendît au moment où Chartres ouvrait ses portes à l'audacieux conquérant. Dès lors tout alla très vite et, pour imposer Gabrielle comme maîtresse en titre, on recourut aux artifices qui devaient désarmer les obstacles et les animosités. Gabrielle fut mariée à Nicolas d'Amerval, seigneur de Liancourt, qui n'eut que des droits symboliques mais reçut en compensation le titre de gentilhomme de la chambre; Antoine d'Estrées, le père (était-il vraiment irrité de l'inconduite de sa fille ?), fut nommé gouverneur de l'Île-de-France. Quant à Gabrielle, elle reçut une dot de 50 000 écus et la belle seigneurie d'Assy.

Mais, si Henri pensait beaucoup à ses amours, il ne négligeait ni son métier de roi ni les soins nécessaires pour se faire reconnaître souverain du royaume. L'influence de Gabrielle, qu'il consulta sur les affaires d'État, apparut dès qu'il s'agit de prendre la grande décision dont dépendait l'avenir d'Henri : demeurer dans la foi huguenote ou se convertir au catholicisme. Les motifs qu'avait Henri de faire « le saut périlleux » n'étaient pas exclusivement politiques. En effet, il songeait déjà à se remarier et seul le pape pouvait autoriser l'annulation de son mariage avec la reine Margot. Gabrielle, de son côté, en exhortant Henri à se convertir, n'avait pas seulement en vue l'intérêt du royaume et du roi et songeait peut-être déjà à se faire épouser, bien qu'elle n'ignorât pas les difficultés d'un tel projet et qu'il fût déjà question d'une alliance avec Marie de

Médicis; mais elle comptait bien traverser un projet si contraire à ses espérances. Bien chapitrée par Cheverny, elle ne négligea rien pour séduire son royal amant et le convaincre des avantages d'une conversion. Elle le supplia et, au dire de Sully, répandit d'abondantes larmes; elle lui représenta les misères d'un royaume toujours en guerre, les fatigues, et « la perspective de passer le reste de sa vie les armes sur le dos » (Mezeray). Mais le huguenot Agrippa d'Aubigné qui, il est vrai, pouvait bien mettre un peu de ressentiment dans son jugement, jugea autrement que par le désir de paix l'insistance de Gabrielle. « Quand l'espérance de venir en la royauté fut fortifié en l'esprit de cette dame, écrit-il, et que le roi acquit la conviction que le pape seul était capable de dissoudre son premier mariage, alors elle eut les suations assez puissantes, et employa sa grande beauté et toutes les heures possibles de jour et de nuit pour tenir au prince qui l'aimait des discours sur le changement de religion. »

Qu'il obéît d'abord aux instances de Gabrielle ou à des impératifs plus graves, la conversion eut lieu, le monarque en recueillit aussitôt le fruit et les ralliements se multiplièrent, sans toutefois désarmer les oppositions les plus fanatiques. Dans Paris de farouches ligueurs dénoncèrent l'hypocrisie du roi et des moines exaltés n'hésitaient pas à fulminer, en pleine chaire, contre la corruption du prince, l'accusèrent de se vautrer dans la débauche avec une femme adultère et de se livrer avec elle à des excès qui mettaient en danger non seulement son âme mais aussi sa santé. Cependant, installé à Saint-Denis en attendant que Paris lui ouvrît ses portes, Henri recevait la visite des amazones de la ligue, Mme et Mlle de Guise, et Mlle de Montpensier elle-même, qui couvrirent Gabrielle de caresses et de protestations d'amitié. Peu après, le 27 février 1594, Henri fut sacré à Chartres et la sainte cérémonie fut suivie d'un superbe banquet où assistèrent princes et grands du royaume : Gabrielle y brilla plus en reine qu'en maîtresse. L'entrée solennelle du roi dans Paris, le 15 septembre suivant, offrit à Gabrielle une nouvelle occasion de marquer son empire. Dans le cortège triomphal, elle précédait son maître à cheval, dans une superbe litière, richement parée. Escortée par une compagnie d'archers, elle faisait figure de souveraine entrant dans sa capitale. Elle n'avait rien négligé pour plaire à ses fidèles sujets qui l'avaient pourtant tant brocardée mais qui aujourd'hui ne voyaient en elle qu'une femme rayonnante et digne d'un grand roi. Elle portait une robe de satin noir brodée, avec une jupe « toute huppée de blanc et chargée de tant de perles et de pierreries si reluisantes qu'elles offusquaient, affirme L'Estoile, la lueur des flambeaux ». Associée à l'entrée du roi, cérémonie toute chargée de symboles, elle faisait figure de déesse de la Victoire précédant le héros triomphant et fut ce jour-là plus qu'une favorite : l'emblème gracieux de la nouvelle dynastie offert à l'admiration des Parisiens.

Dès lors, Gabrielle tissa patiemment sa toile. Son but était sans équivoque : devenir reine de France. Ses moyens, malgré les obstacles naturels et les oppositions qui ne manqueraient pas de se manifester, étaient abondants et sa volonté, son obstination, sans faille. Son premier, son principal atout était l'amour du roi, sincère, entier, qui ne se fatiguait pas mais prenait tous les jours une nouvelle vigueur. Henri, bien que marié, n'avait d'autre femme que Gabrielle. Il n'avait pas eu d'enfant de la reine Margot, et justement Gabrielle venait de lui donner un fils qu'il avait prénommé César. S'il épousait Gabrielle, l'avenir de la dynastie serait assuré. Elle pouvait aussi compter sur de nombreux amis, ses obligés, et espérait sans doute beaucoup dans la complicité du chancelier, Cheverny. Mais il fallait compter aussi avec les mauvaises volontés qui ne manqueraient pas de se jeter à la traverse : l'opinion d'abord, souvent indulgente pour les écarts du roi, mais qui verrait d'un mauvais œil l'élévation d'une favorite au trône de France; le pape qui pourrait refuser l'annulation du mariage pour une alliance scandaleuse; la reine Margot qui s'opposerait peut-être à une séparation en faveur d'une femme qu'elle jugeait indigne d'une si glorieuse position; le grand-duc de Toscane qui multipliait les intrigues pour satisfaire son ambition de marier sa nièce Marie au roi de France. Bref, la partie n'était pas gagnée, mais l'on pouvait, avec de la patience et en exploitant la passion grandissante du roi, lever un à un tous les obstacles et parvenir à ses fins. Gabrielle s'y employa avec une ténacité lucide que son attachement pour Henri, qu'elle aimait maintenant pour de bon, rendait plus impérieuse. Une mesure d'urgence s'imposait d'abord. Henri était doublement adultère puisque Gabrielle était mariée et le petit César était officiellement le fils du pauvre mari et non du roi (bien que les mauvaises langues l'attribuassent à Bellegarde, l'ancien amant de Gabrielle). L'affaire fut rondement menée. On déclara le mari, qui n'en pouvait mais, impuissant, et l'official d'Amiens prononça la nullité du mariage pour non-consommation (décembre 1594). Dès lors Henri put légitimer le petit César, le reconnaître officiellement pour son fils et profiter de l'occasion pour tresser à Gabrielle une couronne de bonne conduite et de vertu; il lui donna la seigneurie de Monceaux qu'il érigea en marquisat.

La splendeur de Monceaux se devine à la magnificence des fêtes que Gabrielle y donnait au roi et à ses amis. C'était une élégante propriété, avec des constructions Renaissance et des jardins à l'italienne et située à deux lieues de Meaux, que la favorite aménagea à son goût. Elle mit un soin particulier à meubler la chambre qui abritait ses amours avec le roi. Le luxe sous Henri IV était rare : elle en fit profusion. Les matelas furent de satin blanc avec des oreillers brodés d'argent aux chiffres H et G entrelacés et le lit, surmonté d'un baldaquin aux rideaux de velours de Gênes jaune, fut recouvert d'une couverture en damas cramoisi rehaussé de bandes d'or. La grande salle où Henri reçut le duc de Mayenne lors de la réception organisée par Gabrielle pour la réconciliation du roi et du prince était garnie d'une suite de tapisseries de Bruxelles représentant les travaux d'Hercule, l'histoire de Cyrus et les plaisirs d'Henri III. Dans les jardins, de petits pavillons offraient leur ombre tiède aux promeneurs et souvent les bosquets s'animaient : lors des fêtes, musiciens, bergers et bergères, divinités champêtres, dansaient légèrement au son des pastorales. À Monceaux les repas étaient des festins, la galerie du château se transformait souvent en théâtre et, le soir, le parc était embrasé par un feu d'artifice. Cadre digne d'une reine qui faisait honneur au bon goût de la favorite et retenait son amant dans une élégante atmosphère de luxure. Mais les grands travaux que la nouvelle marquise avait entrepris pour que sa résidence fût digne de son maître ne manquèrent pas de provoquer des réactions très vives; Gabrielle fut accusée de dilapider le trésor de la France pour aménager un bordel.

Du Roy et de la Marquise
Ho! vous parlez de notre Roi!
Non, fais-je, vous jure ma foy
Par Dieu j'ai l'âme trop réale
Je parle de Sardanapale
Con sempre star in bordello
Hercole no se fatta immortello
Au royaume de Conardise
Où pour madame la Marquise
Les grands monts sont mis à Monceaux
Et toute la France en morceaux.

Il est vrai que la misère était grande dans Paris et que les mendiants engorgeaient les rues. Mais le roi et sa maîtresse pouvaient abriter leurs ébats dans un écrin somptueux et raffiné, et Henri s'y sentait chez lui.

Gabrielle avait donc une position officielle, elle était libre et elle était la mère d'un enfant légitimé du roi qui n'en avait pas d'autre. Bien qu'elle fût d'une intelligence assez ordinaire, sa prudence était grande et ses conseils, qu'Henri sollicitait souvent, assez fréquemment suivis. Elle mit tout le poids de son charme et de sa civilité pour faire tomber les dernières difficultés entre le roi et les chefs de la Ligue. Elle ne négligea rien pour gagner les Guise, fit les honneurs de Monceaux à Mme de Guise, à Mlle de Montpensier par qui on pouvait séduire Mayenne, les couvrit de compliments et de caresses, enfin leur prodigua tant de douceurs que Mayenne fit sa soumission. La réconciliation eut lieu le 31 janvier 1596, à Monceaux, chez Gabrielle qui put être justement créditée de ce succès. Ses mérites pourtant n'étaient pas toujours reconnus, et les artifices de la malignité publique l'enveloppaient, au moindre revers, de traits empoisonnés. Le 21 avril 1596, Calais tomba aux mains des Espagnols commandés par le cardinal d'Autriche. Aussitôt on accusa Henri de s'endormir dans les délices de Capoue, et Gabrielle d'amollir le brave guerrier qui oubliait dans ses bras les soucis du règne et la défense du royaume. Les libelles, sonnets, quatrains coururent les rues, la plupart orduriers, où la favorite n'était pas épargnée, comme en témoigne celui-ci, le plus anodin, où l'on prendra une idée de ce que pouvaient être les autres dont la rhétorique ne s'embarrassait pas de précautions.

Ce grand Henri qui voulait être
L'effroi de l'Espagnol hautain
Maintenant fuit devant un prêtre
Et suit le cul d'une putain.

L'esprit de l'époque n'était pas à la pudibonderie et Henri riait de ces insolences comme du nom de « bourdeau » donné à la maison de Gabrielle, et continuait à caresser de bon cœur la maîtresse dont il était chaque jour plus profondément épris. Celle-ci, en effet, comblait ses désirs de paternité. En 1596 elle mit au monde une fille qui fut baptisée avec le même cérémonial usité pour les enfants royaux, et aussitôt légitimée, et en 1598 naquit un garçon, Alexandre, qui fut à son tour reconnu comme enfant de France. En reconnaissance d'une si grande fécondité qui comblait de joie le cœur du père, les grâces s'abattirent sur la famille d'Estrées. Le père de Gabrielle fut nommé grand maître de l'Artillerie, et le roi érigea en duché-pairie le comté de Beaufort pour la favorite qui en porta désormais le titre, et donna à son fils le duché de Vendôme, apanage de la maison de Bourbon. Cependant Gabrielle ne se contentait pas d'assurer la postérité du roi et ses vertus débordaient largement la fertilité de son ventre. On peut tenir pour un de ses plus éclatants mérites la persuasion qu'elle mit à convertir la cour et l'entourage du roi à la tolérance, à réconcilier protestants et catholiques et à permettre ainsi à son amant de promulguer l'édit de Nantes. D'ailleurs elle n'était plus en 1598 un simple objet de plaisir, l'ornement de la cour et la maîtresse du roi. Elle était souvent en tiers entre Henri IV et les ambassadeurs, les ministres la consultaient, et elle assistait fréquemment au Conseil où Henri, paillard jusque dans ses affaires, la lutinait et l'embrassait publiquement. Les mœurs alors étaient innocentes et la gaillardise ne gâtait pas la réputation d'un roi; seuls les cafards et les lévites fanatiques condamnaient une si princière bonne santé. Mais tous ces témoignages d'un amour partagé, les prérogatives accordées à la favorite, les hommages publics, les marques de respect partout exigées; mais aussi la situation du roi, sa succession incertaine et ses confidences faites à ses familiers, tout donnait à penser. Un projet d'union entre Henri IV et Gabrielle courait les rues. « En ce temps-là, écrit Mathieu Marais, la duchesse de Beaufort espérait d'être aussi bien reine de France comme elle régnait au cœur de son maître. » Et le président Groulard, qu'Henri consultait et que Gabrielle avait en vain tenté de gagner à sa cause, notait avec horreur : « C'est chose bien certaine que le roi avait desseigné de l'épouser vers la Quasimodo »; et, relevant tous les obstacles qui s'opposaient à un tel projet, il ajoute que « la passion d'Henri était si grande et sa résolution si bien formée qu'il eût pu passer sur toutes ces difficultés, dont tous les vrais serviteurs de S.M. avaient eu de l'appréhension infinie et de la douleur très grande [1] ». Les espoirs de Gabrielle n'étaient pas chimériques. La détermination du roi paraissait certaine et les observateurs étrangers, surtout italiens, qui essayaient de se jeter à la traverse de ce projet qui ne faisait l'affaire ni du pape ni du duc de Toscane, considéraient le mariage comme décidé. Les grands corps de l'État rendaient à la favorite des honneurs quasi-royaux, et le parlement de Paris lui dépêchait des délégations comme à une souveraine. Enfin le roi mit à sa disposition, au Louvre, l'appartement des reines et Gabrielle eut droit à la cérémonie du lever où les plus grandes dames de la cour lui passèrent la chemise.

Si Gabrielle n'avait plus guère de raison de douter de la détermination du roi, il n'en va pas tout à fait de même pour l'historien qui, tout en reconnaissant la sincérité d'Henri IV, ne peut s'empêcher de faire quelques observations troublantes. La première tient à la personnalité du Béarnais à qui les promesses coûtaient peu et qui, pour conquérir ou conserver une belle,

1. « Mémoires », in *Mémoires pour servir à l'histoire de France*, par Michaud et Poujoulat, XI, 1838, p. 581.

n'hésitait pas à proposer le mariage ; il avait fait une semblable proposition à Corisandre et devait la renouveler plus tard à Henriette d'Entragues. Toutefois, dans le cas de Gabrielle, les choses étaient bien trop avancées pour qu'il s'agît d'une simple ruse de séducteur. Il avait ouvertement abordé la question avec Groulard, avec ses ministres, en particulier avec Sully qui, si on l'en croit, aurait tenté de le détourner d'un projet où il ne voyait que des difficultés. Henri avait enfin, le 2 mars 1599, coupé court aux hésitations en présentant quasi officiellement Gabrielle à la cour comme la future reine de France : il lui passa au doigt ce jour-là la bague qu'il avait lui-même reçue le jour de son sacre et par laquelle il avait symboliquement épousé la France.

La favorite avait certes beaucoup d'ennemis qui travaillaient dans l'ombre, mais il était malaisé de la combattre ouvertement. Outre l'amitié du roi, elle pouvait compter sur de puissants amis influents sur la volonté d'Henri – les princes Lorrains, le chancelier de Cheverny, Brûlart de Sillery, le maréchal de Biron – et disposait aussi d'une puissance territoriale qui la rendait redoutable : elle tenait la Bretagne par son fils César et la Picardie par ses parents. La partie, pourtant, était loin d'être gagnée, d'autant plus que le principal obstacle venait d'une autorité incontournable, seule capable de prononcer l'annulation du mariage avec la reine Margot, préalable indispensable à toute nouvelle union : la papauté. Le pape Clément VIII, Florentin, désirait, comme le grand-duc de Toscane lui-même, marier Henri IV à Marie de Médicis. L'un et l'autre entretenaient diplomates et espions à la Cour de France, chargés d'informer leurs maîtres et de circonvenir Henri en faveur de ce mariage tant espéré. Malgré tout Henri et Gabrielle avaient bon espoir d'obtenir l'annulation et les préparatifs s'accéléraient ; le mariage était décidé. La reine Margot était prête au divorce et, bien qu'il lui en coûtât de céder sa place à celle qu'elle qualifiait fort lestement de « déterminée bagasse » (=putain), s'était laissée convaincre par les beaux avantages qu'on lui faisait; résidence à Paris, entrées à la cour en conservant son titre de reine, paiement de ses dettes et dotation princière.

Tout était donc en place pour le conte de fées : pour la première fois dans l'histoire, le roi allait épouser sa bergère au moment où, une fois de plus, elle allait le rendre père. Mais soudain, à Pâques, le rêve tourna au drame. Gabrielle mourut subitement. La crédulité populaire voulut y voir la main du diable avec lequel la favorite avait signé un pacte pour épouser le roi de France. Quant à Henri, sa douleur fut immense. Il ordonna que les obsèques de Gabrielle fussent celles d'une princesse du sang et que l'on ravivât un ancien protocole qui avait été autrefois usité pour les reines. Trop décomposé pour être exposé, le corps fut mis au cercueil; mais on modela une effigie de cire qui fut exposée sur un lit d'apparat revêtue d'une robe pourpre et d'un voile de satin blanc. Au pied du lit, deux héraults d'armes et huit religieux récitaient la prière des morts. Pendant trois jours elle fut ainsi offerte à la contemplation des grands, des ambassadeurs et de la foule des Parisiens. À l'heure des repas son couvert fut dressé à son chevet et la cérémonie, exactement observée comme si elle était vivante, se reproduisit deux fois par jour : maître d'hôtel, officiers de la panneterie, de bouche et du gobelet la servirent après que l'aumônier eut récité le bénédicité. La veille du service religieux, vingt-trois crieurs de Paris parcoururent la ville pour annoncer l'office qui devait se dérouler à Saint-Germain-l'Auxerrois. Le lendemain, sortant de l'église, le convoi s'ébranla; les pages et les gardes du roi l'escortaient et la cour suivait, hommes à cheval, femmes en carrosses. Gabrielle fut conduite à Saint-

Denis où un second office fut célébré. Henri n'osa pas pourtant la faire inhumer dans le caveau des rois; elle fut transportée dans une abbaye proche de Monceaux. Les ambassadeurs et le Parlement vinrent, comme pour une reine, exprimer leurs regrets au souverain désolé. Celui-ci, pendant huit jours, porta le deuil noir auquel les reines elles-mêmes n'eurent jamais droit; puis le roi et sa cour portèrent pendant trois mois le traditionnel deuil violet. Après quoi vint une nouvelle maîtresse et celle à qui n'avait manqué qu'un peu de temps pour devenir reine fut oubliée. L'année suivante Henri épousait Marie de Médicis, l'annulation de son premier mariage ayant été prononcée à la satisfaction générale.

Ce n'était pas la première fois, à l'époque moderne, qu'un jugement canonique cassait un mariage royal. Pour épouser, par politique, Anne de Bretagne, Louis XII avait dû obtenir l'annulation de son premier mariage avec Jeanne de France. Les arguments qui avaient alors été invoqués ne diffèrent pas sensiblement de ceux auxquels recoururent les casuistes qui cassèrent le mariage d'Henri et de Margot : contrainte (Margot avait en effet cédé à l'autorité de sa mère et de son frère malgré ses répugnances), consanguinité à un degré prohibé, aggravée par la parenté spirituelle (le père de Margot était le parrain d'Henri).

Ainsi le fondateur de la dynastie bourbonienne, original et romanesque, et dont les exploits féminins nous étonneront encore, n'a pas craint d'inaugurer un comportement singulier et, en matière matrimoniale, d'innover audacieusement. Divorcer, passe encore, il existait des précédents; mais épouser sa maîtresse, c'est ce qui ne s'était encore jamais vu. Eût-il réussi, quel aurait été l'avenir de la France?

Qui de ses fils, des aînés légitimés, ou des princes nés en légitime mariage, eût été l'incontestable successeur ? Des querelles sans fin, la guerre civile peut-être, n'auraient-elles pas été la conclusion logique d'une passion trop exigeante que, pour la gloire d'Henri IV, la mort a interrompue. De Marie naquit Louis XIII et la dynastie fut consolidée.

CHAPITRE III

MORTELLES ET DÉESSES

L'INDULGENCE complaisante pour les caprices du roi, la vénusté et la grâce des favorites, l'attendrissement même devant les épanchements amoureux du jeune et beau souverain, ne masquaient pas toujours la trivialité des coucheries royales et la maîtresse devenait souvent la cible privilégiée des pamphlétaires. Toutes furent, un jour ou l'autre, décorées du noble brevet de putasserie, dénoncées comme impudiques, luxurieuses et lascives ou plaisamment flétries de titres insultants, ainsi qu'il arriva à Gabrielle d'Estrées, honorablement qualifiée de « duchesse d'ordure ». Aux accusations qui mettaient en cause leur honneur, qu'elles n'avaient pas défendu bien vaillamment, s'en ajoutaient de plus graves qui n'étaient pas toujours justifiées. Les plus fréquentes touchaient à leur probité et à leur malignité. Intéressées, avides, elles étaient responsables de dépenses ruineuses qui appauvrissaient le roi et ses sujets; mauvaises conseillères, elles détournaient le roi de ses devoirs, amollissaient sa volonté, l'égaraient par des artifices de courtisane, bref étaient pour la France une terrible calamité. Mais, inversement, les courtisans des favorites royales – et ils étaient nombreux : poètes et artistes qui sollicitaient sa protection, quémandeurs qui espéraient des faveurs ou simples admirateurs de femmes généralement séduisantes et dévouées à leurs amis – exaltaient, parfois inconsidérément et sans aucune discrétion, les mérites plus ou moins authentiques de celle dont ils avaient fait leur idole. Singulière méprise : ces belles créatures ne méritaient généralement ni l'excès d'honneurs que leurs admirateurs leur décernaient ni l'excès d'opprobre dont les premiers les recouvraient.

Cependant, si la calomnie, dont on sait qu'elle laisse toujours des traces, a souvent influencé l'approche des historiens, les contemporains des annales royales, sensibles à la nature divine de la monarchie et à tout ce qui la touchait, n'ont pas hésité parfois à revêtir les amours royales d'un mystère religieux qui, pour n'être pas toujours d'une grande orthodoxie chrétienne, n'en était pas moins empreint de mysticisme et de sacralité. La tentation en effet était grande, et le pas fut vite franchi, de transfigurer en embrassements mythiques de prosaïques copulations, et d'assimiler des amours profanes au fabuleux commerce des déesses et des dieux. Le roi, sacré et thaumaturge, s'élevait déjà, dans son hypostase magique, au-dessus de la condition humaine. La symbolique chrétienne, la sainteté du glorieux Élu dynastique qui, en la personne de Louis IX, avait purifié la race des rois ; la théologie qui faisait du souverain l'oint du Seigneur et son lieutenant hiératique ; les rites quasi liturgiques qui entouraient ses mouvements et les principaux gestes de sa vie, tout contribuait à exalter la nature épiphanique et l'origine céleste d'un monarque qui, en régnant, s'offrait à l'adoration de ses fidèles. La Renaissance, qui se complut dans la fable des mythologies antiques, ajouta aux croyances chrétiennes les allégories sensibles d'un paganisme régénéré. Le roi, héroïsé, devint digne du lit des déesses ; de simples femmes ne purent désormais le satisfaire, son amante s'incarna dans une divinité, et leurs baisers renouvelèrent les accouplements de l'Olympe. Cette sublimation fabuleuse de coïts très terre à terre, accomplie sous Henri II, devait marquer profondément l'évolution de la symbolique royale et aboutir, à l'apogée de la monarchie, à l'identification du monarque avec le Soleil fécondant, dispensateur de la lumière du monde.

La métamorphose d'un homme et d'une femme en un couple héroïque ou divin n'aurait pas été possible sans l'atmosphère mythologique qui, à l'époque de la Renaissance, peuplait la terre de naïades, de nymphes et de dieux, lesquels, sous d'odorantes et magnifiques formes humaines, envahissaient la littérature et les arts et nourrissaient les imaginations qui se complaisaient dans des évolutions érudites et des visions merveilleuses de prodiges et d'enchantements. Une femme habile, ambitieuse et subtile pouvait tirer parti d'une occasion si favorable de transformer la fable en réalité et d'exploiter à son profit la manie chimérique de ses contemporains. Diane de Poitiers, habile à tous les artifices, abondante en expédients et fertile en intrigues, y déploya des trésors d'ingéniosité, bien secondée par son amant, Henri II, lui-même nourri de rêves chevaleresques et de fables antiques.

Diane de Poitiers avait l'ambition sèche, la volonté rigide, et son caractère ainsi que sa carrière, où l'avidité le dispute au sordide, contrastent étrangement avec la gracieuse légende qu'elle essaya, sans y réussir trop mal, à imposer à ses contemporains : celle d'une déesse descendue de l'Olympe pour offrir au prince les séductions de sa beauté surhumaine et les conseils de sa sublime sagesse. Idéalisation d'un rôle trivial pour laquelle la favorite trouva de nombreux concours parmi les poètes, artistes et maîtres d'œuvre des pompes royales, spécialistes en flatterie dont l'industrie intéressée ne reculait devant aucun artifice.

Tout est singulier chez cette grande actrice qui sut

faire de sa vie un chef-d'œuvre de mystification, avec l'aide d'une nature complaisante qui lui conserva, à l'âge où les femmes de sa génération devaient renoncer aux blandices de la galanterie, une éternelle et resplendissante beauté. Lorsque le dauphin Henri, de vingt ans son cadet, eut le cœur ravi par cette délicieuse quadragénaire, François Ier régnait encore. La cour, où Diane était dame d'honneur de la reine, n'était ni austère ni chaste ; les plaisirs succédaient aux plaisirs et François Ier donnait l'exemple de la licence ; il affichait complaisamment sa maîtresse, la duchesse d'Étampes, qui – ironie – avait dix ans de moins que la favorite du dauphin. Entiché d'exploits chevaleresques, la tête farcie des fantasmes de l'amour courtois, d'amantes de légende, de dames inaccessibles et d'amoureux platoniques accomplissant prouesses et merveilles pour l'élue de leur cœur, Henri réprouvait les débauches de son père, et, sous l'influence de Diane, faisait la guerre à la maîtresse influente dont ils avaient l'un et l'autre, il est vrai, des raisons plus concrètes de se défier : elle était parvenue, par ses intrigues, à faire disgracier le connétable de Montmorency, leur ami et principal soutien.

L'entourage d'Henri s'employait à souligner le contraste entre la vertu épique du dauphin et l'indécence du roi, entre la modeste pudeur de Diane et l'effronterie lascive de la duchesse d'Étampes. La mythologie donna à l'antithèse toute l'efficacité de sa forme symbolique. Diane de Poitiers fut assimilée à Artémis-Diane, la chaste déesse, la chasseresse du Mal, tandis que la duchesse d'Étampes, sous les traits de Vénus, personnifia la Luxure et les fureurs utérines. Les chantres à la solde du dauphin aiguisèrent leur plume dans ce dessein et l'un d'eux, François Habert, qui à l'avènement d'Henri II allait devenir son poète officiel, imagina en 1545 l'allégorie qui devait, quelques années plus tard, s'amplifier, grandir et s'imposer avec la volonté de celle qui, héroïne consciente du mythe qu'elle créait, ne négligea rien pour en assurer le succès. Le texte d'Habert, œuvre de courtisan, mélange les genres : pamphlet plus ou moins calomnieux contre la maîtresse du vieux roi, apologie élégiaque de la beauté édifiante planant sur l'avenir de la monarchie, il se veut aussi discours prophétique, annonce de l'avènement divin de la sagesse et du proche accomplissement d'un règne parénétique.

Certes Vénus n'est pas encore morte
Déesse elle est, grand honneur on lui porte
Que pleust à Dieu la voir en mer plongée,
La République en serait bien vengée.
Mais peu à peu Vénus s'abolira,
Et en son nom Diane on publira,
Que toute fable ha dict estre pudique,
Contraire en tout au vouloir vénérique [1].

Il ne s'agissait encore que d'une ébauche que le temps devait polir et épurer, et que des mises en scènes allaient magnifier et élever à la dignité d'apparition céleste à la faveur de confusions savamment entretenues, et par l'intéressée et par les complicités que le climat intellectuel de l'époque multipliaient sous les pas de la favorite inspirée. La géniale invention n'est pas une facétie et s'il ne nous est pas donné de mesurer le degré de créance qu'elle trouva dans le public, on peut du moins porter témoignage de l'ingéniosité de tous ceux qui furent appelés à accréditer, par les artifices de l'art, la féerie du spectacle ou l'alchimie de l'éloquence, la fable miraculeuse d'une déesse vivante, mentor d'un nouveau roi destiné aux caresses divines et aux béatitudes sacrées.

1. Cité par E. Bourciez, *Les Mœurs polies et la littérature de cour sous Henri II*, et par Françoise Bardon, *Diane de Poitiers et le mythe de Diane*, PUF 1963, dont l'étude exhaustive et pénétrante m'a beaucoup servi.

Henri II, lors de son avènement à la mort de François Ier en 1547, avait vingt-huit ans et sa maîtresse, Diane de Poitiers, approchait de la cinquantaine. C'était une manière de prodige : une nature vigoureuse et riche, l'habitude des bains froids, la vie active et saine de grande chasseresse expliquent peut-être qu'elle ait gardé, en dépit des années, tous les attraits de la jeunesse, la gaieté, la fraîcheur, la séduction qui maintinrent Henri toute sa vie sous l'empire d'une inébranlable fascination. Jusqu'à sa rencontre avec le dauphin, vers 1538, Diane avait mené à la cour de France la vie effacée d'une vertueuse suivante de la reine. Mariée à quinze ans à Louis de Brézé, grand sénéchal de Normandie, un vieillard qui la laissa veuve en 1531, il semble qu'elle ait mené une vie sage et sans scandale dans la maison d'Éléonore d'Autriche, seconde femme de François Ier, et que la rumeur qui voulut voir en elle la maîtresse du roi chevalier soit largement controuvée. La paillardise de Brantôme et l'humeur romantique de Victor Hugo ont, il est vrai, beaucoup fait pour autoriser une invraisemblance que justifie seule la licence poétique. Mais les fables, quand elles sont bien contées, ont la vie dure. D'un mot, voici l'affaire. Compromis dans la conjuration du connétable de Bourbon, le père de Diane de Poitiers avait été condamné à mort ; pour lui épargner l'échafaud sa fille se serait donnée à François Ier qui, en récompense, gracia l'infortuné ; celui-ci, reconnaissant, se serait écrié, si l'on en croit Brantôme : « Dieu garde le bon cul de ma fille qui m'a si bien sauvé. » Victor Hugo en rajouta. Dans *Le Roi s'amuse*, Diane est devenue une pucelle et c'est sa virginité qu'elle offre complaisamment au roi. En réalité, l'oie blanche avait vingt-cinq ans, était mariée depuis dix ans, et c'est Louis de Brézé, son mari, qui obtint la grâce de son père. Veuve vertueuse, il semble qu'elle le soit resté longuement et que son intimité avec le dauphin Henri se soit bornée longtemps à une admirative piété de la part du premier et à une direction toute spirituelle de Diane sur l'esprit du prince et plus largement sur son ménage; et son influence eut des suites heureuses. Le beau prince ténébreux, comme l'appelait la cour, confit en dévotion pour la dame de ses pensées, délaissait sa femme, Catherine de Médicis, et demeurait sans héritier. Diane le convainquit, avec toute la persuasion qu'elle savait mettre à ses prières impérieuses, d'honorer son devoir conjugal et c'est ainsi qu'en 1544 naquit le futur François II. Ce rôle de confidente altière et prudente, de conseillère généreuse et désintéressée, ne devait laisser transparaître ni liaison coupable ni entorse aux domestiques vertus, car Diane s'était instituée, et voulait être dans l'opinion, la providence du jeune couple bientôt souverain, son guide éclairé et son gouverneur irréprochable. Et il est vrai sans doute qu'elle résista longtemps à l'impatience du jeune homme amoureux dont le chevaleresque comportement n'allait pourtant pas jusqu'à l'abstinence complète et qui exigeait des satisfactions plus concrètes. La défaite de la belle fut consommée lorsque Henri était encore dauphin, chez son ami Montmorency, dans le superbe château d'Écouen que le connétable venait de faire construire pour occuper les loisirs forcés de sa disgrâce; et Diane, qui versifiait à ses heures, a laissé dans un poème sensible adressé à son amant l'aveu de cette première faiblesse qu'une femme de son âge ne pouvait oublier :

Voici vraiment qu'Amour un beau matin
S'en vint m'offrir fleurette très gentille (...)
Car voyez-vous, fleurette si gentille
Était garçon, frais dispos et jeunet,
Diane faillit, et comprenez sans peine
Duquel matin je prétends reparler.

Mais la belle pécheresse tenait à sa dignité, la réputation idéale qu'elle tentait dès lors d'imposer ne s'accommodait d'aucune souillure, et les deux amants s'accordèrent si bien à cacher leurs amours, à les envelopper de nuages et d'éther, tout se prêta si bien à leur aimable mystification, que beaucoup crurent longtemps à une relation chaste et platonique. L'ambassadeur de Venise, quant à lui, n'en doutait pas. « Le prince, écrit-il à la Sérénissime République, a vingt-huit ans (...). Il n'est guère adonné aux femmes, la sienne lui suffit; pour la conversation, il s'en tient à celle de Mme la sénéchale de Normandie [Diane de Poitiers], âgée de quarante-huit ans. Il a pour elle une tendresse véritable; mais on pense qu'il n'y a rien là de lascif, que c'est comme entre mère et fils; on affirme que cette dame a entrepris d'endoctriner, de corriger, de conseiller M. le dauphin, et de le pousser à toutes les actions dignes de lui; et son rôle en effet lui réussit à merveille [1]. »

L'avènement d'Henri II donna à Diane une influence souveraine sur les affaires du royaume. Jamais, dans toute l'histoire de la monarchie, aucune favorite n'exerça, avec tant de séduction et d'autorité, une emprise si totale et si efficace sur l'esprit du roi et ne parvint comme elle à convaincre les souverains étrangers de sa toute-puissance. Les ambassadeurs s'adressaient à elle et elle correspondait directement avec le pape. Le roi ne faisait rien sans prendre son conseil. En fait, elle était l'instrument des coteries qui se disputaient l'esprit d'Henri, mais elle naviguait très habilement de l'une à l'autre, abandonnait l'une, se liait à une autre au gré des avantages qu'elle attendait de ces diverses alliances, de manière à conserver la haute main sur les décisions et à ne jamais perdre un

1. Relation de Marino Cavalli, 1546, in *Relations des ambassadeurs vénitiens sur les affaires de France au XVIe siècle*, recueillies et traduites par M.N. Tommasco, Paris, Imprimerie nationale, 1838, t. I, p. 287.

pouce dans la confiance de son maître. Dès qu'il fut devenu roi, Henri put faire appel à ses anciennes amitiés et se hâta de placer Montmorency à la tête des affaires. Ce choix, auquel Diane n'était pas étrangère, faisait au mieux ses propres affaires, et elle soutint le connétable aussi longtemps qu'il ne lui porta pas ombrage. Rapidement, pourtant, elle jugea que Montmorency prenait trop d'importance et n'avait peut-être pas suffisamment d'égards à ses avis. Elle s'employa donc à lui susciter de puissants concurrents. La maison de Lorraine était bien en cour et lui était favorable. Elle fit nommer le cardinal Charles de Lorraine chef du Conseil privé et, pour resserrer les liens de gratitude par une alliance encore plus efficace, maria sa fille cadette, Louise de Brézé, à Claude de Lorraine, duc de Mayenne. Elle n'était pas encore absolument maîtresse de la volonté du roi, puisque, malgré ses prières, Henri refusa de faire entrer Mayenne au Conseil. Elle obtint pourtant une autre satisfaction en faisant élever son autre gendre, Robert de La Marck, à la dignité de maréchal de France. Son charme agissant, son habileté, les grandes démonstrations dont Henri l'entourait, lui valaient chaque jour de nouveaux ralliements et le nombre de ses partisans grandissait. Une de ses recrues les plus notables fut le cardinal du Bellay qui, doyen du Sacré Collège, ne manqua pas de faire au pape l'éloge de la favorite. Aussi Paul III la couvrait-il de caresses et de compliments et recommandait au nonce de la féliciter de « sa religion, de sa piété et des services éminents qu'elle rend auprès du roi à la cause du Saint-Siège [1] ». Cependant tout le monde ne se réjouissait pas également de l'autorité quasi absolue que Diane, avec la complicité de la maison de Lorraine, exerçait presque sans partage et l'ambassadeur de Cosme de Médicis à Paris jugeait son influence déplorable et pernicieuse : « On ne saurait, écrit-il, coucher noir sur blanc la

1. Cité par A. Thierry, *Diane de Poitiers*, p. 84.

grandeur et l'omnipotence de celle-ci et elle se comporte de telle manière qu'on en vient à regretter Mme d'Étampes [1]. » Montmorency était de ceux qui avaient le plus à se plaindre. Son autorité décroissait à mesure que grandissait le crédit des Lorrains et de leur alliée. Aussi imagina-t-il une intrigue qui, en le débarrassant de Diane et de ses amis, lui eût rendu toute la confiance du roi. Il s'agissait d'une de ces combinaisons de cour, de ces petites révolutions de palais par lesquelles les gens habiles essayaient, avec l'aide de femmes toujours consentantes, de surprendre le roi et d'obtenir sa faveur. Il y avait à la cour une très jolie jeune femme, Mary Flaming, gouvernante de Marie Stuart, la petite reine d'Écosse élevée en France et destinée à la couche du futur François II. Montmorency n'eut aucune peine à la convaincre de séduire le roi et il s'ensuivit une petite et courte liaison galante que Diane interrompit avec une autorité et une crânerie qui font honneur à son talent. Montmorency en fut pour ses frais, en pâtit, et le crédit de Diane grandit encore. À partir de 1550, elle règne sur le ministère comme un grand vizir tout-puissant, nomme aux emplois, destitue, décide en tout comme si elle était Premier ministre de France. Elle fait nommer un nouveau trésorier de l'Épargne qui lui est tout dévoué. Juge-t-elle le garde des Sceaux, François Olivier, trop peu empressé ou réticent, elle le fait remplacer par Jean Bertrand, un fidèle sur qui elle peut absolument compter. Tout lui réussit.

Il n'est pas de notre propos de développer ici plus longuement les détails d'un ascendant toujours plus grand, s'exerçant avec souplesse et qui devait se poursuivre jusqu'à la mort accidentelle du roi ; il faut cependant rappeler que cette influence ne s'exerça pas seule-

1. Cité par Desjardins, in *Négociations de la France avec la Toscane*, t. III.

ment en politique intérieure mais s'étendit à tout, en particulier à la vie internationale. En un mot, après avoir, dans la mouvance des Lorrains, poussé à la guerre, elle se convertit, en se rapprochant de Montmorency, au parti de la paix, après la défaite de Saint-Quentin. Le pape, dont le zèle était désormais pacifique, n'a rien négligé pour la gagner, l'a flattée de mille manières, cajolée avec onction, suppliée d'user de tout son crédit auprès d'Henri II : « C'est votre rôle aussi, chère fille, lui écrivit-il, que d'appuyer de toutes vos forces, auprès du Roi très chrétien, l'action que Nous menons [1]. » Ainsi chapitrée, à la fois par le Saint-Père et par Montmorency, Diane convainquit Henri de signer la paix du Cateau-Cambrésis (3 avril 1559) qui mit heureusement fin à l'aventure italienne laquelle, depuis plus de soixante ans qu'elle était engagée, n'avait apporté que des déboires, et consolida la frontière au nord et à l'est, assurant à la France la possession de Calais et celle des Trois Évêchés. Cette paix ne fit l'affaire ni des Lorrains ni de Catherine de Médicis qui virent avec regret disparaître tout espoir de conquête en Italie. La reine s'en vengea sur Diane d'un mot cruel rapporté par l'envoyé du duc de Ferrare, Alvarotto. La favorite trouvant un jour Catherine un livre à la main lui demanda aimablement l'objet de son étude; hautaine, la reine répondit sèchement : « Je lis des histoires de France; j'y vois que toujours il est arrivé que les putains ont dirigé les affaires des rois. »

L'autorité acquise par Diane de Poitiers sur l'esprit d'Henri II s'exerça aussi dans un domaine où son influence se révéla néfaste, pour ne pas dire inconvenante. Elle fit ouvertement le trafic de l'orthodoxie religieuse du roi, lui inspira l'horreur des réformés, le poussa à les persécuter, dans le but inavouable de s'enrichir de leurs dépouilles. La papauté, certes, se réjouissait de son zèle et le nonce écrivait avec émer-

1. Archives du Vatican, cité par A. Thierry, p. 114.

veillement : « Mme la duchesse de Valentinois [c'était le titre de Diane] favorise beaucoup dans cette cour la cause de la religion et de la Sainte Église romaine ; elle se montre acharnée contre tous les malsentants de la foi et met tout en œuvre pour qu'ils soient châtiés et punis selon leurs péchés. » Cette apparente ferveur, ce fanatisme persécuteur avait en réalité des causes bien peu aimables, et l'avidité plus que la dévotion dirigeait son acharnement contre les huguenots. L'appétit de Diane était insatiable, son avidité ne reculait devant aucune bassesse. Non contente de recevoir du roi de somptueux cadeaux, le château de Chenonceaux, la superbe demeure d'Anet, le juteux duché de Valentinois, elle se fit attribuer, avec une voracité sans exemple, toutes les terres confisquées sur les protestants condamnés et devint ainsi la plus riche particulière du royaume. Elle devait conserver ses grands biens, à l'exception de Chenonceaux (pour lequel elle reçut d'ailleurs une importante compensation) après la mort d'Henri, survenue en 1559, mort qui marqua la fin de son règne et de ses ambitions ; elle avait alors soixante ans et n'avait, semble-t-il, rien perdu de sa surprenante beauté et de son apparente jeunesse qu'elle conserva jusqu'à la fin de sa vie. Elle mourut des suites d'une chute de cheval à soixante-sept ans et Brantôme, qui la vit quelques mois plus tôt, fut encore frappé par sa beauté, si extraordinaire encore que, dit-il, « ne sache cœur de rocher qui ne s'en fût ému ». Elle était « aussi belle de face, aussi fraîche et aussi aimable qu'en l'âge de trente ans : aussi fut-elle fort aymée et servie d'un des grands rois et valeureux du monde. Je le peux dire franchement, sans faire tort à la beauté de cette dame : car toute dame aymée d'un grand roi, c'est signe que perfection abonde et habite en elle qui la fait aymer ; aussi la beauté donnée des cieux ne doit estre espargnée aux demy-dieux [1]. » Per-

1. *Les Dames galantes*, éd. M. Rat, Garnier, p. 222.

fection, beauté céleste, divinité : le langage de Brantôme véhicule inconsciemment les figures allégoriques que, par une anamorphose positive, Henri et Diane avaient imaginé d'inscrire dans une iconologie mi-profane, mi-sacrée que les efforts de leurs poètes et artistes affidés tentèrent de rendre « médiatique ». Car le grand exploit de cette favorite altière et de son chevaleresque adorateur fut d'avoir construit, en entretenant de multiples ambiguïtés, une mythologie qui, par la sacralisation d'une maîtresse, accéléra le processus d'héroïsation du roi et contribua à son exaltation quasi épiphanique.

Certes les astres, et plus particulièrement le soleil, étaient déjà, au moins depuis Charles V, associés au caractère divin de la royauté et entraient, de manière emblématique, dans l'économie des métaphores dont s'enrichissait le symbole monarchique. Mais il faudra attendre Louis XIV pour que s'établisse l'identification entre le globe lumineux et la divinité indigète et topique du glorieux souverain. Entre-temps Diane de Poitiers et Henri II auront contribué par leur idylle, transposée en oaristys sacrée entre un héros généreux et une amante céleste, à établir les fondements sur lesquels s'élèveront les édifices de la divine apothéose royale. Diane, haussée au rang de déesse intrépide dans la plus haute hiérarchie de l'Olympe, ne se contente pas de dispenser à son souverain galant les bienfaits d'une volupté paradisiaque, elle le tire vers le haut, le nourrit de sa sagesse, et lui fait partager la splendeur et l'éclat des esprits glorieux. De sa nature première Diane ne semble avoir gardé que la beauté des plus parfaites filles d'Ève. À Anet, son domaine et son sanctuaire, elle règne sur la cité radieuse élevée au son de la lyre d'Apollon, et sur le roi enchanté, alchimiste d'un monde rayonnant et régénéré, libéré des forces malignes et où triomphent la prudence et la paix.

La construction allégorique s'est rapidement mise en place dès l'avènement d'Henri II dans des spectacles dont la mise en scène rigoureuse était destinée à frapper par leur magnificence et à impressionner par leurs allusions l'esprit des spectateurs. Les entrées solennelles du roi dans ses bonnes villes, dont le décor et le scénario étaient rigoureusement réglés, permirent d'abord de transférer à la courtisane les attributs de la divinité et de réduire à une même figure tautologique la Diane céleste et la Diane charnelle qui partageait la couche du roi en même temps que sa puissance. L'assimilation fut parfaitement sensible à Lyon, où une savante scénographie reconstitua les ébats sylvestres de la divine chasseresse sous les traits de laquelle chacun put reconnaître l'anticipation hardie de la parabole qu'Anet et Fontainebleau allaient bientôt magnifier dans des œuvres audacieuses et durables. Lorsqu'il entra à Lyon, le 23 septembre 1548, le spectacle qui accueillit Henri II multipliait les symboles associant de façon ambiguë la gloire du roi et le prestige olympien de la maîtresse, sans que rien pût vexer la susceptibilité de la reine dont elle s'était instituée la protectrice en même temps que celle du roi et de ses enfants. Le grand obélisque qui avait été élevé portait à son sommet un croissant de lune, signe de Diane, et était décoré de panneaux peints où se détachaient la devise royale, de grands arcs turquoise et les chiffres de Diane et d'Henri entrelacés (deux D soudés à un H : ŒD) qui pouvaient passer aussi pour des C renversés encadrant le H et respectant la dignité de Catherine de Médicis. D'une forêt proche de l'obélisque apparurent soudain des nymphes conduites par Diane chasseresse tenant de grands lévriers par des laisses blanches et noires, couleurs de Diane de Poitiers. La déesse offrit au roi un lion, synecdoque de la ville, ce qui semblait moins un signe de soumission et de respect qu'un geste de sa munificence et de sa toute-puissance. Le symbole est clair, la propagande habile, le fantasme bienfaisant à la fois pour le roi crédité de la faveur des puissances célestes, et pour la favorite dont le désordre et l'ambition se cachent sous l'innocence de la chaste déesse qui, dans la confusion alors entretenu entre le paganisme et la piété chrétienne, est aussi la figure de Marie, la chasseresse du Mal, des monstres, du péché et de l'hérésie. Toutefois, par rapport au temps fort que devaient marquer les sources limpides jaillissant de la fontaine de Diane et les théurgies du château d'Anet, l'entrée triomphale de Lyon ne fut que le premier mouvement, ingénu et mineur, de l'anacrouse sacrée. Anet, construit par Philibert Delorme, décoré par Goujon et Cellini, plus qu'un château fut une œuvre triomphale, un temple élevé à la divinité de la sultane royale pour abriter ses plaisirs et célébrer ses mystères, tandis qu'à Fontainebleau, dans la salle de bal, le Primatice et Nicolo dell'Abbate, prolongeant l'image de la belle chasseresse qui a charmé le cerf royal, exploitaient le thème d'une Diane régnant sur l'univers, pourchassant les méchants, déesse favorable, raisonnable et sage, mentor avisé de l'amant, du roi qui règne sur la cité.

Le roi-soleil et la maîtresse-lune, Phœbus et Diane, frère et sœur, jusqu'à quel point l'imposture a-t-elle réussi ? Nous n'en croirons point les poètes, Ronsard, Magny, Du Bellay, dont la muse intéressée, et d'ailleurs fort peu éloquente dans ses insipides flatteries, est peu crédible, révèle la commande, le remerciement ou l'appel du parrainage et multiplie en vain les invocations à la « race divine » des Poitiers, au « paradis d'Anet », à la bénigne créature « venue du ciel ». Le peuple de France resta sans doute imperméable à une propagande que ni son savoir ni ses mœurs ne lui permettaient d'accueillir, et Diane de Poitiers resta pour lui la simple favorite du roi, une de ces calamités inévitables auxquelles il était depuis longtemps accoutumé.

Mais quelle importance ? Diane et Henri avaient construit leur mythe pour la cour, où leur audace n'avait surpris ni scandalisé personne. La société polie, nourrie de légendes et de mythologie, se ravissait en ces trouvailles érudites, ces constructions spirituelles et ingénieuses, qui illustraient sa culture et son âme, où la Renaissance française nourrissait son goût pour la magie, sa ferveur pour la fable antique, sa foi dans un humanisme qui faisait de l'homme l'égal des dieux. Il en est resté, par les ouvrages d'Anet, mutilés et dispersés, le plus beau témoignage de la création artistique du XVIe siècle français. Le mythe de Diane, au-delà, s'y appauvrit et se dessécha.

Le XVIIIe siècle encore donna aux favorites royales la marque des déesses et Mme de Pompadour, l'une des dernières, fut aussi honorée des grâces de l'Olympe : au siècle de la philosophie, ce n'était plus qu'une rhétorique abstraite, sans contenu symbolique, dont les résonances érotiques étaient bien éloignées de l'inspiration pudique qui modelait la chaste nudité de la Diane du chevaleresque (et néanmoins incontinent) valois. Le véritable héritier du divin couple d'Anet naîtra au XVIIe siècle, dans le sanctuaire flamboyant de la royauté, à Versailles, sous les traits de l'Auguste-Louis-Soleil-Pharaon-Hercule, du Grand Roi enfin divinisé. L'allégorie mythologique reparaîtra dans les grandes fêtes que Louis XIV ordonnera en l'honneur de ses femmes et de ses courtisans; il se fera représenter en Hercule et s'identifiera au Soleil souverain [1].

---

1. Sur Louis XIV, voir J.P. Nérandau, *L'Olympe du Roi-Soleil*, les Belles-Lettres, 1986.

CHAPITRE IV

L'ADULTÈRE ROYAL ET L'ÉGLISE

Au XVIIIe siècle, sous Louis XV, la morale se relâche, le libertinage triomphe, les âmes sensibles versent des larmes d'attendrissement sur les malheurs de Manon Lescaut et du chevalier des Grieux, couple assurément digne d'estime qui fait alterner dans ses exploits l'escroquerie et la prostitution. Paradoxe : c'est alors que les aventures extra-conjugales du roi sont le plus sévèrement jugées, et les maîtresses condamnées par les sentences les plus sévères. La vertu, précisément, n'est pas le motif premier de ces manifestations indignées qui se font jour d'abord parmi les courtisans, dans le milieu même de ceux et celles qui constituent l'aire de recrutement privilégiée des favorites royales. C'est que les quelques dizaines de familles qui vivent dans la familiarité du château ne voient pas sans déplaisir ni colère leur échapper un monopole auquel elles tiennent plus qu'à tout autre privilège : la putain du roi, comme on dit traditionnellement sans ambage, ne peut être qu'une des leurs, et ils voient avec indignation Louis XV les frustrer d'un de leurs plus beaux avantages. D'abord Mme de Pompadour, fille de la finance, succédant aux dames de la cour, avait fait grincer bien des dents. Mais le scandale éclata quand le roi eut osé mettre une femme de l'art à sa véritable place : en couchant dans son lit la comtesse du Barry, une professionnelle, une prostituée notoire, il mit le vrai mérite là où il devait être et accorda la fonction à la compétence, mais personne ne s'en réjouit. Cette rupture de la tradition constituait une intolérable provocation à l'honneur des dames de la cour dont le dévouement, maintes fois prouvé, ne méritait pas cette cruelle humiliation. La notion de l'honneur, chez les courtisans, ne devait rien aux préjugés du vulgaire ; l'adultère commis avec le roi, loin d'apparaître comme un acte de soumission triviale à un quelconque droit de cuissage, était considéré comme le prolongement féminin du devoir de service que les gentilshommes devaient à leur souverain. Les nobles dames s'honoraient d'une faiblesse que la rhétorique de la cour travestissait en prérogative aristocratique dans laquelle s'investissaient tout à la fois le privilège, des résidus d'idéal chevaleresque et la sécheresse d'ambition inséparable de la violence de la compétition qui constitue le ressort le plus puissant de la vie des cours. Une subtile dialectique substituait adroitement principe à principe, suscitait l'émulation, inversait les termes, transformait l'adultère en vertu. A l'idée que seule la femme de cour est apte à régner sur le cœur du roi se superposait la conviction, intéressée, que l'amour du roi était d'une essence si particulière qu'il ennoblissait l'objet de ses désirs, le dépouillait de toute vulgarité, l'embaumait comme une vierge d'une odeur de sainteté. L'artifice des courtisans et des poètes, dupes à la fois de la flatterie et de la vénération, faisait rimer le plus naturellement du monde adultère et chasteté. Louée pour ses charmes et sa sagesse, Diane de Poitiers devint sous la plume d'Olivier de Magny, une divinité tutélaire qui faisait éclore sous ses pas, comme autant de marguerites, les plus édifiantes vertus :

Partout où vous allez, et de jour et de nuit,
La piété, la foi et la vertu vous suit,
La chasteté, l'honneur (...)

Deux siècles plus tard, la marquise de Pompadour a droit aux mêmes éloges; seule la sensibilité a changé : pour la génération des philosophes l'adultère ne se justifie plus par la foi mais par la fidélité, car seul l'amour fugitif constitue une impiété et, pourvu qu'il soit durable, le péché ne peut qu'être innocent [1]. Dans tous les cas le couple adultère subit une métamorphose qui associe dans une liaison vertueuse la sagesse et la pudeur de la maîtresse à la gloire et à la puissance de l'amant.

Cette idolâtrie est certes très largement factice et s'apparente, pour l'essentiel, aux licences poétiques et aux allégories dont se nourrit la culture des cours, et doit également beaucoup à la flagornerie naturelle aux esprits courtisans. Mais elle est aussi une des composantes de ce faisceau de métaphores qui soutenaient la symbolique royale et qui constituaient l'étai le plus solide de son rayonnement et de son charisme; et, quel que fût leur scepticisme, les courtisans étaient enveloppés par ces signes comme par une vague tiède qui les étourdissait et les faisait douter de leur incrédulité. La magie opérait, au moins dans les moments de grâce, et puis la prudence et l'intérêt s'accommodaient si bien de ces naïves croyances! On peut, si l'on veut, donner à ce phénomène le nom de superstition, mais à condition de se souvenir que la superstition, sous les formes les

1. Comme l'exprime l'abbé de Bernis au moment de l'avènement de Pompadour :

Tout va changer : les crimes d'un volage
Ne seront plus érigés en exploits
La Pudeur seule obtiendra notre hommage
l'Amour constant rentrera dans ses droits.
L'exemple en est donné par le plus grand des rois
Et par la beauté la plus sage.

plus inattendues, est une des grandes forces morales de l'humanité, à laquelle bien peu échappent, et qui possède d'ailleurs une force d'entraînement dynamique d'où procèdent souvent la pensée et l'action.

Mais l'indulgence dont bénéficiaient le roi et sa maîtresse se heurtait ici ou là à de fortes réticences. Une institution qui jouait dans l'État un rôle capital et qui avait aussi pour mission de gouverner la conscience du roi ne pouvait se dispenser de condamner les entorses faites au sacrement du mariage. L'Église affirmait le caractère inviolable du mariage chrétien; l'adultère mettait les coupables en état de péché mortel; et le concubinage, très répandu dans toutes les classes de la société du Moyen Age jusqu'au XVIIe siècle, où il disparaît, ne subsistant que chez les princes, pouvait entraîner l'excommunication. L'Église, il est vrai, si elle est souvent ferme sur la doctrine, n'a pas toujours un comportement irréprochable et il lui arrive même de donner l'exemple du dérèglement: Alexandre VI Borgia vit dans la débauche, entouré de ses favorites et de ses bâtards, et si la cour des Valois est souvent comparée à un « bourdeau », la cour pontificale ne lui cède rien en turpitude. Ensuite l'Église se rangea et il devint de plus en plus difficile pour elle de fermer les yeux sur les débordements du roi de France, fils aîné de l'Église et roi très-chrétien. Toutefois le magistère ecclésiastique devait compter avec d'autres facteurs que le respect des commandements de Dieu. Le pape joue dans la chrétienté un rôle politique trop important pour se comporter en simple pasteur des âmes et ne voir dans le roi qu'un fidèle privilégié. L'un et l'autre sont des souverains dont les intérêts temporels trouvent des accomodements avec le Ciel. Quant au clergé national, lorsqu'il ne se montre pas complaisant ou complice d'intrigues pour capter la faveur royale, il doit manœuvrer avec doigté, faire preuve de patience et plus encore d'indulgence. Il faut avoir le caractère et le prestige de Bossuet pour oser faire la leçon au roi et à sa maîtresse. La plupart des prélats, des confesseurs, des prédicateurs n'ont souvent ni le courage ni une position assez assurée pour les heurter de front. Mais leur devoir est de ramener le roi dans le droit chemin et, pour cette œuvre d'édification, ils ont au moins une arme : le refus des sacrements. De façon curieuse, ce sont les prédicateurs qui se révèlent les plus audacieux, n'hésitant pas à dénoncer publiquement l'indignité du roi, parfois en des termes dont la violence vaudrait la Bastille s'ils n'étaient prononcés par une bouche sacrée. À titre d'exemple, le propos du jésuite Gouthery peut passer pour anodin en comparaison des fulminations terribles que Bossuet lançait à Louis XIV du haut de la chaire. Le bon père prêchait devant Henri IV ; et sa favorite Gabrielle d'Estrées, que l'éloquence sacrée n'émouvait guère, se livrait à des mimiques pour faire rire le roi et le prédicateur perdit patience : « Sire, dit-il devant toute l'assistance, ne vous lasserez-vous jamais de venir avec un sérail entendre la parole de Dieu et de donner un si grand scandale dans ce lieu saint [1] ? » Pas plus que Louis XIV n'en a voulu plus tard à Bossuet, pas plus que Louis XV n'a reproché à un prédicateur trop zélé la hardiesse de son langage qui avait surpris les courtisans « laissez, leur avait répondu le roi, il fait son travail », Henri IV ne tint rigueur au courageux jésuite à qui il recommanda seulement la discrétion en public. L'attitude du confesseur est évidemment moins ostentatoire, elle est souvent aussi plus complaisante et touche parfois à la faiblesse. Le père de La Chaize se montrait si conciliant pour les égarements de son royal pénitent et de sa favorite que Mme de Montespan l'avait irrévérencieusement surnommé... La Chaize de commodité.

1. Rapporté par l'Estoile, cité par G. Minois, *Le Confesseur du roi*, p. 340.

Les prédicateurs faisaient contrepoids, mais leur sévérité n'avait que des conséquences légères. Les grandes colères d'un Bossuet ou d'un Bourdaloue, dont la sincérité n'était pas feinte, faisaient aussi partie de la pompe illusionniste de la chapelle royale. Bossuet, en fin de compte, s'accommode de l'adultère royal mais le condamne véhémentement non seulement par conviction mais pour remplir son office : on attend de lui une sévérité rhétorique dont on sait qu'elle ne sera pas suivie d'effet; le roi est, d'une certaine manière, absous par son humilité à accepter le blâme public et, en contrepartie, il peut persévérer dans son péché. Un *gentlemen's agreement* peut ainsi s'établir : l'Église sauve la morale, le roi persiste en ses plaisirs.

Cependant, si le prélat connaît la vanité de ses efforts, il ne renonce pas à réprouver, de toute la force de sa ferveur, le scandale que représente l'exemple royal et, au siècle des saints surtout, mais encore au XVIIIe siècle, les foudres verbales de l'Église s'abattent sur le pécheur et sa maîtresse avec une violence que n'adoucit pas la transposition historique. Lorsque l'abbé de Beauvais prêcha le Carême devant la cour en 1773, personne ne se méprit sur le véritable nom de Salomon et de la prostituée qui partageait ses turpitudes. Mme du Barry se plaignit, mais Louis XV accepta la réprimande. Elle était sans indulgence et les courtisans, moins pieux que le roi, se récrièrent devant une audace qui n'hésitait pas à décrire Salomon-Louis XV comme le plus dépravé de tous les hommes et sa favorite comme une fille publique : « Enfin ce monarque », s'était écrié le prédicateur dans sa fureur, « rassasié de voluptés, las d'avoir épuisé pour ses sens flétris tous les genres de plaisirs qui entourent le trône, finit par en chercher une nouvelle espèce dans les vils restes de la licence publique ».

Mais ces propos, par leur excès même, ne sont pas vraiment représentatifs de l'attitude et du langage de l'Église, généralement plus prudente et conciliante. Elle n'hésite pas à parlementer avec l'adultère, victime qu'elle est, elle aussi, du vertige de l'idolâtrie, selon l'expression de Lacordaire. Bossuet, dont la rigueur morale ne peut être contestée, mais qui souffrait d'une étrange faiblesse en présence des faiblesses du roi, se trouvait comme désarmé devant la grandeur du trône et, sauf en chaire où il savait tonner à l'occasion, faisait généralement preuve d'une mansuétude tout évangélique. Mme de Maintenon, dont la gloire de Dieu n'était pas le seul mobile, l'accuse même d'avoir en telle occasion joué innocemment le rôle d'entremetteur. Faisant allusion à une tentative pour séparer le roi de Montespan dans laquelle Bossuet était intervenu pour aboutir finalement à une réconciliation, elle écrivit à son confesseur [1] : « Je vous l'avais bien dit que M. de Condom [Bossuet] jouerait dans cette affaire un personnage de dupe. Il a beaucoup d'esprit, mais il n'a pas celui de la cour. Avec tout son zèle, il a précisément fait ce que Lauzun aurait eu honte de faire. Il voulait les convertir et il les a raccommodés. » Cette indulgence d'un prélat animé des meilleures intentions, mais qui ne savait résister ni aux caprices ni aux larmes du roi, devait encore scandaliser le plus sévère pourfendeur du règne des favorites, Chateaubriand, qui devait écrire sa stupéfaction et son dépit devant des mœurs dont l'esprit lui échappait : « Nous nous demandons comment un prince pouvait avoir une maîtresse en titre (...) On entrait dans cette idée au XVIIe siècle : Bossuet se chargeait de réconcilier Louis XIV et Mme de Montespan [2]. » En réalité Bossuet subissait ce qu'il ne pouvait empêcher mais rentrait

1. 15 juin 1776.

2. *Analyse raisonnée de l'histoire de France,* in *Œuvres complètes*, t. X, p. 248, Paris, Garnier s.d.

dans son rôle dès qu'on faisait appel non plus à ses bons offices diplomatiques mais à son véritable talent : faire résonner au Val de Grâce ou dans la chapelle royale la terrible parole de Dieu. Encore, par cet excès de respect qu'il porte à la personne royale, choisit-il, non sans une certaine lâcheté, la plus innocente victime, et la douce et pieuse La Vallière, qui elle au moins n'est pas adultère, devient la cible privilégiée de la foudre sacrée. Certes le roi n'est pas épargné et Bossuet le décrit comme la cause de tous les désordres, le menaçant de la vengeance divine : « Ô roi, écoutez Jésus et apprenez de ce roi de gloire que vous ne devez avoir de cœur que pour aimer et faire aimer Dieu ! Ô créatures, idoles honteuses, retirez-vous de ce cœur ! (...) Vivez en roi chrétien. Il y a un Dieu dans le ciel qui venge les péchés des peuples, mais surtout qui venge les péchés des rois [1]. »

Si le ton reste modéré, la condamnation est formelle. Mais c'est surtout sur la favorite, dont Bossuet connaît bien à la fois la piété très réelle et l'impuissance à résister à l'entraînement d'un amour que sa sincérité – peut-être unique dans l'histoire des maîtresses royales – excuse aux yeux des hommes ; c'est à la très innocente Louise, partagée entre la conscience de son péché et l'irrésistible puissance de sa passion, que le prédicateur réserve ses flèches les plus aiguisées. Est-ce seulement pour convertir une âme qu'il sait sensible au repentir, consciente de sa faute et susceptible d'amendement ? N'y-a-t-il pas aussi quelque facilité à s'acharner sur la blonde et frêle créature, quand le coupable n'a droit qu'à des propos fermes mais mesurés ? La Vallière, accablée par sa faute mais sans volonté pour y résister, baissait la tête à l'interpellation personnelle que le prélat lui adressait devant la cour le quatrième dimanche de carême 1662 : « Que vous veniez dans ce temple mieux parée que le temple

1. *Sermon sur l'amour des plaisirs.*

même; que vous y veniez la tête levée comme l'idole qui veut y être adorée; que vous fendiez la presse avec grand bruit, pour détourner sur vous les yeux et les attentions; que pendant qu'on y célèbre le sacrifice sanglant du Calvaire, vous vouliez que l'on songe combien vous êtes richement vêtue, combien vos regards peuvent perdre les âmes, n'est-ce pas une indignité insupportable? N'est-ce pas une insulte à la sainteté, à la pureté, à la simplicité de nos mystères [1]? »

Au reste, si l'Église est souvent clémente pour les péchés des maîtres de ce monde, les amants savent aussi les artifices qui permettent de la duper, au moins momentanément. L'arme du prêtre, le refus des sacrements, était pour le roi une punition terrible, non pas tant parce qu'elle compromettait son salut, mais parce qu'elle attentait à son pouvoir; s'il n'avait communié à Pâques, il ne pouvait toucher et guérir les écrouelles, signe visible de sa puissance thaumaturgique et sacrée. Il faut bien alors composer, et le carême souvent interrompt les amours royales. Louis XIV et La Vallière s'imposent alors de pieuses privations, mais l'ardeur des pénitents est généralement peu durable et s'ils ajournent leurs ébats, c'est d'abord par politique. Bossuet n'ignore pas leurs calculs, s'en afflige et les adjure de persévérer, très averti qu'il est par l'expérience du caractère fugitif d'un repentir dont la sincérité ne l'a pas convaincu. « Il faut », commande-t-il au roi dans le *Sermon sur l'intégrité de la pénitence de Madeleine*, « il faut que vous gémissiez d'un état aussi contraire à la justice, à la sainteté, à la foi donnée, à la foi reçue; il faut que vous renonciez à toutes les autres alliances ». Vœu pieux. Pâques passées, Louis, ayant reçu le prix de son sacrifice éphémère, jette à nouveau son bonnet par-dessus les moulins.

1. *Sermon sur la multiplication des pains.*

Au grand siècle, où la piété était forte et où l'Église s'efforçait de faire respecter le mariage chrétien, les préoccupations morales l'emportent. Mais il n'en est pas toujours allé ainsi. Au XVIe siècle, où la papauté intervient de façon permanente et active dans la diplomatie, la politique intérieure du royaume et la rivalité qui oppose la France et l'Espagne, la souplesse est de rigueur et le pape entretient avec la favorite du roi des relations d'une franche cordialité où la maîtresse, loin d'être traitée en pécheresse, est au contraire exaltée comme la fidèle servante de la chrétienté. Paul III, sachant le rôle éminent joué auprès d'Henri II par Diane de Poitiers, et en particulier son zèle à lui inspirer la haine de la Réforme, charge le nonce de « lui présenter l'expression de son amour, de la saluer paternellement et de lui donner sa bénédiction », et en outre de la féliciter « de sa religion, de sa piété et des services qu'elle rend auprès du roi à la cause du Siège apostolique ». Paul III pouvait en effet se réjouir, le nonce Lorenzo Lenzi faisant les rapports les plus élogieux sur la sainte activité déployée par la favorite. On sait ce qu'il faut penser du désintéressement de Diane qui s'enrichissait sans vergogne des dépouilles des condamnés. Le pape ne négligeait rien pour que la maîtresse royale servît ses desseins. Converti au parti de la paix en 1558, il entreprit de convaincre Diane de se rendre à ses raisons et d'agir de toute son influence sur Henri II. Sans égard pour la dignité du trône de Pierre, il écrivit directement à sa « chère fille », qui dut en éprouver un immense orgueil, pour l'inciter à circonvenir son amant. Après quelques généralités sur son devoir de faire régner chrétiennement la concorde entre les princes et son désir de ménager une paix durable entre la France et l'Espagne, il ajoutait : « C'est votre rôle aussi, chère fille, que d'appuyer de toutes vos forces auprès du Roi très-chrétien, l'action que Nous menons, œuvre pie et nécessaire, de joindre à Nos prières, à Nos exhortations, vos prières et vos exhortations, afin que l'esprit du Roi soit d'autant plus enclin à recevoir les conseils de la paix qu'il y aura été mieux engagé par les supplications et les efforts combinés des siens[1]. » La paix du Cateau-Cambrésis fut en effet signée en avril 1559. Si elle procurait quelques avantages à la France, elle lui ôtait tout espoir de retour en Italie, ce qui désolait la reine frustrée de ses espérances.

La supériorité de l'Église réside dans sa capacité à donner elle-même, chaque fois que d'impérieuses circonstances l'exigent, la satire de ses vertus. Quand il s'agit du Ciel, considéré d'un point de vue raisonnable, politique et industrieux, elle sait s'élever à la hauteur de l'époque, car les affaires du Ciel sont aussi des affaires, et les affaires sont les affaires. Personne ne sut mieux concilier les exigences de son saint ministère avec les intérêts profanes d'une carrière dévouée à l'État et à la gloire de Dieu que le cardinal Fleury, Premier ministre et mentor vieillissant du jeune Louis XV. Son Éminence craignait par-dessus toute chose que le roi s'émancipât trop vite ou qu'une intrigante s'emparât de son cœur, et n'évinçât le vieux ministre qui ne désirait rien tant que de mourir dans son poste. Louis XV avait pour les femmes un goût très vif, mais pourvu que l'on orientât son choix, on ne devait rien redouter d'une passion qui le tiendrait éloigné des affaires. Le cardinal fit ses calculs, mesura le danger d'une maîtresse indépendante, ambitieuse, otage peut-être d'une coterie rivale et, devant tant de périls qui menaçaient la vertu du roi, choisit le moindre; il sélectionna lui-même la femme la plus propre à remplir ses vues et, de ses mains de prêtre, et déplorant saintement la faiblesse de Louis, jeta Mme de Mailly dans le lit de son maître. Tous les contemporains trouvèrent le pro-

1. Cité par A. Thierry, *Diane de Poitiers*, p. 114.

cédé plein de sagesse et l'un d'eux précisa toutefois qu'il y mit peut-être un peu trop de complaisance : « Le cardinal de Fleury craignit trop que l'ennui ne fît chercher [au roi] des distractions ailleurs. Il redoutait le moment où il pourrait échapper à sa dépendance, s'il rencontrait quelque maîtresse qui eût du caractère et le désir de se mêler des affaires. On prétend qu'il fit choix lui-même de la comtesse de Mailly qu'il jugea propre à remplir ses vues (...) On était sûr d'ailleurs du désintéressement de celle qu'on destinait à devenir favorite, et de son éloignement pour tout projet sérieux d'ambition [1]. »

Cependant il ne suffisait pas d'avoir donné au roi une maîtresse : il fallait encore qu'elle durât. Or les intrigues allaient bon train. Le clan Richelieu, habilement servi par l'intrigante Mme de Tencin, projetait tout simplement de substituer à Mme de Mailly sa propre sœur, Mme de la Tournelle, sur laquelle on pouvait compter et qui était tout acquise aux intérêts de la coterie. Fleury s'affola et s'ouvrit de ses craintes à la duchesse de Brancas, une amie de Richelieu, qui rapporte, avec une ironie cruelle, les propos du prélat, Tartuffe plus encore par ambition sénile que par hypocrisie. « Ah ! [aurait-il dit, mais le crayon a pu être un peu appuyé, par plaisanterie autant que par malignité] Si vous saviez combien il était nécessaire que madame de Mailly eût le cœur du roi, combien il serait funeste de la lui enlever, combien il faut la lui conserver, combien la maréchal de Villeroy eut raison, tout coupable que cela soit aux yeux de Dieu, de préparer cet engagement, de le former ! (...) Je tiens sans doute un étrange langage pour un prêtre, mais (...) si vous saviez combien j'ai gémi au pied de cette croix, combien, la pressant sur mon cœur, je l'ai arrosée de mes larmes,

1. Voir Mémoires d'Argenson, de Luynes, de Richelieu, ainsi que le texte de Le Roy, lieutenant des chasses à Versailles, cité par Sainte-Beuve, *Nouveaux Lundis*, 8, p. 284.

combien j'ai maudit mon pouvoir sans puissance sur le cœur du roi! Le roi a du moins les vertus de Mme de Mailly; laissons-les lui, je n'ai plus qu'un moment à vivre [1]. » Le discours, équivoque, est du moins du plus galant effet et un habile homme, fût-il d'Église, a toujours droit à l'estime. On sourit de l'astuce du cardinal mais on applaudit son adresse et la performance parut mille fois justifiée par l'importance de l'enjeu. Pour les courtisans et les ministres l'adultère royal, comme les compromissions d'un prince de l'Église, n'apparaissaient que sous la forme politique d'une stratégie de conquête du pouvoir ou comme un moyen commode et efficace de gouverner la volonté du souverain. Opinion qui n'est pas partagée par tous; on ne s'étonnera pas qu'au siècle des Lumières, les philosophes, au nom du bien public et de la liberté, se soient montrés réticents au règne des favorites, même si, l'anticléricalisme aidant, ils dénoncent avec plus de vigueur l'influence des prêtres que celles des maîtresses. Condorcet, sur ce sujet, ne plaisante pas : « Il est certain qu'un prince qui profite de l'impunité que son rang lui assure, pour priver un de ses sujets de sa femme, commet un acte de tyrannie : l'adultère est un crime pour un souverain comme pour un particulier; mais les circonstances qui augmentent ou diminuent la gravité du crime rendent celui-ci bien plus grave dans un roi que dans un homme privé. Il faut avouer encore qu'un prince, dont les passions sont publiques, peut s'avilir, soit par l'influence que sa faiblesse donne à ses maîtresses, soit par les actions indignes de lui où l'amour peut l'entraîner, soit même par le ridicule dont peuvent le couvrir les infidélités ou l'insolence de ses maîtresses. » Pourtant les femmes ne sont point méchantes et l'amour des plaisirs peut au moins se conjuguer avec la tolérance; le véritable fléau est ail-

1. Cité par E. et J. de Goncourt, *La Duchesse de Châteauroux*, Balland 1985, p. 123.

leurs. « De toutes les passions des rois, l'amour est encore le moins funeste à leurs peuples. Ce n'est point Marie Touchet qui a conseillé la Saint-Barthélemy; Madame de Montespan n'a point contribué à la révocation de l'édit de Nantes. Ce ne sont point les maîtresses de Louis XV ou de son premier ministre qui ont fait donner l'édit de 1724. Les confesseurs des rois ont fait bien plus de mal à l'Europe que leurs maîtresses [1]. »

Ce jugement, dont la malveillance est, en quelque sorte, de rigueur au XVIIIe siècle, ne doit pas faire oublier la témérité de l'entreprise à laquelle le confesseur se trouvait confronté. Il devait témoigner par ses œuvres, ses paroles et son onction de la volonté de l'Église de ramener le roi à une vie édifiante : tâche difficile et rarement couronnée de succès. Dans le merveilleux enfer de la cour, les tentations étaient si nombreuses, les sollicitations si pressantes et les conspirations pour encourager le roi à pécher si permanentes, qu'il lui eût fallu des mérites bien au-dessus de la volonté d'un homme pour qu'il résistât à tant d'enchantements qui s'offraient sans qu'il eût à faire le moindre effort pour en goûter les délices. Henri IV, qui a sans doute mérité le diplôme de fornicateur en chef de la dynastie bourbonienne; Louis XIV dont les caprices et les appétits revêtaient un caractère de domination impérieuse qui semble contribuer à rehausser le prestige d'un règne marqué par la grandeur, même dans ses indiscrétions et ses fautes, ont joui et jouissent encore d'une indulgence amusée ou admirative, et l'on réserve à Louis XV l'opprobre d'une vie dissipée et

1. *Notes sur Voltaire*, in *Œuvres de Condorcet*, éd. Arago, 1847, t. IV, p. 360. L'édit du 14 mai 1724 inaugura une nouvelle vague de persécution des protestants. Ses dix-huit articles confirmaient, souvent en les aggravant, les peines des édits précédents : les galères pour les hommes, la prison pour les femmes si l'on assistait à des assemblées clandestines; peine de mort pour les prédicants; obligation de baptiser les enfants et de les envoyer à l'école catholique; certificats de catholicité indispensable pour toutes les charges, etc. »

même crapuleuse, jalonnée d'inconvenances et d'orgies. Louis le Bien-Aimé, beaucoup plus que le Vert-Galant ou le Roi Soleil, était pourtant un esprit scrupuleux, à la conscience déchirée, et qui mit toujours dans ses rapports avec Dieu beaucoup plus de bonne foi que ses prédécesseurs; alors que ceux-ci n'hésitaient pas à marchander avec l'Église, feignant le repentir pour obtenir le pardon et retombant dans leurs débordements dès qu'ils avaient reçu le prix de leur hypocrisie, Louis XV ne transigea jamais: coupable aux yeux de Dieu, il refusa constamment de recevoir les sacrements que l'Église lui offrait au prix d'une contrition passagère; connaissant sa faute et en souffrant, il s'interdit de composer et d'affecter une contrition toute politique. D'Argenson, témoin de ses scrupules, approuve l'honnêteté du roi que son entourage, expert en fourberie, aurait volontiers poussé à l'imposture. « Le roi », écrit-il à la date du 5 avril 1739, « a déclaré qu'il ne fera pas ses pâques. Le samedi saint le grand prévot lui demanda s'il lui plairait toucher les malades des écrouelles. Nos rois ne vaquent à ce miracle qu'après avoir fait leurs dévotions. Le roi répondit sèchement *non* à M. de Sourches. On gémit de ce scandale. On voudrait sauver l'indécence par une messe basse que dirait le cardinal de Rohan dans le cabinet du roi, le père de Linières (confesseur du roi) étant présent; on tairait avec soin que Sa Majesté ne s'est présentée ni à la pénitence ni à l'Eucharistie. Mais le roi dédaigna cette ridicule comédie. Il ne veut pour rien au monde renoncer à sa maîtresse. C'est une preuve de la conscience de Sa Majesté, de ne vouloir point approcher indignement des sacrements ni jouer une farce plus indigne de son rang, qu'il n'est scandaleux de manquer à ce devoir de religion [1]. »

Louis XV, tout faible qu'il fût, ne jouait pas du

1. *Mémoires et Journal inédit du Marquis d'Argenson.* Paris, Jannet 1857, t. II, p. 85-86.

moins la parodie de ses devoirs sacrés et gardait, malgré les flatteurs et leurs fourberies, le sentiment de son indignité. D'ailleurs pieux à sa façon, qui était celle de la sincérité, il était constamment déchiré entre sa foi et ses passions. La Religion était pour Louis XV l'asymptote de la vertu : par elle il en approchait sans cesse, mais ne l'atteignait jamais.

Devant un souverain qui montrait si peu de complaisance et qui refusait de se plier aux artifices qui lui eussent donné au moins les apparences d'un fidèle respectueux des maximes évangéliques, l'Église avait fort à faire. Elle devait profiter de circonstances favorables, pour regagner un peu de terrain sur le cœur du roi; la maladie, le danger de mort, offraient évidemment les ressources les plus propices à une conversion, et le confesseur, les prélats de la cour se coalisaient alors avec les dévots, généralement les adversaires les plus déterminés de la favorite, pour mettre en place leurs batteries et arracher au malade l'ordre de renvoyer la maîtresse impure pour que le roi mourût chrétiennement... et pour que la pieuse cabale l'emportât enfin sur la faction de l'adultère et des plaisirs.

La duchesse de Châteauroux se trouva en 1744 au cœur d'un de ces combats scrurriles, livrés au chevet de la mort, qui mettaient aux prises les coteries concurrentes où les intérêts de la religion mêlés à l'ambition et aux intrigues sordides, le calcul et la vengeance se livraient une guerre sans merci. Châteauroux, maîtresse en titre et alors au sommet de sa faveur, s'était livrée au roi sans amour parce qu'elle pensait, au dire d'un contemporain, « trouver de la gloire dans un putanisme qui fait partie de l'histoire [1] ». La scène, qui eût pu tourner à la tragédie, prit en réalité l'allure d'atellanes. Louis XV est à Metz, en route pour l'Alsace que le prince Charles menace. La duchesse de Château-

1. D'Argenson, *op. cit.*, t. II, p. 339.

roux l'a suivi et les deux amants filent le parfait amour quand soudain, le 8 août, le roi tombe malade; il ne s'agit pas d'une indisposition passagère; sa vie est en danger. Louis devient dès lors une proie que chacun veut ravir. La maîtresse met la chambre du roi en état de défense, fermant la porte à tout autre qu'à ses amis, refluant les grands officiers, les princes, le dauphin lui-même – un bigot que son précepteur Châtillon élève dans la haine des dépravations paternelles. A l'extérieur les dévots font le siège : Fitz-James, évêque de Soissons; Peyrusseau le confesseur; Bouillon, Châtillon, tous les ennemis de Châteauroux sentent que le moment de la mort sonnera leur victoire. Louis, qui a jusqu'alors résisté, est au plus mal le 13. Il voit Fitz-James, réclame son confesseur et les saints hommes obtiennent enfin la disgrâce de la favorite qui doit quitter Metz sur-le-champ. Le triomphe de l'Église est total, mais Dieu en dispose autrement. Le roi se rétablit et rentre à Paris. Le dernier acte est prévisible. Louis rappelle la duchesse à Versailles et elle obtient tout ce qu'elle veut : la disgrâce de Fitz-James, de Bouillon, de Châtillon, de tous ceux qui un moment avaient mis la maîtresse en déroute; la santé ramène la dissipation que la peur de l'enfer n'avait qu'un instant écartée.

Le mini-drame de Metz illustre bien l'attitude complexe de l'Église où l'intérêt de la religion et les préoccupations édifiantes se mêlent aux intrigues profanes, où le salut du roi très chrétien est l'enjeu de cabales rivales, où le sacré se confond avec la politique, la vertu avec l'ambition. Tout au long des règnes que les favorites avaient marqués de leur éclat et les rois de leurs débauches, l'Église avait dû, souvent à son corps défendant, parfois avec une complaisance docile, pactiser avec le diable. Les mœurs d'une société aristocratique qui, même à l'égard de la religion, se croyait faite pour inventer les convenances plus que pour les subir, ne lui avaient pas facilité la tâche. Louis XV fut le dernier monarque à tenir tête à l'Église et à Dieu, à risquer son salut dans les bras de l'adultère. Sous son successeur, la grandeur dans la vertu et dans le vice d'une cour aristocratique qui se mourait laissa la place à une sage et domestique dévotion, au moment où l'ordre moral commença à envahir la société, où le pouvoir devint bourgeois, où l'on entra non sans affectation dans l'ordre plébéien et l'intention moralisatrice qui devait s'épanouir au XIXe siècle. Déjà sous Louis XVI le règne des favorites n'était plus que l'illustration archaïque des annales royales et l'on pensait déjà ce que Chateaubriand allait bientôt écrire : qu'il avait été « une des calamités de l'ancienne monarchie [1] ».

1. *Analyses raisonnée de l'histoire de France*, in *Œuvres complètes*, Paris, Garnier s.d., t. X p. 248.

CHAPITRE V

LA REINE-RÉGENTE OU L'ÉCLIPSE DU SOLEIL

La monarchie est d'abord incarnation. Dans un régime où le pouvoir est habité par un être qui doit à la filiation de sa race et à une délégation divine le droit exclusif d'exercer l'autorité, l'État n'est pas une abstraction mais une personne, charismatique et même eucharistique, douée d'attributs caractéristiques et immuables : il a un nom, un numéro, un sexe. Seul un capétien, Valois ou Bourbon, peut selon la loi fondamentale s'asseoir sur le trône de France. Il doit avoir atteint treize ans, âge fixé pour la majorité des rois. Il doit être de sexe masculin, les femmes n'étant pas, dans le royaume, admises à la succession.

Lorsque le roi vient à manquer, soit qu'il s'engage dans une expédition qui le retient hors de ses États, soit qu'il soit pour une raison quelconque frappé d'incapacité ou, à la suite d'une entreprise malheureuse, retenu en captivité; soit encore qu'il meure avant que son héritier légitime ait atteint sa majorité, on a recours à une solution de remplacement où les femmes jouent souvent le premier rôle : la régence. La régence féminine, attribuée généralement à la mère du roi, mais qui peut l'être aussi à la fille du monarque défunt, ne va pas sans de grandes difficultés parce qu'elle heurte les prétentions des princes du sang, qui s'estiment exclus indûment, et parce qu'elle mobilise les préjugés : la régente apparaît toujours plus ou moins comme une usurpatrice. Cette défaveur ne tient pas seulement à l'effet négatif, ou ressenti comme tel, de la discontinuité dans la masculinité de la monarchie ; parce qu'elle est immédiatement interprétée comme une situation de faiblesse, elle déchaîne spontanément les appétits et met parfois le royaume en danger. Pourtant les régences féminines peuvent être considérées comme globalement positives. Les femmes gouvernent bien et ont généralement le sens de l'État et de l'autorité, soit qu'elles aient la passion du pouvoir comme Catherine de Médicis, soit qu'elles l'acquièrent comme Marie, soit qu'elles s'entourent de favoris et de ministres habiles comme Anne d'Autriche qui trouve en Mazarin le successeur compétent de Richelieu et un négociateur d'une remarquable capacité. Certes, il arrive aussi que les femmes, dont le rôle est quasiment nul quand le roi règne, prennent dans la régence la revanche de leur humilité, se piquent au jeu, ne veuillent plus renoncer au pouvoir après y avoir goûté ; et Marie de Médicis, ulcérée d'une mise à la retraite qu'elle juge prématurée, complote, dans une débauche d'activité qui frise l'hystérie, contre son propre fils. Mais Anne d'Autriche, l'heure de sa réforme ayant sonné, se retire dans une absolue discrétion.

L'importance des régences féminines se mesure d'abord, dans le temps, à leur fréquence et à leur durée. Si le XVIIIe siècle ne connaît qu'une régence masculine, les XVIe et XVIIe siècles ont connu soixante-dix ans de pouvoir féminin. Anne de Beaujeu a « régné » dix ans, Louise de Savoie quinze, Catherine de Médicis vingt, Marie de Médicis sept, et Anne d'Autriche dix-huit.

Certaines régences ont donc la durée de véritables règnes et permettent à leur détentrice de conduire une véritable politique personnelle et, bien au-delà d'un simple intérim, de prendre sur les affaires du royaume un contrôle absolu. On peut s'étonner que ces princesses, élevées pour jouer un rôle discret, presque effacé, auprès du roi, et non pour exercer le pouvoir, se soient souvent révélées des politiques autoritaires et compétentes et aient eu grand souci des intérêts de l'État. C'est qu'en réalité elles ont souvent reçu un début d'apprentissage. Leur mari, ou leur père (comme pour Anne de Beaujeu), les a associées au pouvoir, et leur a permis d'assister au Conseil; d'autres, comme Anne d'Autriche, se sont aussi initiées par l'intrigue aux arcanes du gouvernement et y ont acquis une redoutable efficacité. Aux régentes on réclame plus d'habileté, plus d'autorité et plus de souplesse, en même temps, qu'aux rois eux-mêmes.

En effet, quand le souverain manque, les grands subodorent l'ouverture d'une période de faiblesse du pouvoir favorable à la satisfaction de leurs revendications; ils se sentent déliés de leur devoir d'allégeance à la couronne, ne songent qu'à obtenir des satisfactions en pouvoir, en territoires, en argent. La régente a donc d'abord le devoir d'assurer, en même temps que la couronne à l'héritier, la continuité de l'État au moment où toutes les forces du royaume se réunissent pour le désagréger. Les régences ont toujours été des périodes critiques où se sont élevés des troubles et où les puissants, sous des prétextes divers, ont tiré à hue et à dia et mis, en toutes circonstances, le royaume en danger. En effet, à la faiblesse que l'on suppose, que l'on espère, parce que la régente est femme, s'ajoute un autre argument pour justifier la révolte, voire la trahison : la régente, souvent, est étrangère et le loyalisme des Français est xénophobe. Ce n'est pourtant pas toujours le cas. Anne de Beaujeu est la fille de Louis XI, et Louise de Savoie, fille du duc Philibert et de Marguerite de Bourbon, fait figure de Française. Mais Catherine et Marie de Médicis sont italiennes, et Anne d'Autriche espagnole.

Mais les raisons profondes qui expliquent la désobéissance et l'insolence sont ailleurs. Le temps de la régence est d'une autre nature que le temps du règne; c'est un temps profane opposé au temps sacré, c'est un temps de discontinuité où s'obscurcit le rayonnement de l'astre solaire. Certes le roi ne meurt jamais et, quand la vie s'éteint dans le corps du roi défunt, elle renaît aussitôt dans celui de son successeur. Le décès du souverain correspond pourtant à une occultation passagère, fugace, sans perte d'existence, mais visible, de la royauté; c'est « une éclipse de ce grand soleil, lequel aussitôt qu'il est obscurci en un lieu fait paraître sa lumière en l'autre [1] ». L'éclipse, en fait, se prolonge pendant toute la durée de la régence. Quelle que soit la part de l'hyperbole allégorique, la vacance du roi mineur est ressentie comme un phénomène cosmique et les éloges décernés à la reine-régente expriment implicitement le désarroi, dû à l'évanouissement du mystère, qu'éprouve le corps social. Les ténèbres envahissent le royaume et, en attendant que le soleil luise à nouveau, l'État n'est plus éclairé que par les lumières, en quelque sorte profanes et laïques, que sont les vertus de la régente. Si expérimentée et parénétique qu'elle fût, celle-ci, en effet, ne pouvait se recommander des pouvoirs célestes et *sui generis* qui n'appartenaient qu'au roi. Réduite aux mérites, même exceptionnels, même sublimes, de la nature humaine, elle ne saurait partager, en aucun cas, les visions oraculaires et prophétiques, sibyllines et quasi divines du prêtre couronné. Le jugement du roi, et les décisions qu'il adopte pour la régie du royaume, échappent à l'entendement

1. Arrêt de la cour du Parlement du samedi 15 mai 1610. Cité *in* F. Solar et L. Dufau, *Précis historique sur les régences de France*, pièce justificative 29, p. 160, Paris 1842.

humain et ses décisions sont des décrets célestes. Sur ce point la doctrine ne souffre pas l'incrédulité et le Parlement s'en est expliqué, à la mort de Louis XIII, sans ambiguïté : « La sagesse et la conduite qui se rencontrent dans les conseils ordinaires des hommes, en la personne des Souverains est une espèce de divination, la prévoyance dont ils usent dans le gouvernement de leurs États, participant du privilège des prophéties, et de la certitude des oracles [1]. » La régente, ne participant pas de la nature mystique du roi, ne saurait, de toute évidence, partager ces privilèges vaticinatoires et ces dons prophétiques; et, malgré ses efforts pour l'extraire de la fange où s'embourbe sa condition de femme, la Cour des pairs ne peut exalter en elle que des vertus communes et, en quelque sorte, domestiques : piété, modération, sagesse, humilité, inclination à bien faire, réputation; avec ces qualités et les secours de Dieu, elle ne peut prétendre égaler le roi mais au moins le suppléer, quoique médiocrement, et peut-être se rendre digne de cette Blanche de glorieuse mémoire, mère de Saint-Louis, régente du royaume à la mort de Louis VIII, laquelle, « quoi qu'elle fût fille d'un roi de Castille et d'une princesse d'Angleterre, conduisit si généreusement les affaires du royaume, pour l'honneur de son fils mineur et l'avantage de l'État, que sa mémoire y est honorable dans l'histoire et son nom précieux à la postérité [2] ». Le Parlement rappela en outre – ironie ou menace ? – avec une feinte indignation que ses ennemis avaient émis la prétention d'exiger de Blanche de Castille, en sa qualité d'étrangère, des assurances et la caution de son gouvernement. Proposition évidemment injurieuse, ajouta-t-il, car les suffrages de la nature et les témoignages de piété étaient des gages suffisants de la bonne administration de la reine Anne en qui ces qualités se ren-

1. *Id.*, 21 avril 1643, p. 172.
2. *Id.*, p. 173.

contraient en telle plénitude et abondance que la bouche se fermait à leur seule évocation. Le Parlement avait tenu déjà un langage tout proche en 1610 en remettant la régence à Marie de Médicis. Il lui reconnaissait de grandes perfections et dons et des grâces infinies et la qualifiait d'une expression qui faisait d'elle la gardienne vigilante du trésor qui lui était confié : « sûreté de la France ».

D'ailleurs, la capacité de la régente à gouverner et administrer le royaume n'était en rien diminuée par la banalité humaine de son caractère. Mais l'étendue de ses pouvoirs et le degré d'indépendance dont elle bénéficiait dépendaient largement des conditions dans lesquelles elle avait été élevée à cette charge suprême. En outre la monarchie n'est pas restée immuable du XVe au XVIIe siècle et la montée de l'absolutisme a contribué à renforcer les pouvoirs et à donner aux périodes intermédiaires le caractère de régence absolue. En théorie, et bien que la volonté des princesses ait généralement déjoué les obstacles qui s'opposaient à leur ambition et qu'avec l'aide du Parlement dont la doctrine les servait admirablement elles aient toujours réussi à faire triompher leur indépendance, on est passé de la conception d'une régence collégiale à celle, plus conforme à l'esprit de la monarchie moderne, d'une régence personnelle et unique.

A la mort de Louis XI, le jeune Charles VIII n'avait que treize ans et n'était pas apte à se gouverner lui-même. Le roi souhaitait que sa fille, Anne de Beaujeu, « fine et déliée s'il en fut oncques, et vraie image en tout de son père » (Brantôme) devînt régente, mais il redoutait les intrigues de Louis d'Orléans, son cousin et beau-frère, et des princes du sang ; aussi se contenta-t-il de la nommer tutrice de son frère. En fait, Anne, et son mari Pierre de Beaujeu, entendaient se réserver la totalité du pouvoir, ce qui souleva de fortes contestations, les ducs d'Orléans et de Bourbon ayant prétendu former le Conseil à leur guise. Un Conseil collégial fut ainsi institué où les conseillers nommés par les Beaujeu se heurtèrent aux princes; le système n'était pas viable et il devenait urgent de trouver une solution. On décida d'un commun accord de rassembler les États généraux : Anne espérait ainsi se faire confirmer dans ses attributions, et les princes s'emparer du pouvoir. Les États se réunirent à Tours le 5 janvier 1484, et chacun manœuvra dans l'espoir d'obtenir satisfaction. A ce jeu, Anne était la plus forte. Louis d'Orléans était certes appuyé par une puissante cabale et par les princes du sang. Mais Anne avait hérité toute la finesse et l'énergie de Louis XI et son mari la secondait admirablement. Elle avait le goût du pouvoir et la tutelle du roi lui donnait une grande autorité; elle connaissait les affaires et avait été initiée par son père à tous les secrets de la politique. Elle laissa les États donner au duc d'Orléans la présidence du Conseil, mais conserva le gouvernement du roi. Et elle empiéta si bien sur les pouvoirs des princes qu'elle finit par rassembler toute l'autorité entre ses mains et, bien qu'elle ne prît pas le titre de régente, en eut en fait toutes les prérogatives. Évincé, Orléans n'eut d'autre recours que la guerre civile. Il s'allia aux princes, à la Bretagne, à l'Angleterre, mais Anne déjoua tous ses plans, s'alliant aux Bretons contre leur duc François II, et soutenant Henri Tudor, couronné en 1485 roi d'Angleterre sous le nom d'Henri VIII, contre son adversaire Richard III. Orléans devait encore par la suite susciter bien des embarras à Anne de Beaujeu, mais au total sa régence se révéla largement positive : elle conserva intégralement, contre les convoitises étrangères, le royaume de son frère et surtout rattacha la Bretagne à la France en mariant Charles VIII à l'héritière du duc François. La régence unique, personnelle, avait prévalu sur la collégialité et les intrigues des princes avaient échoué devant la forte personnalité d'une femme. Il apparaissait dès lors nettement que celui ou celle qui était le tuteur ou la tutrice légale de l'enfant royal devenait, par une confusion entre le droit civil et le droit politique, régent ou régente pour le roi mineur. Le Parlement devait par la suite cautionner de son autorité cette conception dont Anne de Beaujeu avait démontré expérimentalement la nécessité.

Les régences de Louise de Savoie, renouant avec une tradition héritée du Moyen Age, eurent un caractère singulier, unique dans toute l'histoire de la monarchie moderne : elle fut la seule mère de roi à exercer la régence alors que son fils, adulte et vivant, était entièrement souverain. En outre, elle fut la seule femme, avec Catherine de Médicis, à exercer une influence quasi royale en dehors des périodes où la responsabilité du pouvoir lui était officiellement confiée. Cette situation trouve son explication à la fois dans la personnalité de la mère de François Ier, dans les conditions de son élévation au trône et dans les aventures qui jalonnèrent son règne. Fille du duc de Savoie, Louise avait été élevée à la cour de France par sa tante Anne de Beaujeu qui la maria au comte d'Angoulême, de la branche cadette des Valois-Orléans; veuve à dix-neuf ans, mère de Marguerite – qui fut la grand-mère d'Henri IV – et de François, elle concentra toutes ses facultés à une ambition qui alors paraissait bien vaine : assurer une couronne à son fils. En effet, pour qu'il accédât au trône de France, il fallait que disparaissent Charles VIII et ses enfants, puis le duc d'Orléans et sa possible postérité. Les circonstances furent favorables à Louise de Savoie. Tous les enfants de Charles VIII moururent d'abord en bas âge et le duc d'Orléans devint Louis XII. Ayant fait annuler son mariage avec Jeanne de France, il épousa Anne de Bretagne, mais celle-ci ne lui donna que des filles. Veuf en 1514, il se remaria avec la sœur d'Henri VIII d'Angleterre et les espoirs de Louise de Savoie s'évanouirent; pas pour longtemps cependant car Louis XII mourut à son tour le 1er janvier 1515 sans héritier mâle. Le fils de Louise devint roi sous le nom de François Ier, qui s'engagea aussitôt dans une expédition en Italie, et confia, pendant son absence, la régence à sa mère. Louise avait alors atteint la quarantaine et ses talents s'étaient épanouis. Très intelligente, opiniâtre, elle dirigea les affaires du royaume avec la même prudence et la même efficacité qu'elle avait manifestées pour faire la carrière de son fils. Celui-ci, à son retour de campagne, ne la renvoya pas à son oratoire : elle continua à diriger les affaires et fut le véritable chef du gouvernement jusqu'à sa mort en 1531. Entre-temps, elle avait exercé une fois de plus la régence lorsque François s'était engagé en 1525 dans une nouvelle expédition. La défaite de Pavie, suivie de la captivité du roi, donna à Louise l'occasion d'affirmer son sens de l'État et son habileté diplomatique. Pour faire échec à Charles Quint, elle n'hésita pas à s'allier avec Soliman; elle sut éviter les discordes entre princes et laissa à son fils un royaume apaisé. Son influence et le caractère original de ses régences, toutes personnelles et absolues, ne manquèrent pas de donner au pouvoir féminin un sceau et un relief qui se retrouvèrent plus tard chez Catherine, puis Marie de Médicis, et Anne d'Autriche.

Catherine, qui devait exercer si constamment le pouvoir à travers des difficultés et des troubles civils où le royaume manqua s'abîmer, fut une première fois régente en 1552 quand son mari, Henri II, partit combattre en Allemagne. Veuve de bonne heure, elle vit son fils François II monter sur le trône à quinze ans. Le jeune roi était donc majeur mais hors d'état de gouverner. Catherine ne fut pas nommée régente et se contenta de s'emparer du pouvoir en nommant ses créatures pour diriger le Conseil. Cependant c'est de l'avènement de Charles IX que date vraiment le « règne » de Catherine. Le nouveau roi n'avait que dix ans lorsqu'il accéda au trône et sa mère ne devait jamais cesser jusqu'à sa mort d'exercer la principale responsabilité du gouvernement. Lorsque en 1574 Henri III succéda à son frère, il était alors en Pologne et, en attendant son retour, Catherine fut nommée régente. Le Parlement, fidèle à sa doctrine qui consistait à charger la reine-mère du gouvernement du royaume, avait aussitôt confirmé la décision de Charles IX.

Le rôle du Parlement devait s'accroître encore dans la dévolution de la régence à la mort d'Henri IV assassiné en 1610. Mais Marie de Médicis ne devait pas ajouter beaucoup de lustre à une fonction que ses devancières avaient distinguée et enrichie par leur sagesse et leur prudhommie. Cette princesse italienne, mariée à Henri IV au prix de sordides marchandages pécuniaires, peu intelligente et brouillonne, ne s'illustra guère que par sa dépendance et sa soumission à l'influence de ses favoris. Son mari n'avait pourtant rien négligé pour l'initier aux affaires ; il l'avait associée au pouvoir, et elle assistait au Conseil, le tout sans grand profit. Le roi mort, et son fils n'ayant que neuf ans, elle s'adressa au Parlement pour se faire déclarer régente. Le Parlement, trop heureux de la circonstance qui lui donnait un rôle politique qu'il n'avait jamais eu, confirma aussitôt la régence de Marie « pour avoir l'administration des affaires du royaume pendant le bas âge du Roi son fils, avec toute puissance et autorité ». Le Conseil de régence qui fut institué, composé des ducs d'Épernon, de Guise et de Mayenne, ne lui donna pas beaucoup de fil à retordre. Elle gouverna seule ou plutôt ses favoris, Concini et Léonora Galigaï, sa femme, la dominèrent entièrement. En 1614, le roi atteignit sa majorité sans que la situation se modifiât.

Cependant, poussé par Luynes son favori, et jaloux de son indépendance, Louis XIII se résolut à un coup d'éclat. Le 24 avril 1617 il fit assassiner Concini, chassa les ministres et exila sa mère à Blois; c'était la première fois, et la dernière aussi, qu'une reine-mère était ainsi sanctionnée pour avoir exercé la régence.

Exemple unique dans l'histoire, Marie n'accepta pas sa mise à l'écart. Il est vrai que son fils avait frappé fort : le droit d'assister au Conseil avait toujours été reconnu à la reine-mère; c'était aussi la première fois qu'une régente était dépossédée par un coup d'État. D'abord, elle se montra humble et soumise mais, conseillée par Richelieu qui espérait qu'elle ferait sa fortune, elle songea ensuite aux moyens de retrouver sa place dans le Conseil du roi. Ses fidèles, qui se recrutaient parmi les plus grands noms de France, levèrent des troupes, organisèrent un complot pour ramener Marie à Paris. Louis XIII dut envoyer ses soldats pour bloquer Blois. Alors la reine-mère s'enhardit encore et fit désormais figure de rebelle; elle se posa en recours contre les prétendus désastres qui guettaient le royaume et, mettant ses menaces à exécution, s'enfuit de Blois et gagna Angoulême avec l'aide du duc d'Épernon (22 février 1619). Il semblait qu'elle préparât la guerre civile et le roi dut faire des préparatifs de campagne et marcher sur Angoulême. La reine céda, le roi pardonna, mais la réconciliation ne donna pas à Marie la satisfaction qu'elle attendait : elle ne serait pas admise au Conseil. Dans ces conditions, elle refusa de regagner Paris, rameuta ses amis et se révolta pour la deuxième fois. Elle posa d'abord, publiquement, dans un manifeste, sa candidature au pouvoir, puis leva des troupes pendant que les princes soulevaient les provinces. Une marche sur Paris se préparait; alors Louis prit l'offensive et les partisans de sa mère furent écrasés à la bataille des Ponts-de-Cé

(7 août 1620). La nouvelle réconciliation qui suivit n'entraîna pas son retour au Conseil, mais elle fut autorisée à regagner Paris : là elle put à son aise miner la volonté du roi qui progressivement se laissa fléchir et finit par lui accorder en 1622 un petit rôle secondaire. C'était une première brèche par où elle espérait, et Richelieu à sa suite, s'engouffrer rapidement. Et en effet, en 1624, elle obtint l'entrée de Richelieu au Conseil, c'est-à-dire, pensait-elle trop ingénûment, sa propre entrée. Lorsque Richelieu devint chef du Conseil, elle put croire à son triomphe. Mais Richelieu, qui s'était servi de la reine-mère, pour satisfaire ses ambitions, était passé corps et âme au service du roi. Marie s'estima trompée et n'eut plus désormais qu'un désir : obtenir le renvoi de Richelieu. Elle crut y parvenir en 1630 lorsque le roi, malade, lui en fit la promesse. Le 10 novembre la cause semblait entendue lorsque Richelieu et le bon sens de Louis XIII renversèrent la situation; la journée des Dupes assura à Richelieu une victoire complète. La reine-mère n'accepta pas sa défaite et, malgré l'insistance de son fils, refusa de reparaître au Conseil tant que Richelieu y serait. On pouvait craindre une nouvelle rébellion. Marie tenta en effet de se réfugier dans une place frontière d'où elle aurait pu reprendre l'offensive. Mais la place lui ferma ses portes et elle n'eut d'autre ressource que de se retirer aux Pays-Bas, en terre ennemie; elle devait finir tristement ses jours dans cet exil où elle mourut en 1642. Chez cette femme médiocre, la passion du pouvoir l'avait emporté sur ses devoirs de mère et sa dignité de reine, et les grands exemples auxquels elle se référait avec orgueil, ceux de Blanche de Castille et de Catherine de Médicis, qui ne s'étaient imposées que par leur sens de l'État et en total accord avec leurs fils, ne servent en fait qu'à rendre plus impudente, plus mesquine et plus insignifiante cette plate figure d'intrigante que ne guidèrent jamais que l'intérêt personnel, le ressentiment et la vanité.

Cependant la monarchie dite absolue, c'est-à-dire une conception qui faisait du roi le lieu et l'instrument uniques du pouvoir, progressait et le Parlement s'en faisait le théoricien et porte-parole officiel. Le gouvernement de Louis XIII et de Richelieu avait fortement fait avancer, après les progrès déjà réalisés sous Henri IV, cette définition moderne du pouvoir monarchique à laquelle la régence d'Anne d'Autriche devait apporter un peu plus de crédit et un affermissement dont allait bénéficier le règne incontesté de Louis XIV. Ce n'est pas un des moindres paradoxes de cette régence troublée, marquée par la révolte du Parlement et la rébellion des Grands, la guerre civile et la tentation révolutionnaire, que d'avoir consolidé la monarchie et préparé un règne ou l'unicité du principe d'autorité dans la seule personne royale dirima désormais toute autre interprétation de la faculté souveraine.

Pour accéder à une régence pleine, entière, absolue, Anne d'Autriche dut se battre contre la volonté expresse de son défunt mari, et, avec une habileté soutenue par la sagacité du cardinal Mazarin et l'obstination du Parlement qui faisait ainsi triompher la doctrine qu'il avait longuement élaborée et qui servait à la fois le système monarchique et ses propres intérêts, elle y réussit pleinement. Après avoir écarté tous les dangers qui l'avaient un moment menacée, elle s'imposa sans qu'aucune force, de quelque nature qu'elle fût, osât s'élever contre son autorité. Anne était, il est vrai, une femme d'un caractère élevé, subtile, orgueilleuse et volontaire, dont les emportements étaient corrigés par la diplomatie et la souplesse de Mazarin, le ministre-amant-époux qui la guidait, et dont l'art de courber l'échine devant l'orage était aussi remarquable que l'intuition politique et la fermeté.

Anne avait reçu une solide formation politique,

avait été jusqu'en 1625 autorisée à assister au Conseil, et avait acquis non seulement l'expérience des affaires mais un singulier sens de l'État. Ensuite, compromise dans de nombreuses intrigues, amoureuses avec Buckingham, politiques avec Chalais et Gaston d'Orléans, ou plus tard avec la conspiration de Cinq-Mars, elle avait été écartée et n'avait jamais réussi, malgré la naissance du dauphin en 1638, à regagner la confiance du roi. La mort de Richelieu en 1642, celle du roi en 1643, la remirent en selle et cette fois pour près de vingt ans. Elle dut pourtant manœuvrer avec habileté pour se faire décerner la régence, mais le Parlement l'aida dans son entreprise. Louis XIII, qui avait écarté Gaston d'Orléans et Condé, avait hésité à confier la régence à sa femme car il la jugeait peu apte au gouvernement et surtout lui gardait rancune du rôle qu'il soupçonnait qu'elle avait joué dans la conspiration de Chalais. Il s'était pourtant décidé à la nommer régente mais en la plaçant sous haute surveillance : il institua un Conseil inamovible (où devaient entrer Mazarin, Séguier, Bouthillier, Chavigny) qui déciderait à la pluralité des voix, et le parlement enregistra avec réticence la déclaration royale. La reine serait donc étroitement tenue en lisière et cette situation ne faisait l'affaire ni d'Anne d'Autriche ni du Parlement qui voyait d'un mauvais œil le Conseil composé des créatures de Richelieu dont il avait tant souffert. D'ailleurs cette régence collégiale était contraire à ses principes et il attendait l'occasion de prouver son indépendance et d'affirmer son autorité. Le roi mourut le 14 mai et, dès le 18, la reine se rendit au Parlement avec le jeune roi et obtint satisfaction au-delà de ses espérances. La déclaration de Louis XIII fut cassée, à la demande des princes et du chancelier Séguier; et Anne d'Autriche eut l'administration absolue du royaume. Le Parlement avait donc annulé les décisions du roi et réglé la régence à sa guise. Il en espérait un surcroît d'autorité,

Anne d'Autriche qui lui devait son pouvoir n'ayant rien, pensait-il, à lui refuser. La régente et son premier ministre Mazarin gouvernèrent d'abord si sagement la France qu'on chanta le nouvel âge d'or. Mais bientôt les appétits des grands se réveillèrent; ils fomentèrent la discorde et le Parlement ne tarda pas à faire cause commune avec les princes mutins. La Fronde mit la régente en danger. Mais le parti des frondeurs, où chacun travaillait dans son propre intérêt, n'était pas de taille à lutter contre l'obstination d'Anne et la souple énergie de Mazarin, qui finirent par triompher de leurs adversaires. La Fronde terminée, la régente et son ministre purent continuer l'œuvre de consolidation monarchique déjà largement entamée par Richelieu, et c'est un royaume tout prêt à accepter l'absolutisme de Louis XIV qu'Anne transmit à son fils en 1661. Sa régence, malgré la révolte qui l'avait longtemps tenue en échec, s'achevait en apothéose. Ce devait être aussi la dernière régence féminine de notre histoire. Désormais les reines ne trouvèrent plus l'occasion de se saisir de l'autorité et ne jouèrent plus qu'un rôle obscur. Seule Marie-Antoinette, quand la Révolution ébranla le trône, se trouva investie pour son malheur d'une influence qui fit un instant sortir la reine de son insignifiance politique.

Si l'on voulait dresser un bilan des régences féminines, il faudrait le faire en partie double en distinguant soigneusement le symbolique et le concret. La première colonne serait celle d'une métaphysique négative. En effet le temps du règne est un temps masculin, liturgique, tabou et inviolable, où l'obéissance est sacrée, la révolte sacrilège. Le temps de la régence est un temps féminin, profane, impur, où la rébellion devient légitime et se justifie au nom du règne. La colonne des comptes quotidiens serait au contraire très largement positive. Certes les régences entraînent souvent de grands désordres, les ambitieux profitent des circonstances et coûtent cher car il faut acheter leur fidélité et payer leur ralliement. Mais les régentes, même les plus médiocres comme Marie de Médicis, maintiennent le royaume et l'autorité du roi et assurent la continuité de l'État; et les meilleures, Catherine de Médicis par exemple, réalisent un véritable exploit en conservant, en pleine guerre civile, une grande partie de l'autorité et en préservant la couronne de leur fils. Leur rôle est plus mesurable si on le considère en terme de conservation ou d'accroissement du territoire. L'annexion de la Bretagne est due à l'action diplomatique d'Anne de Beaujeu qui fit épouser à Charles VIII l'héritière du magnifique duché. Louise de Savoie, avec des intentions sans doute égoïstes, mais qu'importe, a réuni à la couronne les biens immenses du connétable de Bourbon qui formaient un immense apanage indépendant au cœur de la France; elle a su en outre défendre la Bourgogne contre Charles Quint qui la convoitait. Quant à Anne d'Autriche, elle a conclu sa régence par la paix des Pyrénées (1659) qui valut à la France le Roussillon et une grande partie de La Picardie. Le bilan est donc loin d'être négligeable et les régences dont on souligne fréquemment le caractère négatif ont en fait contribué à la formation territoriale du royaume. Toutes les régentes ont eu le sens de l'État et même Marie de Médicis, brouillonne et chimérique, n'a pas démérité. Certaines, Catherine ou Anne d'Autriche, ont déployé une énergie exceptionnelle, ont manifesté des qualités comparables à celles des rois les plus remarquables, et l'on peut sans excès parler de grandes régences comme on parle de grands règnes, nonobstant l'immensité des obstacles qui s'opposaient à leur réussite. De la mort de Louis XI à l'avènement de Louis XIV, les femmes ont, à intervalles réguliers, tenu le royaume avec une fermeté, une intelligence et un courage dont la monarchie recueillit le plus grand profit, et la dernière, après avoir essuyé de violents orages, légua à son fils un royaume apaisé, modelé à l'obéissance, et tout armé pour accueillir les ambitions du Roi Soleil et pour favoriser toutes ses entreprises.

CHAPITRE VI

FAVORITES, BÂTARDS ET COMPLOTS

IRREMPLAÇABLE, la reine seule peut donner un héritier à la couronne. Quelles que soient la faveur et la dignité de la favorite, ses enfants ne peuvent être que des bâtards, auxquels le trône reste inaccessible et le roi ne peut, sauf à se conduire en despote (et le cas se produisit), tenter d'élever ses enfants naturels légitimés à la dignité suprême sans provoquer la réprobation générale. Ce n'est pas que la qualité de bâtard soit entachée d'une quelconque dépréciation, et tout enfant de roi est un grand prince célébré avec estime et respect, susceptible des plus hautes charges soit publiques soit cléricales, entouré de la plus grande considération. Les mépris de Saint-Simon pour les légitimés de Louis XIV sont tardifs et relèvent d'une conception toute personnelle et obsessionnelle de la pureté. En effet si les attitudes de l'Église, de l'État et du public ont évolué, surtout à partir du début du XVIIe siècle; si les bâtards de gentilshommes ne peuvent plus prendre la qualité de noble à partir de 1600; si les prêtres condamnent désormais le concubinage et si l'ensemble de la société se police et se moralise, les bâtards de roi conservent leurs privilèges et ne sont pas atteints par la défaveur qui frappe désormais les enfants nés hors du mariage légitime. Cela ne va d'ailleurs pas sans scandale et Louis XIV sachant qu'il heurte violemment la conscience de ses sujets, garde longtemps ses bâtards au secret avant de les produire publiquement.

A l'évolution des réactions à l'égard de la bâtardise correspond un glissement des comportements des bâtards ; les raisons de ce changement d'attitude sont moins morales que politiques : c'est en fonction de l'évolution de l'État que les bâtards, comme les autres grands du royaume, passent de la turbulence à l'assagissement. Très actifs et fauteurs de trouble sous Henri IV et Louis XIII, ils se mettent au pas sous Louis XIV et s'adaptent aux nouvelles formes de la monarchie qui imposent à tous l'obéissance. Leur qualité de fils de roi, mais aussi leur bâtardise qui limite leur ambition, peuvent en effet faire naître chez eux des ressentiments vagues, des frustrations, mais aussi un désir de revanche contre l'autorité qui les musèle. En cela, ils ne se distinguent pas des autres grands du royaume qui, aussi longtemps que l'autorité du roi n'est pas parfaitement établie, essaient de la tenir en échec et de conserver leur indépendance. Dans ces conditions, il n'est pas surprenant qu'on les trouve mêlés à toutes les entreprises qui, des complots contre Henri IV à la Fronde, essaient de s'opposer au triomphe du pouvoir monarchique. Pendant un demi-siècle, il existe un rapport étroit entre bâtardise et rébellion et l'on ne s'étonnera pas de voir dans ces révoltes de l'illégitimité, se compromettre également celle qui est à la source du scandale et parfois la bénéficiaire du complot, la maîtresse royale.

Un bâtard de Charles IX acoquiné avec la maîtresse d'Henri IV pour perdre le roi, voilà qui peut sembler étrange, voire burlesque, mais la parenté qui, assez curieusement, les unit explique la collusion entre le comte d'Auvergne, fils de Charles IX et de Marie

Touchet, et Henriette d'Entragues, fille également de Marie Touchet et maîtresse du Béarnais : ils étaient donc sœur et frère utérins. Charles IX avait été entretenu dans la volupté par Catherine de Médicis, soucieuse de l'éloigner des affaires pour contrôler plus aisément le gouvernement de l'État. Avec l'aide de ses ministres et de ses courtisans, elle lui procura de belles filles et, en particulier, Marie Touchet, une Orléanaise de petite extraction mais de singulière beauté. De cette merveilleuse créature Charles IX eut un fils dont le président Claude Groulard a laissé un portrait au vitriol que ne dément pas, en effet, le comportement de ce fils de roi dont la traîtrise et les combinaisons n'ont pas d'équivalent dans les annales de France. D'abord destiné à l'Église et grand prieur de France, le comte d'Auvergne, « jeune prince débauché, d'humeur volage, maligne et incompatible [1] », jeta le froc aux orties et épousa la fille aînée de Henri de Montmorency, connétable de France. Quant à Marie Touchet, sa mère, rendue à la vie civile par la mort de Charles IX, elle épousa François de Balzac d'Entragues : ils eurent beaucoup d'enfants, garçons et filles et, parmi ces dernières, une remarquable beauté, Henriette, qui, devint, après la mort de Gabrielle d'Estrées, la maîtresse d'Henri IV, favorite de grand entregent et subtile en intrigues, qui voulut, elle aussi, devenir reine de France. La prétention, qui avait aussi été celle de Gabrielle, ne doit pas surprendre : les indiscrètes promesses d'Henri IV peu sourcilleux sur les procédés et qui était peut-être sincère quand la convoitise embrumait son esprit, favorisaient chez ses maîtresses des ambitions que leur entourage encourageait et parfois suscitait. Blonde, yeux bleus, l'air ingénu, Henriette était en réalité spirituelle et calculatrice. Lorsque, après la mort de Gabrielle d'Estrées,

1. Groulard, « Mémoires » in *Mémoires pour servir l'histoire de France*, éd. Michaud et Poujoulat, 1838, t. XI, p. 595-596.

Henri IV tomba amoureux d'Henriette, sa famille et elle-même combinèrent une intrigue sordide. La vertu de la jeune fille fut estimée au plus haut prix et l'on mit en place une stratégie qu'on espérait infaillible. Il s'agissait d'aiguiser le désir du roi sans céder, de lui donner l'espoir tout en se refusant. Son frère, le comte d'Auvergne, le bâtard de Charles IX, devait jouer les offensés et faisait retentir ses sanglots de désespoir. Quand le roi fut arrivé au point d'impatience que l'on avait si savamment calculé, Entragues et Auvergne posèrent leurs conditions : Henriette ne succomberait que contre une forte rançon, 100 000 écus, une promesse de mariage et un marquisat ; Henri, qui ne pouvait plus attendre, consentit à tout et signa la promesse le 10 octobre 1599 ; elle ne serait cependant exécutée que si Henriette accouchait d'un garçon. Pourtant les négociations se poursuivaient à Florence pour préparer un mariage avec Marie de Médicis. La situation était donc pour le moins confuse quand Henri fut heureusement tiré d'embarras : Henriette fit une fausse-couche. Henri se trouvait donc dégagé, et, bien que sa maîtresse refusât de rendre la promesse, il épousa la princesse florentine. Les deux femmes, installées au Louvre, se querellèrent et s'injurièrent. Henriette ne désarmait pas, dédaignait sa place de favorite, se prétendait la vraie reine et traitait de bâtards les enfants de Marie. Quand en 1601 elle accoucha d'un garçon, son frère, Auvergne, prit le relais : le vrai dauphin, clamait-il publiquement, était le fils de sa sœur.

L'affaire n'aurait été qu'une comédie burlesque si Auvergne s'était borné à colporter ses facéties auprès des railleurs. Mais il porta la folie plus loin et s'allia à de dangereux comploteurs, le duc de Bouillon et le maréchal de Biron emmêlés dans une intrigue complexe avec les Espagnols pour susciter des embarras à Henri IV et reconstituer la Ligue. La conjuration prévoyait qu'à la mort d'Henri (peut-être était-il prévu de l'assassiner) on ferait passer la couronne de la tête du dauphin sur celle du fils d'Henriette d'Entragues reconnu seul héritier légitime. La conspiration fit long feu : un comparse révéla tout, cita les noms. Biron et Auvergne furent arrêtés le 15 juin 1602 et le procès démasqua de nombreuses complicités; Montmorency, Montpensier, Épernon furent impliqués. Biron fut décapité. Le comte d'Auvergne, avec une lâcheté toute princière, se confessa, dénonça ses complices, donna sans réticence toutes les informations sur la conspiration et, en récompense, fut gracié et libéré. Quant à Henriette, soit que le roi l'ait couverte de sa protection, soit qu'elle fût étrangère à la conjuration, aucune preuve ne fut retenue contre elle et elle ne fut pas inquiétée.

Il n'en alla pas tout à fait de même lorsque, en 1604, Auvergne se lança dans un nouveau complot qui n'eut, au demeurant, qu'un résultat comparable au premier, mais dont l'intrigue était machiavéliquement bâtie. A ce moment, Henri IV, plus que jamais épris d'Henriette, était taraudé par les morsures de la jalousie. Sa maîtresse en effet ne le ménageait pas et dispersait ses faveurs dans des bras qu'elle jugeait plus aimables que ceux de son royal amant à qui elle ne ménagait ni les sarcasmes ni les injures, allant jusqu'à le traiter de « bouc puant ». Leurs relations étaient d'ailleurs en permanence sur le pied de guerre; si l'on en croit Sully, « bientôt ils ne se firent plus l'amour qu'en se grondant ». Henriette jouait alors une partie dangereuse où se trouvaient engagés son père et son frère Auvergne. La famille d'Entragues n'avait rien abandonné de ses prétentions et avait seulement affiné sa stratégie : ils prétendaient que le mariage d'Henri avec Marguerite de Valois n'avait pu être annulé, qu'il était toujours valable; que, par conséquent, l'alliance avec Marie de Médicis était nulle et ses enfants bâtards; dans ces conditions le fils d'Henriette avait priorité sur tous les autres. Cet admirable raisonnement n'aurait gardé qu'une valeur rhétorique si l'Espagne n'avait décidé de jouer la carte d'Henriette. Philippe III qui, à défaut de réaliser ses ambitions, aurait vu avec plaisir s'ouvrir en France une période de turbulence et une guerre de succession, fit à Henriette des offres mirifiques. Il lui promit une pension de 500 000 livres, des places fortes, une infante pour son fils, le petit Verneuil, qu'il s'engageait à faire reconnaître comme roi de France. Une énorme conjuration fut mise sur pied où entrèrent Auvergne, Bouillon, Lesdisguières; on pouvait compter sur de nombreux gouverneurs de province, Épernon en Saintonge, Guise en Provence, Longueville en Picardie, d'autres encore. Mais il y eut des fuites, le complot fut découvert et, une fois de plus, Auvergne, espérant se blanchir, passa des aveux complets. Entragues fut à son tour arrêté, ses papiers saisis : des lettres du roi d'Espagne ne laissaient aucun doute sur la réalité de la conjuration. Il fallut bien, enfin, rendre la fâcheuse promesse de mariage, et Henriette disgraciée fut gardée à vue chez elle au faubourg Saint-Germain, en attendant de comparaître devant la justice. Sa situation était bien mauvaise mais elle disposait d'un atout maître : le roi, bien qu'il eût pris pour distraire son ennui une nouvelle maîtresse, la comtesse de Moret, ne songea qu'à disculper la belle conspiratrice dont il était encore éperdument épris. Il ne la voyait plus mais continuait, en lettres de feu, à l'assurer de son amour passionné. De son côté elle mit Henri en demeure de reconnaître ses devoirs : elle déclara publiquement qu'il n'avait d'autre femme qu'elle et que, s'il la laissait condamner, il serait l'assassin de sa seule et légitime épouse. Cependant le procès s'ouvrit au Parlement en 1605. Ce fut à la fois triste, pénible et bouffon. Auvergne et Entragues se chargèrent mutuellement; le fils de Charles IX accusa sa sœur de débauche, et cita les noms de ses nombreux amants. Henriette, quant à elle, nia tout, prétendit ignorer les relations que son frère et son père avaient entretenues avec l'Espagne et lorsque le 2 février 1605, le Parlement rendit son arrêt, elle fut épargnée. Le verdict fut lourd pour Entragues et Auvergne, condamnés à mort pour lèse-majesté, relativement bénin pour Henriette qui devait être enfermée dans un couvent. Mais une maîtresse de roi, même convaincue de projets criminels, a des armes bien fortes aussi longtemps que la passion du souverain la protège. Bien qu'un peu refroidi, Henri n'oubliait pas Henriette, était impatient de lui faire grâce et n'attendait qu'un geste de soumission de sa part. Finalement l'orgueilleuse favorite consentit à lui adresser une lettre touchante qui reçut aussitôt sa récompense : elle fut autorisée à se retirer chez elle, à Verneuil, puis, peu après, à rentrer à Paris. La peine d'Auvergne et d'Entragues fut commuée en prison perpétuelle, mais le second fut rapidement libéré. La comtesse de Moret n'était pas très sage. Henri lui reprochait ses amants et, pour la punir, retournait régulièrement à Henriette. Cependant celle-ci s'accommodait assez mal de sa position de bouche-trou, tentait de se rendre complètement indépendante et de se faire épouser par le duc de Guise.

Désormais le lien qui unissait les destinées d'Henri et d'Henriette semblait définitivement tranché. Pourtant la longue hérédité de comploteurs des Entragues ne la mettait pas à l'abri du soupçon et lorsque, en 1610, le roi fut assassiné, elle ne put y échapper. Ravaillac eut beau affirmer qu'il avait agi seul et n'avait aucun complice, on ne le crut pas. Trop de gens avaient un intérêt évident à la mort du roi. On soupçonna l'Espagne, les Jésuites, Épernon, Entragues et sa fille. Lorsque mademoiselle d'Escoman, quelques mois après l'exécution du criminel, accusa Henriette et Épernon d'avoir armé la main de Ravaillac, elle ne put apporter de preuves décisives mais les indices ne manquaient pas. Cette demoiselle connaissait bien Henriette et avait vécu chez elle et chez sa sœur. Henriette et Épernon connaissaient sans aucun doute Ravaillac. Mademoiselle du Tillet, la maîtresse d'Épernon, l'avait reçu chez elle à plusieurs reprises. Malgré les présomptions, Henriette ne fut pas inquiétée, mais le doute subsiste. Si elle a trempé dans le complot, ce fut en pure perte. La veille de son assassinat Henri avait fait sacrer Marie de Médicis : désormais on ne pouvait plus lui contester son titre de reine ni mettre en doute la légitimité du dauphin. Henriette n'avait plus aucun moyen de faire reconnaître les droits de son fils.

Si Henri IV avait dû subir les assauts répétés de ses maîtresses et des bâtards de ses prédécesseurs, il fut lui-même la source des embarras que ses enfants adultérins causèrent à ses sucesseurs. Henri, à qui l'on attribue un nombre incalculable de maîtresses (le chiffre de cinquante-quatre recensées et connues ne représenterait que la partie émergée de l'iceberg) et une pléthore d'enfants, a fait très officiellement légitimer huit de ses bâtards. Les princes nés de ses amours avec Gabrielle d'Estrées : César, Alexandre et Catherine de Vendôme; les enfants d'Henriette d'Entragues : Henri et Gabrielle de Verneuil; Antoine, le fils de la comtesse de Moret et les deux jumelles de Charlotte des Essarts. Aigreur, turbulence, révolte furent le lot des Vendôme, caractères rebelles qui tentèrent, comme d'ailleurs les autres grands du royaume, de profiter des difficultés d'une régence troublée. César, de sept ans l'aîné du dauphin, intelligent et agressif, avait été le fils préféré d'Henri IV. Mêlé à la vie de la famille royale, élevé à Saint-Germain avec l'héritier légitime, il conservait de ses espérances passées une grande amertume : sa mère n'avait-elle pas failli devenir reine de France et lui-même dauphin? En 1609 il a épousé Françoise de

Mercœur qui lui a apporté le gouvernement de Bretagne, tandis que son frère Alexandre était fait grand prieur de France et général des galères de Malte. Les rejetons de la boutique d'Estrées n'avaient donc pas à se plaindre, mais leur caractère s'accordait trop bien à l'esprit comploteur de l'époque pour qu'ils se maintinssent sagement dans la retraite dorée que leur père leur avait ménagée. Ils se mêlèrent avec délice à toutes les agitations de la régence et devinrent de dangereux partisans lorsque Richelieu décida de les réduire à composition.

Le complot de Chalais ressuscita les anciennes combinaisons entre les bâtards et l'Espagne. Il ne s'agissait de rien de moins que d'assassiner Richelieu et de placer sur le trône le propre frère de Louis XIII, Gaston d'Orléans. Les conjurés, Chalais, les Vendôme, Condé, Soissons, comptaient pour financer leur projet sur les subsides espagnols. Mais la conspiration fut découverte. Chalais fut décapité et les Vendôme emprisonnés à Vincennes où Alexandre mourut en 1629. Plus heureux, César fut libéré l'année suivante. Se tint-il tranquille désormais ? C'est peu probable et en tout cas des soupçons continuèrent à peser sur ses agissements. En 1640 il fut même accusé de vouloir assassiner Richelieu et, désireux de se mettre à l'abri des poursuites, il s'exila à Londres. Il avait deux fils, Louis duc de Mercœur et François duc de Beaufort qui fut impliqué dans la conspiration de Cinq-Mars, grand écuyer de France convaincu d'avoir médité le renversement, voire l'assassinat de Richelieu. Cinq-Mars avait pour complices De Thou, Bouillon et Gaston d'Orléans avec lequel Beaufort entretenait des liens étroits. Soupçonné de complicité, le fils de César préféra mettre une bonne distance entre la Bastille et lui et rejoignit son père à Londres. Les Vendôme accueillirent avec satisfaction la mort de Richelieu : leur situation allait enfin changer et les princes reprendre dans le gouvernement l'influence que la politique absolutiste du cardinal leur avait ôtée. De fait, il disposait alors d'atouts importants dont les conséquences heureuses se firent rapidement sentir. La reine Anne était favorable aux Vendôme et Mazarin, qui était déterminé à se réserver toute la succession de Richelieu, cherchait des appuis. Il rappela Beaufort puis, peu après, César. La reine les caressa, comptant sur leur soutien pour contrebalancer l'ambition de Gaston d'Orléans et de Condé : le roi allait bientôt mourir et Anne ne voulait pas partager la régence avec ces princes trop gourmands. La mort du roi, survenu en mai 1643, qui semblait devoir réaliser enfin la fortune des Vendôme se retourna contre eux. Le testament de Louis XIII organisait bien la régence d'Anne, mais sous la tutelle d'un Conseil composé de Gaston d'Orléans, de Condé et des ministres d'État. Les Vendôme étaient floués. Ils reprirent courage lorsque la reine obtint que le Parlement cassât le testament de Louis XIII, mais ils durent rapidement déchanter. Devenue maîtresse du pouvoir, Anne nomma Mazarin Premier ministre, et n'ayant plus besoin d'eux, trompa leurs espérances : ils n'eurent aucune place au Conseil et entrèrent hardiment en opposition. Ils allaient désormais faire la guerre à Mazarin, comme autrefois à Richelieu.

Beaufort, impétueux, avec la bonhomie familière héritée de son aïeul Henri IV, « un sens beaucoup au-dessous du médiocre », selon Retz, mais hardi et d'une humeur aimable, excité par sa maîtresse, Mme de Montbazon et par Mme de Chevreuse que rien n'était parvenu à guérir de la passion de l'intrigue, mit aussitôt sur pied la cabale des *Importants*. Le projet de Beaufort était considérable car il ne s'agissait pas seulement d'éliminer Mazarin, mais de procéder à un renversement de la politique française tant à l'intérieur qu'à l'extérieur du royaume : mettre fin à l'absolutisme mis en place par Richelieu et continué par Mazarin, rétablir l'ancienne forme de gouvernement, réconcilier la France et l'Autriche. Mais ce beau complot était le secret de Polichinelle et personne n'ignorait les intentions des conjurés. Ils furent exilés, sauf Beaufort que l'on enferma à Vincennes. Son père César, qui n'avait aucune inclination pour la prison, préféra se retirer à Florence, tandis que Mercœur faisait le dos rond et proposait à Mazarin d'épouser sa nièce Laure Mancini. Cependant, à Vincennes, la tête chaude de Beaufort s'exaspérait. Au moment où la Fronde commençait, ce prince aventureux et populaire s'irritait de son inactivité et rêvait de grand air pour faire la guerre à Mazarin. Il parvint à s'évader le 31 mai 1648 et, au moment où éclata la fronde parlementaire, mêla ses intrigues à celles des grands qui cherchaient à tirer profit des embarras de la cour. Installé rue Quincampoix, surnommé « le roi des Halles », il exerça sur Paris une espèce de royauté populaire dont il tirait grande vanité. Il était alors assez inquiétant pour que Mazarin usât à l'égard des Vendôme de toute sa diplomatie : il maria sa nièce à Mercœur et promit à Beaufort la survivance de l'Amirauté dont César de Vendôme serait le titulaire. Toutefois Beaufort, désormais à la tête d'une armée, se consolida dans Paris mais ne put empêcher le jeune roi puis Mazarin d'y rentrer (février 1653).

La monarchie bourbonnienne triomphait et l'épopée des bâtards de Vendôme s'achevait dans l'obéissance à une autorité que désormais personne n'entreprendrait plus de contester. Les intrigants, les comploteurs, les rebelles se transformèrent en dociles et fidèles serviteurs de la monarchie. César de Vendôme, nommé grand maître de la Navigation, servit avec loyalisme jusqu'à sa mort en 1665, date à laquelle Beaufort lui succéda : il devait se montrer aussi docile que son père et disparaître mystérieusement au cours d'une expédition navale organisée par Louis XIV en

1669 pour reprendre Candie aux Turcs. Les successeurs des Vendôme, représentés par les enfants de Mercœur, ne démentirent pas cette belle conduite. L'âge des bâtards rebelles était définitivement clos. Ils avaient senti la main de l'autorité et renoncé à la turbulence que les hésitations du pouvoir avaient fait naître. Passée la Fronde, le temps de l'obéissance pour tous avait sonné et les bâtards rentrèrent dans le rang.

Si les légitimés de Louis XIV posèrent encore des problèmes, ce ne fut pas de leur fait. Les prétentions, jugées exorbitantes, du roi en leur faveur furent la seule raison des difficultés que firent naître une élévation qui bouleversait la hiérarchie naturelle de la monarchie. Non seulement ils ne prirent jamais les armes contre l'autorité, mais l'idée même de se conduire en factieux ne les effleura jamais, à une exception près cependant sous la régence du duc d'Orléans : encore l'ambition d'une femme en fut-elle la véritable cause. L'âge des révoltes féodales était décidément enterré depuis longtemps.

Le Roi Soleil avait fait légitimer deux bâtards de Mlle de La Vallière et six de Mme de Montespan. Il leur avait reconnu tous les droits d'enfants nés en légitime mariage puis, à la fin de sa vie, il était allé beaucoup plus loin, non sans provoquer de vives réactions qui se manifestèrent après sa mort. Lorsque après la disparition de ses enfants et petits-enfants, il ne lui resta qu'un arrière-petit-fils dont la fragilité donnait des inquiétudes, il trembla que sa race ne vînt à manquer en ligne légitime; il habilita ses fils nés de Mme de Montespan, le duc du Maine et le comte de Toulouse, à succéder à la couronne; sa déclaration du 14 juillet 1714 fut enregistrée au Parlement le 2 août. Cette nouveauté inouïe surprit les contemporains, du moins une fraction d'entre eux dont Saint-Simon s'est fait l'écho scandalisé. En assimilant la bâtardise, née de l'adultère, à l'impureté et au crime, Saint-Simon, comme d'ailleurs la princesse Palatine, rendaient compte de l'évolution qui s'était produite dans les mentalités depuis un siècle et du glissement de l'opinion qui, de l'aimable anarchie qui régnait encore sous Henri IV, était passée à une rigueur morale qui associait sacrement et légitimité, honneur et hiérarchie [1]. Toute transgression désormais était synonyme de macule et de tare qui disqualifiaient celui qui en était frappé, fût-il roi. Était-ce l'aboutissement de la parole de Bossuet qui assignait pour devoir au monarque d'être l'incarnation de la piété et de la foi afin de respecter la pourpre, afin surtout que « la vertu soit aidée et que la voie du Ciel soit élargie » ? N'était-ce pas aussi l'affirmation d'un droit nouveau que les sujets revendiquaient désormais avec vigueur, celui de contrôler la succession du trône et, par un glissement qui pouvait être rapide, le trône lui-même ? C'est bien ce qu'après la mort de Louis XIV la dégradation des bâtards confirma. L'édit de juillet 1717, qui révoquait les décisions de Louis XIV, envisageait le cas où la maison de Bourbon s'éteindrait en ligne légitime et stipulait sans aucune ambiguïté que « si la nation française éprouvait jamais ce malheur, ce serait à la nation même qu'il appartiendrait de la réparer par la sagesse de son choix ». Le droit de la nation à disposer de la couronne, premier pas dans l'affirmation de son droit à contrôler le pouvoir, était donc clairement affirmé. Paradoxalement, les bâtards étaient les instruments involontaires d'une revendication qui ne cessa, jusqu'à la Révolution de se préciser.

La France toutefois n'en avait pas tout à fait fini avec les bâtards, car l'ambition d'une princesse dont la

1. Sur l'obsession de la pureté chez Saint-Simon, on lira l'article d'Emmanuel Le Roy-Ladurie in Claude Grimmer, *La Femme et le bâtard* Presse de la Renaissance, 1983.

tête était nourrie des exploits des Vendôme, de l'orgueil de Beaufort, devait, pour la dernière fois, entraîner le duc du Maine dans une entreprise chimérique et hors de saison. La duchesse du Maine, femme d'entregent et de caractère, petite-fille du Grand Condé, n'avait que mépris pour son mari, personnage plutôt pâle et d'humeur poltronne; il avait accueilli sa propre dégradation avec chagrin mais sans révolte. Quant à elle, ulcérée, et entretenue dans ses caprices par la cour d'ambitieux et de flatteurs qu'elle tenait à Sceaux, elle imagina de renouveler la vieille tradition des complots qui avaient empoisonné les règnes d'Henri IV et de Louis XIII, et d'entraîner son mari dans cette aventure.

L'alliance nouée par le Régent avec l'Angleterre, la Hollande et l'Autriche inquiétait l'Espagne et lui laissait peu d'espoir de satisfaire ses ambitions italiennes. En 1718, la guerre semblait imminente et la duchesse du Maine jugea le moment venu d'ourdir avec l'ambassadeur d'Espagne une intrigue connue sous le nom de conspiration de Cellemare. Je ne prétends pas raconter à nouveau ce complot sur lequel on a fait des romans et qui comporte en effet bien des traits romanesques. Qu'il sufffise de rappeler que l'Espagne, en la personne d'Alberoni et de son maître Philippe V, espéra tirer parti des embarras que la duchesse du Maine voulait susciter au Régent en dressant l'opinion contre lui, en provoquant une convocation des États généraux pour l'établissement d'une autre régence où le duc du Maine pourrait entrer. Une correspondance fut échangée qui confirme que Philippe V était prêt à adopter ces beaux projets. Y eut-il vraiment complot pour enlever le Régent? Le bruit en courut, mais le danger était bien mince : à part la duchesse du Maine et l'ambassadeur Cellemare, personne n'était assez fou pour s'aventurer dans une entreprise avec l'Espagne. D'ailleurs le complot, connu par Stanhope en Angleterre dès juillet 1718, fut aussitôt révélé à Dubois, secrétaire d'État aux Affaires étrangères, qui n'eut aucune peine à écraser dans l'œuf ce projet de guerre civile : le 13 décembre les papiers de Cellemare furent saisis, le duc et la duchesse du Maine arrêtés. Ainsi s'acheva, dans une équipée burlesque plus que dangereuse, le dernier feu d'indépendance des bâtards, qu'une femme avait allumé, et que le duc du Maine n'avait entretenu qu'en second, pour ne pas déplaire à son altière princesse et sans doute à son corps défendant.

Cet ultime épisode de la guerre des bâtards ne put jamais se renouveler. Louis XV, échaudé, prit les dispositions nécessaires pour que les conditions qui avaient rendu possible leur révolte ne se reproduisent plus. On a beaucoup fabulé sur les maîtresses du Bien-Aimé, et on lui a attribué des myriades de bâtards dont bien peu lui appartiennent. On a bien peu remarqué la sagesse de ce grand prince qui fut sans doute le plus intelligent des Bourbons. Cette sagesse, cette grande intuition politique qu'il montra en tant d'occasions, ne se démentit pas lorsqu'il s'agît de faire un sort à ses enfants illégitimes, à ce qui le touchait pourtant de si près, à la chair et au cœur, à ces sentiments si vifs pour lesquels Henri IV comme Louis XIV avaient montré tant de complaisance, jusqu'à mettre par affection et vanité l'État en péril. Louis XV ne tomba jamais dans cette faiblesse. Le roi que l'on a dit indolent et qui n'était qu'inquiet, eut par-dessus tout peut-être, et avant tout, le génie de la mesure et le respect de l'État. Il ne permit pas que ses bâtards pussent avoir des prétentions; il prit soin de leur assurer une condition décente, mais refusa de les élever à une position qui leur eût permis de se dresser contre l'autorité.

Louis XV eut huit enfants illégitimes [1], moins que

1. On lira sur les bâtards de Louis XV l'excellente mise au point de Michel Antoine in *Le Dur Métier de roi*, PUF, 1986 p. 293-313.

son aïeul, moins qu'Henri IV. On est loin des trente bâtards et plus que lui attribuaient généreusement ses contemporains. Un seul de ces enfants, le marquis du Luc, est issu d'une maîtresse présentée, en charge de la très officielle fonction de favorite, Mme de Vintimille. Louis XV eut les autres de ses « petites maîtresses » qu'il entretenait dans une maison du quartier du Parc aux Cerfs à Versailles; le seul qui porta le nom de Bourbon fut le fils de Mlle de Romans, un moment en grande faveur. Le marquis du Luc fut déclaré fils de M. Vintimille, bien que sa ressemblance avec le roi qui lui valut le surnom de Demi-Louis ne laissât aucun doute sur son ascendance. Les autres furent attribués à des pères de fantaisie dont les noms souvent, étaient des allusions non déguisées à leur illustre origine : La Réale, Auguste, Le Duc.

Mais seul l'abbé de Bourbon bénéficia d'une demi-reconnaissance. Tous ces enfants, confiés à un tuteur, furent richement dotés, furent l'objet de la sollicitude de Louis XV, puis de Louis XVI; les filles (elles étaient six) furent honorablement mariées, mais jamais le roi ne reconnut officiellement aucun de ses bâtards, et il se garda bien de les légitimer. Il se soucia de leur assurer une existence confortable, comme il fit aussi pour leurs mères, mais leur refusa les moyens de semer le trouble dans l'État : précaution que ses ancêtres n'avaient pas su prendre, et que Louis XV observa plus par calcul politique que pour ne pas heurter la conscience de ses contemporains. Le temps des princes-bâtards, vindicatifs, et hauts seigneurs fauteurs de trouble, était définitivement clos. Les derniers bâtards royaux, réduits au droit commun, n'eurent désormais d'autre avenir que celui de fidèle sujet de Sa Majesté, et l'on allait bientôt entrer dans le temps de quiétude où la moralité bourgeoise devait resserrer la famille de Louis XVI dans les frontières de la seule légitimité.

CHAPITRE VII

LES TROIS FEMMES DU GRAND ROI

L'AMOUR des plaisirs n'est pas incompatible avec celui de la gloire et contribue à donner au règne d'un jeune souverain un éclat et une gaieté qui trouvent leur épanouissement dans les fêtes, les parures et les bals où la cour brille de mille feux pour célébrer le bonheur de son roi. En contrepartie, les libertés que prend le prince avec les préceptes de la religion et le conformisme social, l'adultère par exemple, entraînent parfois la réprobation et scandalisent les âmes vertueuses. Au XVIIe siècle cependant, le roi est l'objet d'un culte qui l'élève fort au-dessus de la condition humaine et l'exalte comme la divinité païenne d'une mythologie à peine christianisée, si bien que seuls quelques ecclésiastiques, dans le réduit sacré de la chaire ou du confessionnal, osent rendre à Dieu les hommages usurpés par le prince et menacer Louis XIV de châtiment pour ses péchés. La foi, quasiment universelle, n'a pas encore acquis d'intériorité; elle est encore un spectacle, un comportement formel et baroque où se mêlent la crainte de l'enfer, la croyance à des pratiques magiques et une dévotion qui ne parvient pas à définir son objet. La piété hésite et, entre Dieu et le roi, ne fait pas toujours le choix. Aussi bien le scandale offert par le Roi Soleil aux plus dévots de ses sujets apparaît-il à la plupart comme le privilège d'un dieu vivant qui ne saurait être assujetti à la morale des hommes. Commettre un adultère, enlever une femme à son mari, deviennent alors les exploits d'un Jupiter galant condescendant à honorer les mortels. Si l'on excepte les maris cocus qui avaient parfois de la peine à avaler la pilule et acceptaient de mauvaise grâce la faveur qu'on leur faisait, la plupart des sujets de Louis XIV regardaient avec un respect quasi religieux et comme la rançon d'une nature transcendantale l'anticonformisme de leur monarque. Il faudra attendre le XVIIIe siècle, la laïcisation de la monarchie, le recul du sacré, pour que les égarements du roi soient assimilés à des crimes.

Louis XIV poussa plus loin qu'aucun de ses prédécesseurs, qui se contentaient d'être bigames, le raffinement, les délices et les embarras de la polygamie. Jusqu'à l'avènement triomphal de Mme de Maintenon, il eut souvent trois femmes en même temps, toutes déclarées, toutes officielles, toutes publiques : la reine et deux favorites. Louis XIV en effet, par habitude et esprit routinier, par sentimentalisme aussi, et peut-être encore par goût de l'abondance, répugnait à se séparer de la maîtresse qui avait cessé d'exciter ses désirs et la conservait, aussi longtemps qu'elle ne se lassait pas de sa fausse situation, aux côtés de la nouvelle favorite, réservant à la première des hommages polis et mesurés, consacrant à la seconde son ardeur et sa passion.

Ainsi cohabitèrent, avec les vexations, les larmes et les intrigues de cet étrange harem, La Vallière et Montespan, Montespan et Fontanges, Montespan et Maintenon, le tout sous le regard résigné de Marie-Thérèse que Louis XIV honora toujours avec la régularité d'un mari consciencieux. La favorite était une institution trop solennelle pour qu'on la chassât lorsqu'elle avait fait son temps; elle demeurait, auprès de la nouvelle étoile, comme la vivante image de la faveur royale qui, l'ayant une fois élevée, la couvrait même dans l'indifférence de son rayonnement et de sa grâce spéciale. La maîtresse délaissée était alors chargée d'honneurs et de dignités et devait compenser la perte de l'amour du roi par le cumul de ses bienfaits, les plaisirs de l'alcôve et la satisfaction du cœur par les cadeaux de l'amant volage qui, sans rompre, se retirait.

C'est à la fin du règne de La Vallière que commença la pratique du partage de la charge de favorite du roi entre deux titulaires alternatives. Louise de La Vallière était une petite provinciale au visage d'ange, un peu maigre, un peu exiguë dans sa personne, légèrement boiteuse mais dansant à ravir, pieuse, chaste, dont les yeux limpides embués d'adoration et d'amour extatique firent d'abord une forte impression sur le roi. Elle avait été demoiselle d'honneur des princesses d'Orléans à Blois, puis avait été introduite à la cour lors du mariage d'Henriette d'Angleterre avec Monsieur comme demoiselle d'honneur de Madame. Rien ne destinait cette jeune fille modeste et vertueuse à devenir la maîtresse du roi. Sans ambition, désintéressée, elle aimait le roi en secret mais ses yeux, lorsqu'il paraissait, trahissaient une passion qui fut vite remarquée et Louis XIV à son tour en devint amoureux. Ce fut d'abord un secret. Puis les fêtes et les carrousels se succédèrent, célébrant d'abord de façon allégorique puis ouvertement la passion royale : en mai 1664, aux Plaisirs de l'île enchantée, Louise de La Vallière joua dans *La Princesse d'Élide*, glorification dramatique de ses amours avec le roi. Cependant les enfants adultérins, élevés secrètement par Mme Colbert, se succédaient et le roi était toujours éperdument épris lorsqu'il remarqua au début de 1666 la marquise de Montespan. Cette superbe femme qui avait jusqu'alors mené une vie irréprochable, exception remarquable dans une cour où le roi donnait l'exemple de la dissipation, était dame d'honneur de Marie-Thérèse, non seulement très belle dans l'épanouissement de ses vingt-six ans, mais spirituelle et même caustique. Elle différait du tout avec Mlle de La Vallière. Autant celle-ci était douce et effacée, troublée par son amour illégitime qu'elle n'avait pas la force de combattre, autant Montespan était altière, calculatrice, et impérieuse. Dès qu'elle vit le roi s'intéresser à elle, elle organisa ses batteries pour mieux le prendre dans ses filets. Elle manœuvra habilement pour entrer dans les bonnes grâces de La Vallière qui, naïvement, l'accueillit comme une amie, sans aucun soupçon sur cette concurrente déterminée qui, dans le même temps, la desservait auprès de la reine qui, ne se doutant de rien, se réjouissait que Louis XIV délaissât un peu La Vallière. Le roi en effet avait jeté son dévolu sur Montespan et, parce qu'il était encore épris de La Vallière et pour lui faire comprendre que le temps des amours exclusives était révolu, il la combla d'honneurs, la fit duchesse de Vaujours, l'entoura de soins et de considération. Quand il obtint de Mme de Montespan, au cours de la guerre de Flandre, les dernières faveurs tant convoitées, la duchesse de Vaujours était enceinte du comte de Vermandois. Après l'accouchement, elle revint en grande faveur et Montespan s'inquiéta. N'avait-elle été qu'une rapide passade et sa rivale allait-elle l'emporter! Non seulement La Vallière était favorite en titre mais l'amour du roi semblait reprendre toute sa vigueur après son infidélité. Montespan était un esprit chimérique, baroque, d'ailleurs bien de son temps, elle croyait aux sorcières, aux chiromanciens, aux philtres d'amour. Elle eut recours à toutes les ressources de l'art, acheta des philtres, écouta les prédictions, fit célébrer des cérémonies magiques dans l'espoir de capter la faveur du roi et de supplanter La Vallière, et fréquenta la Voisin, magicienne soupçonnée d'empoisonnement et faiseuse d'anges, ainsi que des prêtres sataniques adeptes de messes noires qui devaient plus tard la compromettre dans leurs révélations diaboliques. Quel qu'ait été l'effet de ces machinations infernales, auxquelles la crédulité et le paganisme latent du siècle des saints accordait un crédit que la foi catholique, encore superficielle et toute rituelle, n'avait pas réussi à étouffer, Louis XIV s'éprit chaque jour davantage de Montespan et délaissa La Vallière à qui il n'accorda plus qu'une attention polie. Après avoir accouché d'un garçon en mars 1669, puis du futur duc du Maine que Louis XIV reconnut et légitima, Montespan devint favorite en titre sans que La Vallière fût destituée. Le double adultère était désormais public. L'ire des Mortemart, les parents de Mme de Montespan, fut aisément calmée par d'importantes faveurs (son père fut nommé gouverneur de Paris et son frère, Vivonne, fait général des galères) mais le mari fit scandale. Il fallut l'emprisonner, puis l'exiler en Guyenne.

La douce La Vallière souffrit de son humiliation, de ses sentiments trahis, mais patiemment, non sans larmes mais sans plainte, accepta le partage. Elle était prête à tout subir, sauf la séparation. Déjà son âme pieuse et sa soif de pénitence accueillaient comme une punition du Ciel cette sévère sanction qu'elle pensait mériter dans la conviction de sa faute avec, il est vrai, l'aide éclairée de Bossuet qui ne manquait pas de stimuler ses ardeurs de pénitente. Mais malgré sa foi, malgré les dégoûts infligés à son amour, celui-ci restait le plus fort et elle ne se décidait pas à quitter la place. Louis, tout à Montespan, était encore un peu à La Vallière, et les soins qu'il lui mesurait maintenant, elle les acceptait avec reconnaissance et attendait chaque jour les instants qu'il lui consacrait et sa passion la consumait sans qu'elle trouvât la force de rompre ou de se révolter. Ame candide et dolente, elle souffrait tout de sa concurrente et, pour plaire encore au roi, s'improvisa sa suivante, la para, la conseilla, la coiffa de ses propres mains. Jamais roi ne fut tant aimé pour lui-même, jamais maîtresse ne fut moins artificieuse, moins impérieuse. En elle la charité se conjuguait avec l'amour, la pénitence avec la honte d'une faute qu'elle ne maîtrisait pas et, dès ce temps, Louise de la Miséricorde perçait sous la favorite du roi. Déjà elle portait le cilice et passait dans l'amertume et la prière le plus clair de son temps. Louis cependant, en vrai sultan d'Asie, produisait publiquement ses femmes, allait de l'une à l'autre, dînait entre Montespan et La Vallière, visitait la première longuement, la seconde plus furtivement. La princesse Palatine, dont on connaît la mauvaise langue, raconte une anecdote qu'aucun témoin ne confirme et qui, si elle était vraie, ferait de Louis XIV un satrape sans scrupule, un mufle vulgaire, ce que toute sa conduite, sa galanterie envers toutes les femmes, la courtoisie qu'il manifestait en toute occasion démentent formellement. La Vallière, qui était toujours première favorite et pour laquelle le roi gardait des sentiments, ne fut jamais traitée avec impertinence et le roi, bien qu'il la négligeât, eut toujours pour elle beaucoup de respect. La Palatine raconte pourtant qu'à Saint-Germain, où les deux maîtresses occupaient des appartements contigus, Louis visitait d'abord La Vallière avant d'aller passer la soirée chez Montespan ; il restait peu chez la première et, en prenant congé pour aller rejoindre sa rivale, lui aurait jeté un petit chien en disant : « Tenez, Madame, voilà votre compagnie, cela vous suffira. » Quelle que soit la véracité de ce récit improbable, Mlle de La Vallière souffrait de plus en plus impatiemment les humiliations et son amour blessé l'entraînait irrésistiblement vers Dieu. Bossuet travaillait à sa conversion mais le fruit n'était pas encore mûr. L'escapade de 1671 suffit à le prouver. Le 10 février, Louise quitta la cour en secret, se rendit chez les Dames de la Visitation à

Chaillot, décidée, semble-t-il, à se consacrer à Dieu. Cette résolution était pourtant bien fragile car il suffit que le roi pleurât et la priât de revenir pour qu'elle abdiquât toute résistance. Sans exclure la sincérité, cette retraite avait sans doute été une manœuvre politique; Louise avait sans doute voulu mettre les sentiments du roi à l'épreuve et le résultat lui parut positif. Le roi l'aimait encore. Si le roi la rappela ce ne fut pas d'abord par calcul, pour qu'une ancienne liaison, bien établie et acceptée de tous, couvrît ses relations avec Montespan; celles-ci étaient publiques et il n'était plus temps de masquer les apparences. En fait Louis XIV avait encore des retours de flamme et son égoïsme était piqué que sa maîtresse l'abandonnât. Pourtant, dans les années qui suivirent, Louise put mesurer les progrès de l'indifférence du roi, la faveur toujours croissante de Montespan; elle lutta contre sa faiblesse qui la faisait demeurer là, partageant en tiers la vie coupable du roi et Bossuet finit par la convaincre de la nécessité de faire son salut. Louis avait d'abord observé entre les deux rivales une parfaite égalité. A table, il plaçait l'une à sa droite, l'autre à sa gauche et les faisait monter toutes deux dans son carrosse. Faisait-il faire des aménagements dans l'appartement de l'une, aussitôt sa concurrente obtenait la même faveur. D'ailleurs les deux femmes vécurent d'abord en bonne intelligence, se parant mutuellement, échangeant leurs fards. Mais autant Louise était patiente, humble et toujours prête à mendier un regard, une attention du roi, autant Montespan était hautaine, gaie et caustique. Chaque fois que le roi semblait revenir à La Vallière, ce qui arrivait de plus en plus rarement, elle inventait de nouveaux raffinements, de nouveaux supplices, pour la désespérer. Elle finit, sans que le roi s'en souciât, par transformer sa rivale en caméristе, se faisant coiffer et habiller par elle, et se gaussait ensuite de cette déchéance, multipliant les traits d'ironie qui accablaient

La Vallière et amusaient la cour. Louise en vint à se lasser de cette position subalterne où elle n'était plus l'actrice mais la confidente involontaire des amours du roi. En avril 1674, décidée à rompre définitivement avec les amertumes qui l'abreuvaient depuis si longtemps, et à faire pénitence, elle se résolut à quitter la cour; elle le fit au grand jour, prit congé de ses amis, fit des excuses publiques à la reine et le 19 entra au Carmel. Elle avait trente ans, devint sœur Louise de la Miséricorde et termina sa vie en 1710 dans la piété et les macérations.

Louis avait donc retrouvé une situation plus normale; il n'avait plus désormais qu'une seule maîtresse, ce qui ne laissait pas pourtant de poser encore des problèmes aigus. D'ailleurs le génie sentimental de Louis XIV devait rapidement l'amener à recréer une situation complexe où, entre la favorite en titre, une maîtresse officielle, une dame de cœur dont la vertu serait, au moins publiquement, préservée, et la reine, on aurait désormais du mal à se reconnaître. L'écheveau est si enchevêtré qu'on se croirait dans une pièce à tiroirs. Tout commença par la naissance des enfants adultérins de Mme de Montespan et du roi. Le premier naquit en mars 1669 et d'autres suivirent rapidement. Tant que la maîtresse du roi n'était pas séparée officiellement de son mari – ce qui ne fut acquis qu'en 1674 –, M. de Montespan pouvait, en toute légalité, lui enlever ses enfants. Sa personnalité tapageuse, les scandales qu'il avait déjà provoqués, ses ressentiments, tout laissait craindre un esclandre. Le secret le plus absolu s'imposait donc; il convenait de trouver une femme discrète, en qui l'on eût une confiance absolue, qui élevât dans l'ombre les enfants du mystère. Il existait dans Paris, répandue dans les salons, une femme que l'affectation de vertu et de dévotion, la connaissance du monde et la culture, la subalternité et les garanties qu'offrait sa réputation, rendaient apte à cette tâche de confiance. La vie de Mme veuve Scarron était une suite d'aventures dramatiques et scurriles, digne d'un roman picaresque. Son père, d'ailleurs authentique picaro, aventurier, joueur et assassin de sa première femme et de son amant, n'avait d'autre titre à la considération que son ascendance : il était le fils du poète soudard Agrippa d'Aubigné. Il passait en prison le plus clair de son temps et c'est dans la prison de Niort que naquit en 1635 la future Mme de Maintenon. D'abord confiée à une tante, puis embarquée pour les Antilles lorsque son père fut libéré, enfin mendiante à La Rochelle, elle finit par atterrir chez ses tantes qui se la disputaient : l'une la voulait catholique, l'autre huguenote. Anne d'Autriche intervint : l'enfant fut confiée aux Ursulines. A seize ans, belle, sage, déjà dissimulatrice, elle aurait épousé le diable plutôt que d'entrer en religion. Sans dot, riche de ses seuls agréments personnels, elle épousa Scarron, le paillard et ironique poète, difforme et paralytique, dont seul l'esprit était vivant. Elle avait à peine dix-sept ans, lui quarante-deux. Les plaisirs conjugaux que Scarron ne pouvait pousser jusqu'à leur aboutissement, Françoise d'Aubigné les chercha-t-elle dans la brillante compagnie qui fréquentait chez elle ? Sa prudence fut telle qu'on ne peut transformer l'hypothèse en probabilité. Dans le salon très libre des Scarron se pressait tout ce que Paris comptait de gloires et de dignités, des ducs, des maréchaux, des poètes, des abbés et des courtisanes dont la plus célèbre, Ninon de Lenclos, se lia d'amitié avec Françoise que l'on nommait ici la Belle Indienne en souvenir de son séjour aux Antilles. Les soupirants se levaient en masse sous ses pas et elle comptait parmi ses admirateurs – (comblés ?) La Palatine et Saint-Simon l'ont dit, mais on dit tant de choses pour couler la réputation des femmes –; elle comptait donc le chevalier de Méré, le maréchal d'Albret, le marquis de Marsilly, d'autres encore qui ne furent peut-être pas repoussés. Mais quel comportement modeste, et qui oserait trancher! Ce qui est sûr, c'est qu'elle était experte en dissimulation et que la dévotion était une couverture commode.

Grande et svelte comme une chasseresse, adulée, entourée d'hommages galants, Mme Scarron avait vingt-cinq ans quand son mari mourut. Le poète ne lui laissait rien, la reine lui fit une pension, elle s'installa dans un couvent, préserva sa respectabilité, fréquentant le monde, ayant peut-être des aventures discrètes sans jamais prêter à la médisance. C'est dans cette situation que la trouva Mme de Montespan en 1669 à la naissance de son premier bâtard. Elle lui confia l'enfant qui fut élevé dans le plus grand secret dans une petite maison de location. En 1670 naquit le futur duc du Maine qui fut également remis à la gouvernante laquelle, sans cesser de voir ses amis, sans rompre avec sa vie mondaine, consacra désormais une grande partie de son temps à l'éducation des enfants. Lorsque, deux ans plus tard, Mme de Montespan accoucha du comte de Vexin, on installa les trois enfants à Vaugirard et Mme Scarron s'ensevelit alors dans la clandestinité, ne gardant de relations qu'avec ses amis les plus proches. Elle s'attacha aux enfants et leur tint lieu de mère. C'est à ce moment que Louis XIV prit une première idée de Mme Scarron. Régulièrement il venait à Vaugirard visiter ses fils et remarqua vite cette femme de trente-huit ans qui joignait à sa beauté le charme d'une conversation agréable et sensible. Il lui fit tout d'abord une cour discrète qu'elle n'encouragea pas. Être aimée du roi la flattait et ne lui déplaisait pas, mais elle ne voulait pas jouer les aventurières, une liaison provisoire n'était pas son ambition et d'ailleurs elle avait tout à redouter de Mme de Montespan si le goût que le roi avait pour elle transpirait. Peu à peu, pourtant, l'amitié du roi grandissant, elle devint plus sensible à ses avances sans cependant céder à ses désirs. Ses manèges et sa pruderie laissaient le roi sur sa faim, mais il n'en prenait que plus de goût pour elle. Elle voulait bien être aimée, mais vertueusement, et cette situation dura plusieurs années. Elle ne devint la maîtresse de Louis que vers 1680 au moment où la faveur de Montespan allait déjà sur son déclin. Alors elle était bien plantée dans le cœur du roi et y poussait de profondes racines qui crûrent sur le terreau de sa dévotion naissante et de ses désirs assouvis.

Pour le moment, Mme Scarron connut un bouleversement qui la fit passer de la clandestinité à la pleine lumière de la cour. Le roi décida en effet au début de 1774 que ses fils s'installeraient à Saint-Germain avec leur gouvernante. Celle-ci se retrouva donc, en position subalterne, dans cette principauté orientale qui abritait l'intrigue et où, bientôt, la rivalité devait mettre aux prises la gouvernante, orgueilleuse mais dépendante, et sa maîtresse que la jalousie mordit au cœur. Les querelles entre les deux femmes furent d'abord d'ordre domestique et elles s'affrontèrent sur l'éducation des enfants. Mais lorsque Mme de Montespan n'eut plus de doute sur les penchants du roi, qui prenait de plus en plus de goût à la compagnie de Mme Scarron, elle ne songea plus qu'à s'en débarrasser. Elle tenta, sans succès, de la marier au vieux duc de Villars-Brancas. Mais le roi veillait et prit des dispositions pour qu'elle pût s'assurer une position indépendante. Une pension de 6 000 livres et un don de 200 000 francs, qui lui permit d'acheter une jolie seigneurie, firent d'elle la marquise de Maintenon. Elle était désormais une femme titrée, à laquelle le roi manifestait les plus grands égards et l'égale, sinon encore la concurrente de Montespan. A ce moment-là, en effet, le plus grand danger pour la favorite ne venait pas de Mme de Maintenon mais de la campagne dévote qui s'organisait contre elle. Au carême de 1675, Bourdaloue fulmina contre les « débauches » du roi et Bossuet sut l'engager à rompre avec sa maîtresse et à faire ses pâques. Une longue pénitence, à laquelle l'influence de Mme de Maintenon n'était pas étrangère, commençait et allait durer près de quinze mois. Mme de Montespan était-elle convertie elle aussi ? Retirée à Clagny elle y surveillait les travaux magnifiques qu'elle y faisait faire, voyait souvent la reine qui, croyant n'avoir plus rien à redouter, la prenait en grande amitié, et semblait docile aux exhortations de Bossuet. Mme de Sévigné, fine mouche, ne se laissait pas prendre à cette onction de vertu. « Il y a des dames, écrit-elle, qui ont été à Clagny. Elles trouvèrent la belle si occupée des ouvrages et des enchantements que l'on fait pour elle que, pour moi, je me représente Didon qui fait bâtie Carthage ; la suite de l'histoire ne se ressemblera pas [1]. » On ne peut mieux dire qu'elle ne connaîtra pas l'abandon et la fin tragique de Didon et qu'elle sera sans doute restaurée bientôt dans toutes ses prérogatives. Cependant, le roi, qui avait rejoint l'armée, écrivait tous les jours à Mme de Montespan et lorsqu'il fut de retour à Saint-Germain en juillet 1676, la faveur de sa maîtresse redevint éclatante, sans que toutefois le roi s'en tînt à une fidélité à toute épreuve.

Louis papillonnait ; Mme de Montespan, encore très belle, s'empâtait et son amant cherchait de la chair fraîche. La princesse de Soubise fut d'abord remarquée et ne se montra pas farouche. Montespan restait la favorite, mais une favorite de représentation ; les désirs du roi allaient ailleurs et l'intéressée, qui ne s'était pas encore résolue à cette fonction passive, n'y trouvait pas son compte. Mme de Sévigné a dit tout cela si joliment qu'on ne doit pas y rajouter un mot. « Tout le monde, écrit-elle, croit que le roi n'a plus d'amour, et que Mme de Montespan est embarrassée entre les conséquences qui suivraient le retour des faveurs et le dan-

1. À Mme de Grignan, 14 juin 1675.

ger de n'en plus faire, crainte qu'on en cherche ailleurs. Outre cela le parti de l'amitié n'est point pris nettement ; tant de beauté encore et tant d'orgueil se réduisent difficilement à la seconde place. Les jalousies sont vives ; mais ont-elles jamais rien empêché ? Il est certain qu'il y a eu des regards, des façons pour la bonne femme [Mme de Soubise], mais quoique tout ce que vous dites soit parfaitement vrai, elle est une autre, et c'est beaucoup. Bien des gens croient qu'elle est trop bien conseillée pour lever l'étendard d'une telle perfidie, avec si peu d'apparence d'en jouir longtemps. Elle serait précisément en butte à la fureur de Mme de Montespan ; elle ouvrirait le chemin de l'infidélité et ne servirait que comme d'un passage pour aller à d'autres plus jeunes et plus ragoûtantes [1]. » Mme de Soubise céda et fut en effet bien vite remplacée par Mme de Ludres sans que, pour autant, Louis XIV s'abstînt des soubrettes et autres chambrières. Pourtant jamais Montespan ne fut en plus grande faveur. Le roi, toujours épris, l'honorait régulièrement ; en 1677 naquit Mlle de Blois et en juin 1678 le comte de Toulouse. Le règne était alors dans sa période de plus grande splendeur et la favorite, magnifique en ses dépenses et qui pratiquait d'ailleurs un mécénat judicieux, semblait contribuer à sa gloire. Mais la situation était on ne peut plus paradoxale. Mme de Maintenon, dont la vertu semblait impertinente et défiait la calomnie, prenait de plus en plus de force sur le roi ; elle eut un empire, celui du respect et de la dévotion d'abord, et Montespan et ses petites corruptions parurent en regard anachroniques. Elle restait en place mais désormais le roi chercha ailleurs ses plaisirs. Maintenon résistait encore, Fontanges se laissa séduire. Cette nouvelle rivale de Montespan était pour la favorite un danger dont elle s'affola. Mlle de Fontanges, d'une singulière beauté, dans toute la fraîcheur et l'agrément de

1. À Mme de Grignan, 30 septembre 1676.

ses dix-huit printemps, allait-elle supplanter l'altière maîtresse, qui vécut désormais dans les alarmes ?

En 1679 le roi installa la petite Fontanges dans un appartement contigu au sien et, selon son habitude quand il prenait galamment congé d'une maîtresse dont il était las, éleva Montespan au poste prestigieux de chef du conseil de la reine. La répudiation, pour être symbolique, n'en était pas moins claire. On put croire un moment que Fontanges allait régner sans partage sur le cœur de Louis. Mais la pauvrette était un peu niaise, sans esprit, et de plus elle tomba malade ; signe certain de sa défaveur, le roi la fit duchesse. Elle ne jouit pas longtemps de son tabouret ; son mal s'aggrava, et elle se retira à Port-Royal pour y mourir le 28 juin 1680. La mort de cette jeune fille, presque une enfant, parut suspecte et Mme de Montespan fut soupçonnée de l'avoir empoisonnée pour se débarrasser d'une rivale. Sans reprendre les pièces d'un dossier maintes fois ouvert [1], quelques mots suffiront pour évoquer cette étrange affaire qui – quelle que soit par ailleurs la culpabilité de Montespan, bien improbable – éclaire d'un jour à la fois baroque et sordide ce grand siècle que l'on croit si raisonnable, et cette cour de Louis XIV livrée à des désordres d'esprit et à des ensorcellements que l'on imagine cantonnés aux sphères les plus crédules ou les plus démoniaques d'un peuple analphabète pataugeant dans les ténèbres et les fanges nauséabondes des avorteuses, des magiciens et des pratiques sataniques.

Le scandale qui éclata en 1679, peu après l'exécution de l'empoisonneuse marquise de Brinvilliers, et qui mit au jour d'obscurs complots assaisonnés de messes noires et de sacrifices d'enfants, révéla les liens qui existaient entre des gens de la cour, parmi les plus

1. Tout récemment encore par J.-C. Petitfils, *Madame de Montespan*, Fayard 1989.

hauts placés, Mme de Montespan elle-même, et les sorcières faiseuses d'anges, marchandes de philtres d'amour et de poisons, comme la Voisin; des prêtres adonnés aux pratiques infernales comme l'abbé Guibourg qui célébrait des messes noires. Les charlatans arrêtés firent des révélations qui compromirent leurs clients. La comtesse de Soissons, la vicomtesse de Polignac, la comtesse du Roure furent dénoncées par les détenus : elles auraient cherché à se débarrasser de Mlle de La Vallière par magie et poison et tenté par les mêmes subterfuges d'entrer dans les bonnes grâces du roi. Mis également en cause, le maréchal de Luxembourg fut arrêté au début de 1680; de nombreux suspects réussirent à s'enfuir. Mais il y eut plus grave : la femme de César fut soupçonnée; Montespan fut désignée par les accusés comme l'instigatrice d'un horrible crime dirigé contre le roi et Mlle de Fontanges. Les déclarations de la Voisin, de sa fille et de leurs coaccusés révélèrent un complot contre la vie de Fontanges et du roi lui-même, que Mme de Montespan aurait commandité. Fable bien peu vraisemblable, la favorite n'ayant rien à gagner à la mort du roi; elle était au contraire assez calculatrice pour mesurer, quelle que fût par ailleurs l'ampleur de son dépit, les risques que lui aurait fait courir une entreprise aussi folle. Ce qui en revanche semble avéré, ce sont les relations clandestines de Mme de Montespan avec la Voisin qui l'approvisionnait en philtres et poudres d'amour, et sans doute aussi avec l'abbé Guibourg, l'officiant des messes noires auxquelles la marquise eut recours pour s'assurer la fidélité du roi. La suivante de Mme de Montespan, Mlle des Œillets, sa belle-sœur Mme de Vivonne, d'autres femmes de son entourage comme la comtesse d'Argenton, furent également impliquées dans ces cérémonies magiques. Le dernier biographe de Montespan, J.-C. Petitfils, après une analyse consciencieuse des pièces du dossier, innocente son héroïne de la tentative d'empoisonnement qu'il rejette sur Mlle des Œillets; celle-ci, qui avait connu un instant de faveur auprès de Louis XIV, dépitée que le roi refusât de reconnaître le fils qu'il lui avait donné, aurait fourni à sa maîtresse du poison au lieu du philtre d'amour qu'elle attendait. Il est bien difficile de trancher dans cette affaire à la fois sordide et obscure qui révèle au moins les extravagantes superstitions qui peuplaient l'esprit et la piété de Mme de Montespan; faut-il exclure, faute de preuves décisives, le recours de la favorite à des pratiques criminelles? A-t-elle ou n'a-t-elle pas fait célébrer par Guibourg des messes à l'envers avec sacrifice rituel d'enfant? Louis XIV, en tout cas, lorsqu'il fut informé des dessous d'une affaire qui risquait de compromettre ce qui le touchait au plus près, s'affola et fit cesser les interrogatoires. Le lieutenant général de police, La Reynie, convaincu de la culpabilité de Mme de Montespan, ne le rassurait pas. Colbert, dont la fille avait épousé le neveu de la favorite, prit sa défense et, avec le secours d'un habile avocat, tenta de démontrer que toutes les accusations étaient une machine montée par les charlatans pour sauver leur vie en compromettant la maîtresse du roi. Qu'il fût convaincu ou non, le roi ne pouvait prendre le risque d'un si grand scandale; il fit retirer du dossier toutes les pièces qui mettaient en cause Montespan. Il ne se débarrassa pas d'elle et continua de la couvrir de sa faveur.

Mais déjà, en cette année 1680, elle n'était plus favorite que pour la montre; elle était encore revêtue de l'office mais n'en exerçait plus que les charges mondaines. La situation qu'elle avait connue au début de son règne avec La Vallière se reproduisait, inversée, avec Maintenon qu'on surnommait à présent Mme de Maintenant. À cette dernière le roi réservait ses ardeurs; bien qu'elle eût quarante-cinq ans et ne fût plus tout à fait de la première fraîcheur, elle restait belle, majestueuse, insinuante. Elle sentit qu'il n'était plus temps de jouer les prudes et succomba aux charmes de son roi. La triade féminine était reconstituée avec les arcanes de sa subtile hiérarchie : la reine de droit, Marie-Thérèse, la complaisante épouse, obscure, vouée à la piété et à la résignation; la favorite en titre, Montespan, étoile du spectacle dont le rôle s'achève après la représentation; la femme vraie, Maintenon, à la fois repos du guerrier et âme sœur. Cette belle ordonnance trinitaire pour sacrilège qu'elle apparût, avait derrière elle une tradition – La Vallière, Fontanges – qui la rendait vénérable. En outre, cette trinité, loin d'être scandaleuse, symbolisait l'incarnation, par le truchement de la femme, d'une triple légitimité, légitimité du corps mystique du roi, par la reine, instrument de l'éternité monarchique; légitimité de l'image allégorique du souverain, par la favorite officielle, témoin du dédoublement de la personne royale et de sa double nature christique, homme et dieu à la fois; légitimité du sentiment et du sexe, par la dame du moment, de l'être trivial et périssable, contingent et borné, auquel est reconnu le droit d'échapper au symbole et de revêtir par instant son humanité. Admirable construction qui justifie jusqu'en ses égarements l'emblématique royale. Ce n'est pas un hasard si Louis XIV, grand artiste ou poète métaphorique, fut le créateur inspiré de cette architecture sentimentale combinant dans une cosmogonie audacieuse carte du Tendre et carte du Ciel.

Le monument touchait au sublime : la pieuse perversité de la morale et de la dévotion, insouciantes de l'art et de son ingénieuse complexité, et le manège rusé d'une femme supérieure détruisirent l'édifice que le génie du mystère royal avait élevé. Le scénario est si inattendu qu'il apparaît surréaliste. La mort de la reine, qui égratigna à peine la conscience du roi; l'indifférence croissante envers Montespan; la condescendance érotico-dévotionnelle pour une femme blette dont l'onction a convergé avec la vertueuse prédication des confesseurs, aboutirent au mariage avec la veuve du poète grotesque et à l'exaltation vertueuse ou sénile d'un ménage résolument monogamique confit en dévotion sèche et parfois barbare qui transforma l'inépuisable fin d'un règne, commencé dans l'éclat d'une anarchique et féconde luxuriance d'ambitions et de désirs dionysiaques, en agonie sinistre que l'égoïsme d'une religion factice et la superstition infantile du salut éternel par la comptabilité des âmes orthodoxes égarèrent sur le chemin dément de la violence, de l'intolérance et de la persécution.

Six mois à peine séparent la mort de la reine (juillet 1783) du mariage morganatique et secret du roi avec Mme de Maintenon; celui-ci précède de peu la plongée du couple dans la dévotion. Quant à Mme de Montespan, demeurée favorite officielle, elle l'avait précédé dans la voie du salut mais sa chute avait été marquée et sa vraie place désignée par sa migration à l'intérieur de la géographie versaillaise : tandis que Maintenon s'installait à proximité du roi, elle dut quitter son bel appartement du premier étage pour un plus petit au rez-de-chaussée. Quand en 1691 elle se retira de la cour, elle n'était déjà plus depuis longtemps qu'un vestige d'un passé révolu. Mme de Maintenon et la piété furent désormais les seules maîtresses du roi. Tant qu'il avait eu des favorites, il les avait maintenues dans une position éclatante mais il n'avait jamais permis qu'elles intervinssent en politique. Dans ce domaine leur rôle avait été nul et Louis XIV était resté fidèle à la déclaration faite à ses ministres en 1664 : « Je suis jeune, leur avait-il dit, et les femmes ont ordinairement bien du pouvoir sur ceux de mon âge. Je vous ordonne à tous que, si vous remarquez qu'une femme, quelle qu'elle puisse être, prenne empire sur moi et me gouverne, vous ayez à m'en avertir. Je ne veux que vingt-quatre heures pour m'en débarrasser. » Mme de Maintenon, officiellement simple dame de la cour, mais discrètement traitée en reine, allait-elle perpétuer cette tradition d'insignifiance ? Femme de pénétration, circonspecte et raisonnable, elle était bien trop habile pour dicter sa conduite à Louis XIV qui ne l'aurait pas toléré. Mais il l'admit aux réunions des ministres, l'informa des affaires et prit ses avis. « Qu'en pense Votre Solidité ? » demandait-il, et elle répondait avec brièveté et modestie. La fonction de la favorite, avec elle, s'étendait encore, devenait politique ; le droit au conseil entrait dans ses attributions, élargissant les prérogatives d'un statut qu'au siècle suivant Mme de Pompadour, avec plus d'éclat encore, devait élever au niveau d'un ministère. Mais le roi resta toujours le roi qui décidait seul et s'il fit des fautes, et il en fit, Mme de Maintenon n'en fut pas responsable ; elle n'eut pas non plus le goût ou la volonté de les empêcher. Après la mort de Louis XIV (1715), retirée à Saint-Cyr, elle s'entoura d'une étiquette équivoque de reine douairière, fidèle au rêve de grandeur et de dignité qui avait dirigé toute sa vie et pour lequel elle avait accepté les humiliations et les situations ambiguës. Elle se retira à Saint-Cyr comme, quelques années plus tôt, La Vallière s'était réfugiée chez les Carmélites : ce ne fut pas, comme cette dernière, pour y faire pénitence, mais pour régner, telle une reine en exil sur une petite principauté, sur le royaume des demoiselles et les gouverner. En dépit de ses protestations de retraite et de refus du monde, elle y tint une cour, sans doute réduite, mais où elle fut souveraine, entourée de la vénération de ses anciens amis, visitée par les plus grands personnages. Le Régent vint la voir pour l'assurer de son dévouement, et le tsar en visite en France se rendit, sans doute avec curiosité, auprès de cette femme fameuse qui – réflexe de reine ou de courtisane ? – le reçut au lit. Elle observa jusqu'à la fin la dignité modeste dont elle avait revêtu le masque avant même de devenir morganatiquement la femme du roi. Elle mourut à quatre-vingt-trois ans en 1719; elle eut le temps de voir la chute du duc du Maine, le bâtard de Montespan, et l'élève chéri qu'elle aimait comme son propre fils. Cas unique dans les annales matrimoniales du royaume, cette veuve de bouffon était devenue la femme légitime du roi, après avoir servi de nourrice aux enfants de la favorite et assouvi dans la clandestinité les appétits vagabonds de son maître. Seule, entre toutes, elle avait su régulariser une situation dont ni sa vanité ni son ambition n'avaient voulu se satisfaire. La vertu a des exigences...

CHAPITRE VIII

LES ARTIFICES DE LA SÉDUCTION

Le roi n'éprouve pas généralement de grandes difficultés à se procurer les femmes qu'il convoite. Les vertus rebelles sont rares, et la plupart se jettent à la tête du monarque avec la liberté qu'autorisent le protocole, la tradition et plus encore le caractère magique de la royauté. Le prince provoque le désir parce qu'il est homme et parce qu'il est un substitut du divin. La beauté du roi n'est pas toujours d'une grande évidence et l'on n'est pas obligé de croire à l'affirmation, répétée par tous les contemporains, que Louis XIV était le plus bel homme de son royaume. Mais la distance qui le séparait de ses sujets, le mystère de sa nature, l'allégorie qui habitait son corps, exerçaient une fascination à laquelle les femmes cédaient comme à une force impérieuse, à un rayonnement auquel on ne pouvait se soustraire. De loin le roi jouissait d'un prestige qui provoquait l'amour, un peu comme aujourd'hui les stars sublimées par les feux de la rampe ou le truchement de l'écran, et de près il inspirait d'étranges faiblesses auxquelles les femmes cédaient avec ravissement. L'amour du roi était une grâce, et l'amour pour le roi une sorte d'extase qui ressortissait autant au mysticisme qu'à l'érotisme. Coucher avec le roi était un acte de piété païenne que seule l'Église condamnait parce qu'il entraînait l'adultère. De toute la litanie des maîtresses royales il n'en est guère qu'une seule, La Vallière, sublime pécheresse, qui s'accusât sincèrement de son irrésistible penchant. Ce fut celle aussi qui aima avec le plus d'abandon et le plus grand désintéressement.

En général, en effet, il entre dans cet amour pour le roi, qui n'est jamais tout à fait feint, des calculs plus ou moins sordides qui le ramènent un peu au niveau des trivialités communes. L'ambition, l'argent, le désir de paraître et de dominer justifient bien des entorses à la morale et la vénalité entre pour une bonne part dans la course à la couche royale. La compétition est souvent rude et les femmes qui prétendent au rôle de sultane se livrent une guerre sans merci, où tous les coups sont permis ; l'intrigue va bon train et l'arsenal des armes est presque inépuisable. Dans le jeu de la séduction les femmes usent de tous leurs atouts : leur beauté, leur esprit, les artifices de la mode, l'entregent des confidents du roi, de leurs protecteurs et de leurs amis. Pour arriver à ses fins une femme doit plaire ; elle doit aussi fréquemment, dans une cour où les influences se contrarient, disposer d'une cabale décidée à l'imposer. Elle doit aussi correspondre à un certain archétype de la femme idéale, par définition changeante avec le temps : la femme désirable du XVIe siècle n'est pas tout à fait la même que celle du règne de Louis XV et l'éternel féminin se renouvelle sans cesse. La favorite royale, qui lance les modes, attire les regards, que les femmes jalousent et imitent, est une sorte de modèle qui doit réaliser au mieux les exigences de son époque. Sa beauté, son esprit, son art de plaire sont jugés à l'aune des critères du temps, et l'image que l'art et la littérature donnent de la femme doit beaucoup à celles qui étaient un objet de curiosité et une source d'inspiration poétique ; un sujet aussi d'idéalisation qui pouvait parfois s'écarter avec beaucoup de licence de la réalité.

Au XVIe siècle, pour être aimée, une femme doit réjouir la vue et l'esprit. Elle doit être bien parée, joliment habillée et parfumée, car le plus grand plaisir est d'abord de la contempler puis de la déshabiller. « Aussi, quand l'on songe que l'on brave, l'on foule, presse et gourmande, abat et porte par terre les draps d'or, les toilles d'argent, les clinquants, les estoffes de soye, avec les perles et pierreries, l'ardeur, le contentement s'en augmentent bien davantage et certes plus qu'en une bergère ou autre femme de pareille qualité, quelque belle qu'elle soit. » Mais l'artifice et le fard ne sont pas tout et le naturel a aussi son charme « comme un grand prince que je sçay [le futur Henri III] lequel pourtant faisait coucher ses courtisanes et dames dans des draps de taffetas noir bien tendus, toutes nues, afin que leur blancheur et délicatesse de chair parust bien mieux parmy ce noir et donnast plus d'éclat ». La femme doit être bien en chair et autant que possible de belle taille, car grandes et petites peuvent être également belles, mais les grandes tailles passent tout, et les morceaux les plus charnus sont aussi les plus friands. Le ventre doit être « beau et poli et le sein aussi follet, comme si elles étaient encore filles ». Les beautés les plus troublantes doivent être à l'avenant et Henri III, grand connaisseur, avait craché sur le corps de la duchesse de Montpensier parce qu'il l'avait trouvée « difforme sous le linge [1] ». Les visages blancs sont les plus appréciés, mais les brunettes ne sont pas à dédaigner. Elles doivent avoir encore, de toute nécessité, un babil agréable et si belles soient-elles, on ne saurait aimer les femmes « sans âme, sans esprit et sans parole ». En effet, le galant « trouve si bon et si appétissant quand sa dame l'entretient de propos lascifs et mots folastrement

1. Henri III, contrairement à la légende, aimait les femmes. On ne doit pas se laisser abuser par le terme de « mignons », alors d'usage courant, ni par les médisances répandues par ses ennemis, protestants ou ligueurs. Voir, sur ce sujet, Jacqueline Boucher, *La Cour d'Henri III*, Ouest-France, 1986.

prononcés, que, quand Vénus serait la plus endormie du monde, soudain elle est esveillée [1]. »

Les propos d'alcôve ne sont pourtant pas les seuls que doive tenir une maîtresse royale; elle doit, pour plaire au roi, tourner avec grâce, comme il le fait lui-même, l'épitre, le rondeau, le dizain, l'épigramme. La duchesse d'Étampes comme Françoise de Châteaubriant s'y essayaient avec un certain bonheur, témoin cet échange *Sur le Carême*, où la réponse vaut bien la rhétorique du fin lettré qu'était François Ier :

FRANÇOIS À FRANÇOISE DE CHÂTEAUBRIANT

En ce sainct temps qui est de dévocion,
Et que l'Église ne faict point mention
Si n'est chanter qu'ayons grand repantence;
Il est bien temps qu'à ceste heure m'avance
De te dire la myenne intention :

C'est que n'ayes si grand contrition
Que tu perdes de moy l'affection,
En me mettant du tout en oubliance
En ce sainct temps.

Mais au contraire, en rétribution
De mon servir, dissimulation
Ne penseras et n'auras deffiance
Cela sera sain pour ta conscience
Plus que de dire une longue oraison
En ce sainct temps.

RÉPONSE DE FRANÇOISE DE CHÂTEAUBRIANT

Pourtant qu'on doive tout mettre en oubliance
Et servir Dieu sans autre convenance,
N'a point changé de moy l'intention;
Car j'ay à toi si ferme affection

1. Sur tout ceci, Brantôme, *Les Dames galantes*, deuxième discours.

Qu'impossible est que jan fasse nuance.
C'est à bon droit car la mienne espérance
J'ay mis en toi et toute ma fiance;
Ne la miectz hors de ta subjection
Pour tant.

Et ne te plaise de mettre à nonchallance
Celle qui veult en toute obéissance
Très humble t'estre. C'est ma dévotion.
Je n'en auray jamais contrition
N'y volonté d'en faire séparance
Pour tant[1].

Le XVIe siècle avait le goût robuste, gaillard, épicé. Le siècle suivant se voulut modeste et précieux. Les sentiments se firent plus délicats, les femmes plus pudiques; on parla moins de leur corps et davantage de leur âme dont la beauté ne fut que le reflet. La femme idéale eut de beaux traits, un teint délicat, un air de noblesse et de tranquillité qui traduisait sur sa physionomie sa victoire sur les passions vulgaires. Chez elle nulle dérèglement désordonné, mais de l'esprit, de la générosité, de la constance, une intelligence soigneusement cultivée et de la modestie; elle est capable d'être savante et à l'occasion architecte, le tout avec compétence et une grande élégance[2]. Les maîtresses de Louis XIV, même les plus éloignées de ce modèle, l'arrogante et violente Montespan comme l'ambitieuse Maintenon, essayèrent de s'en rapprocher et les contemporains relèvent volontiers l'air tendre et réfléchi de La Vallière, son égalité d'humeur, la délicatesse de ses sentiments, le combat permanent livré par sa

1. Bibliothèque nationale, manuscrit français 2372, cité dans *Les Amours des rois de France racontés par leurs contemporains*, Paris, Montaigne, 1929.
2. Voir le portrait de la femme idéale dans *Le Grand Cyrus* de Madelaine de Scudéry : il s'agit, sous le nom de Cléomine, de Mme de Rambouillet.

pudeur à son irrésistible inclination [1], l'esprit vif, brillant, éclairé de Montespan – mais aussi, il est vrai, son caractère artificieux –, la sagesse et la sérénité de Maintenon dont Mme de Sévigné souligne l'influence bénéfique qu'elle avait sur le roi, l'écartant des désordres qui avaient traversé sa jeunesse et l'accoutumant à un type de relation d'où tout orage était exclu : « Elle lui fait connaître un pays nouveau qui lui était inconnu, qui est le commerce de l'amitié et de la conversation sans contrainte et sans chicane [2]. » Le plaisir de l'honnête homme, ses appétits assouvis, n'est-il pas précisément dans ces échanges que le bon ton, la liberté et la délicatesse autorisent ?

Cette noblesse, cette mesure, ce tact tant prisés s'évanouissent sous Louis XV au profit d'une autre figure de femme, toute de grâce, de légèreté, d'abandon, avec un brin de mignardise, un visage gentiment chiffonné, une gracilité de poupée – les portraits de Mme de Pompadour évoquent des porcelaines de Saxe – des vapeurs, un raffinement qui sent le grand art, le tout avec une spontanéité qui touche au simple, au naturel, relevé par une certaine gravité du regard, ce miroir de la réflexion ; une bouche petite et expressive, un nez mignon, enfin une expression de vie, d'ironie, une palpitation de la chair où passent le caprice, la coquetterie, le désir. Sur ce visage de femme, sur ce corps gracile, le temps passe vite et y multiplie les expressions, les sentiments ; et l'on y lit le désir de jouir des mille impressions de la vie, de profiter du bonheur et de la jeunesse qui s'enfuient, de piquer la curiosité et tout cela avec la profondeur de celles pour qui plaire est un art qui n'exclut ni la réflexion ni l'esprit. La femme de Boucher, au corps délicat, svelte et satiné, à

1. Voir en particulier Ezéchiel Spanheim, *Relation de la cour de France*, Mercure de France, 1973.
2. À Mme de Grignan, 17 juillet 1680.

la chair rosée, au nez mutin, à la bouche d'un rouge éclatant, semble contempler, de son regard à la fois câlin et moqueur, un monde fait pour son plaisir, pour la satisfaction de ses sens et de son intelligence rieuse.

Sous les variations de la mode qui, d'un siècle à l'autre, dessinent une femme toujours nouvelle, le désir de plaire et la volonté de posséder forment un trait continu, et plaire au roi est le leitmotiv des ambitieuses; posséder les plus jolies femmes la tentation éternelle du roi. Le fantasme du prince charmant qui habite la femme trouve dans le roi une hypostase naturelle, l'assimilation est quasi instantanée au prix parfois d'une distorsion qui puise sa justification dans le fantasme même. Henri IV, vieillissant, à la forte odeur de charogne, dont le nez rejoignait le menton, n'avait rien d'un sémillant jeune homme. Mais ses maîtresses voyaient en lui la séduction et le pouvoir d'émerveillement du mythe. L'amour pouvait être feint, la fascination était bien réelle; c'était comme un éblouissement auquel les femmes se prenaient comme des papillons à la lumière. L'intérêt, la vénalité, l'ambition ne peuvent donc, même dans les cas extrêmes, être invoquées exclusivement et D'Argenson, stigmatisant, à l'occasion de Mme de Châteauroux, les femmes qui se donnent sans amour, néglige à tort cette force d'envoûtement qui hypnotisait sans provoquer nécessairement l'émotion et le sentiment. « Pour expliquer ces contradictions, écrit-il, il faudrait démêler les passions qui y président et considérer toutes les causes vicieuses qui triomphent de l'honnêteté des devoirs et même de la nature. De la beauté, de la naissance, le manque de biens dans une cour somptueuse, quelques objets de vengeance, des amis et des créatures à avancer, voilà les passions qui métamorphosent une femme bien née en courtisane. Cette qualification est due à toutes celles qui se livrent par intérêt [1]. » Tout cela est bien vu, mais il y manque une motivation qui efface en partie la trivialité des autres; se prostituer au roi n'entraîne pas le déshonneur et celles qui s'y livrent ont aussi le sentiment de participer à un mystère, à un accouplement sacré qui les garantit contre l'opprobre et les dispense des préjugés communs.

Dans ces conditions, on ne s'étonnera pas que les femmes que le roi distinguait se soient aisément laissé séduire, et qu'elles aient elles-mêmes forcé le destin en déployant toutes les ressources, tous les artifices, toutes les agaceries dont elles étaient capables pour provoquer le désir du roi et le plier à leur caprice. Séduire le héros couronné est une tâche complexe et parfois malaisée; mais quand on appartient à la cour, qu'on est connue du roi, qu'on peut aisément en être vue, on a déjà franchi un grand pas. Cependant il ne suffit pas de plaire, il faut encore renverser les nombreux obstacles qu'opposent une favorite déjà en place, les coteries concurrentes qui travaillent dans l'ombre à écarter l'une, à avancer l'autre; il faut souvent, avant de séduire le roi, convaincre les confidents, circonvenir les pourvoyeurs, bref mener un siège en règle. Le plus souvent le rôle du roi est passif; la femme et ceux, courtisans ou ministres, qui ont décidé de l'imposer dirigent l'assaut. On ne doit pas en effet supposer chez le souverain une attitude donjuanesque, exception faite peut-être d'Henri IV chez qui se remarque un comportement de collectionneur de conquêtes. Le roi, généralement, n'attaque pas, mais se laisse séduire, pas plus qu'il ne rompt brutalement mais attend qu'un nouvel attachement distende progressivement des liens antérieurs ou que les circonstances, la mort par exemple, mettent fin à sa liaison. Le plus souvent l'inversion des rôles est

1. *Mémoires*, éd. d'Argenson, 1858.

totale, le roi est une proie et la femme mène entièrement le jeu de la séduction.

L'arme la plus efficace dont dispose la femme, c'est d'abord sa beauté et l'on ne peut guère douter que toutes les favorites furent dans leur siècle dotées des perfections qui devaient presque obligatoirement attirer l'attention du roi – jeunesse, air de modestie, des cheveux blonds, des yeux bleus, un regard touchant, de la fraîcheur, une belle taille, un visage attachant –; Agnès Sorel, Gabrielle d'Estrées ou Louise de La Vallière, il n'en faut pas plus pour que le désir du roi s'enflamme et si la jeune fille est déjà amoureuse et laisse filtrer dans son regard cette admiration dont les hommes sont friands, la partie est déjà gagnée et La Vallière, qui aimait Louis XIV avant même qu'il s'occupât d'elle, n'eut besoin d'aucun autre artifice pour que le roi s'abandonnât à la même passion. Quand le cœur du roi est libre, que le sentiment répond au sentiment, le désir au désir, le passage à l'acte devient une simple formalité et la jeune femme n'a plus qu'à attendre la volonté du roi, qu'il fasse publiquement éclater son amour et la déclare officiellement favorite. Souvent pourtant, les obstacles s'amoncellent; devenir la maîtresse du roi exige de livrer bataille. Il faut vaincre parfois les réticences ou la timidité du roi et forcer sa nature. Louis XV n'aimait pas qu'une femme se jetât à sa tête. Il faut aussi, souvent, évincer une concurrente, vaincre un attachement antérieur, prendre la place d'une favorite déjà sur ses gardes et peu disposée à laisser le champ libre aux intrigues de son adversaire. Il faut se livrer alors à de grandes manœuvres et faire donner non seulement toutes les réserves de la coquetterie mais se conduire avec prudence, feindre l'amitié pour celle qu'on veut tromper, tout en provoquant, insensiblement et sans éveiller les soupçons, le désir du roi. Montespan, qui élimina ainsi La Vallière; Maintenon qui à son tour évinça Montespan, étaient passées maîtres dans ces manèges et roueries de courtisanes de bon ton.

Une fois éveillé le désir du roi, on doit faire preuve d'une habileté plus grande encore, affecter des scrupules, s'assurer que la passion sera durable, car il s'agit non pas de satisfaire un moment le caprice du souverain, mais de s'assurer d'une position, de grands biens et de grands honneurs. Car il faut à ces ambitieuses, que ne guide pas l'amour mais l'intérêt, des garanties, un contrat en bonne et due forme qui leur assure des avantages concrets; et quand le désir du roi est bien affirmé, il se résout ordinairement à passer par leurs conditions. On se souvient d'Henriette d'Entragues marchandant comme une vulgaire fille vénale le prix de sa reddition, et obtenant même en plus d'écus sonnants une promesse de mariage d'Henri IV.

Mme de La Tournelle, qui allait devenir duchesse de Châteauroux, joua à Louis XV une comédie diabolique qui lui valut une victoire complète. La Tournelle appartenait à une famille qui avait déjà prouvé son dévouement au roi; deux de ses sœurs en effet, Mme de Mailly et Mme de Vintimille, avaient été les maîtresses de Louis XV et Mailly l'était encore quand sa sœur se mit sur les rangs. Cette fidélité du roi a un même sang provoquait bien des moqueries, et la succession des trois sœurs dans son lit faisait fleurir les satires sous les pas de ces muses qui se partageaient Louis XV comme une propriété de famille, témoin ce couplet, dû peut-être au cynique Maurepas, qui prévoit que la série n'est pas complète et que le relais passera bientôt à la petite dernière :

L'une est presque en oubli [1], *l'autre presque en poussière* [2],
La troisième est en pied; la quatrième attend
Pour faire place à la dernière.
Choisir une famille entière,
Est-ce être infidèle ou constant?

La Tournelle était ambitieuse, pauvre, et n'éprouvait aucun amour pour Louis XV. Mais elle avait, avec l'aide de son ami le duc de Richelieu, jeté son dévolu sur lui comme un sûr moyen d'assurer sa fortune. Sa sœur, Mailly, était déjà en place mais le roi commençait à s'en lasser et la remplacer, le goût du roi pour ses habitudes et ses réticences envers les visages inconnus aidant, ne devait pas être très difficile. Femme artificieuse, et d'ailleurs sujette aux caprices et à la colère, Mme de La Tournelle mena son jeu en grand politique. Il s'agissait d'aiguiser le désir du roi jusqu'à la fureur et, après l'avoir bien agacé et porté au point d'incandescence qu'elle désirait, lui refuser toute satisfaction et le laisser gratter à sa porte toute la nuit sans lui ouvrir. Le calcul n'était pas hasardeux et, bien qu'il inquiétât le duc de Richelieu qui redoutait la lassitude du roi, La Tournelle était sûre de son fait et expliquait sans scrupule que sa stratégie ne pouvait pas manquer. « Je ne suis point étonnée, mon cher oncle [Richelieu], de votre colère, car je m'y attendais; je ne la trouve pourtant point trop raisonnable, je ne vois pas où est la sottise que j'ai faite en refusant honnêtement la petite visite. Tout ce qui pourrait m'en faire repentir, c'est que cela augmentera l'envie qu'il en a. Voilà tout ce que je crains. » Son stratagème réussit; sa sœur fut renvoyée, et son triomphe fut total. Lorsqu'elle se rendit, elle remporta une grande victoire, qui fut la sienne propre mais aussi celle de tout un clan. Richelieu ne

1. Mailly.
2. Vintimille, morte en 1740.

s'y trompa pas et il suffit de l'écouter pour comprendre tous les espoirs que la nouvelle favorite portait avec elle pour son succès personnel et celui de ses amis, de ses proches, de ses parents : « En tout cela, il faut le dire, Mme de La Tournelle n'était pas moins inspirée que servie par ses amis, en tête desquels j'étais, et qui, décidés à profiter de sa fortune pour la leur, n'étaient pas moins soigneux qu'elle de balayer, sur cette voie triomphante, jonchée de feuilles mortes, le moindre obstacle de nature à embarrasser ses pas. Mme de La Tournelle n'était pas seulement une femme, c'était un parti et elle marchait au premier rendez-vous accompagnée d'un groupe de clients, pour lesquels le signal de l'amour était celui du crédit [1]. »

Séduire le roi est une entreprise collective et une femme seule, sans appuis à la cour, sans une armée de fidèles, d'auxiliaires intéressés à sa réussite, n'y parviendrait pas. Le garder longtemps, conserver sa faveur, entretenir chez lui le désir et l'amour exigent d'autres stratégies, plus complexes, de l'imagination, du dévouement, de l'habileté et le recours aux artifices divers qui, en entretenant la beauté, en la renouvelant, en suscitant la surprise et l'admiration de l'amant, excitent sans cesse sa curiosité, sa satisfaction et lui donnent chaque jour l'image d'une femme nouvelle, des jouissances inédites, des distractions qui lui permettent de s'évader du quotidien, des soucis de l'État, de la lassitude et de l'ennui.

Il s'agit en effet de faire carrière, de s'installer, de passer du statut d'amante d'un jour à celui de favorite, et cette promotion exige une investiture. La présentation officielle à la reine, aux princes, à la cour, ne suffit pas à assurer la stabilité. Il faut, de toute nécessité, que la favorite soit agréée, admise et même soutenue par la reine, ou du moins elle doit bénéficier de sa bienveil-

1. Richelieu, *Mémoires*, éd. de Lescure 1869; première partie, p. 97.

lante neutralité. Elle seule, en effet, peut lui apporter la légitimation dont elle a besoin pour se maintenir, parce qu'elle est la femme légitime et que son hostilité, ou son refus de partager, entraînerait une brouille entre les époux, un conflit ouvert, inacceptable, dont la favorite serait tôt ou tard la victime. La reine sait bien qu'elle n'a aucun intérêt à s'opposer ouvertement à la maîtresse en titre qui peut, au moins momentanément, lui nuire et qui, de toute façon, vaut peut-être mieux que celle qui suivrait. La favorite, de son côté, a besoin des bonnes grâces de la reine, à la fois pour régulariser sa liaison et pour éviter que le roi, las des récriminations et des reproches de sa femme, ne décide de sacrifier sa passion à la paix de son ménage. Ainsi s'établit une complicité entre les deux femmes dont elles bénéficient l'une et l'autre, un contrat tacite où l'une s'engage à ne pas nuire à l'autre qui, de son côté, use de son influence sur le roi pour adoucir le sort de la femme dédaignée. La jalousie, que la reine ressent parfois avec beaucoup d'amertume et qui assombrissait les jours de la jeune Catherine de Médicis et plus encore de la faible Marie-Thérèse, s'estompait souvent devant cet échange de services qui valait à la reine des adoucissements et parfois des plaisirs inattendus, et à la favorite la gratitude de la souveraine.

Si les favorites ont une très haute idée de leur charge et entendent maintenir la totalité de leurs prérogatives sur le roi et sur la cour, elles ont aussi généralement porté jusqu'au scrupule et à la complaisance le sentiment des devoirs qui s'attachaient à leur fonction de conseillère. Paradoxalement, la maîtresse qui rompt l'harmonie du ménage royal tient le rôle de médiateur entre les époux, rôle diplomatique et maternel que jouent d'instinct les femmes déjà mûres comme Diane de Poitiers ou Mme de Maintenon, mais que les plus jeunes remplissent aussi avec beaucoup de bonheur; et il est rare qu'une favorite détourne le roi de sa femme et, telle Henriette d'Entragues, esprit pittoresque et méchant, couvre la reine de railleries. La plupart, au contraire, prennent très à cœur leur fonction de confidente privilégiée du couple, qu'elles considèrent comme une mission justifiant leur position au sein de la famille royale. Leur première tâche, on est presque tenté de dire leur vocation, était de persuader le roi de rendre hommage à la reine et d'accomplir aussi régulièrement que possible son devoir conjugal. Et toutes, en effet, à de rares exceptions près, d'Agnès Sorel à Pompadour, ne ménagent aucun effort pour que leur amant honore régulièrement sa femme non seulement pour en avoir des héritiers mais pour satisfaire ses justes désirs. Cette sollicitude, qui ne se comprendrait pas si la favorite était la rivale de la reine, trouve sa justification dans la complémentarité de la famille polygamique où chaque femme a sa vocation particulière, son capital de faveur, sa fonction spécifique qui excluent les antagonismes parce qu'il n'y a pas de conflit d'attribution mais une distribution des partitions telle qu'aucune ne peut prendre la place de l'autre. Harmonie qui se solde souvent par un échange de gracieusetés. Marie-Thérèse courtise Montespan, et Pompadour multiplie les prévenances à l'égard de la reine, lui envoie des bouquets, suggère au roi d'agréables attentions : renouveler les tapisseries de sa chambre ou payer ses dettes. Ces civilités ne sont pas gratuites et chacune y gagne : la reine d'intermittents retours de flamme, la favorite l'appui de sa souveraine trop heureuse de lui devoir de rares instants de bonheur.

Toutefois ce n'est pas la reine qui décide des sentiments et de l'attachement du roi; la paix de son foyer ne détermine pas l'orientation de ses désirs et la favorite est soumise à un délirant régime de séduction permanente pour écarter le roi des tentations qui le guettent et rester en faveur malgré la satiété de son amant et sa lassitude possible. De maîtresse adorée à femme délaissée, le chemin est souvent court et la favorite le sait bien qui utilise chaque jour tous ses charmes pour plaire, pour raviver la curiosité et le désir de son maître, ayant recours selon son inspiration et son génie, à la gaieté qui éclaire sa beauté et aux larmes qui rendent sa tristesse touchante; telle se montre douce et soumise comme Gabrielle d'Estrées, telle autre au contraire espiègle, provocante, irritante même. Henriette d'Entragues retenait le roi, qui aimait à rire, par ses moqueries, ses persiflages mais aussi, chaque fois qu'il faisait un écart en d'autres jardins, en excitant sa jalousie : elle se laissait ouvertement courtiser, menaçait de tromper Henri IV, le trompait en effet et le roi qui se consumait en devenait plus amoureux et plus jaloux.

Françoise de Châteaubriant, voyant François Ier se laisser prendre aux charmes d'Anne de Pisseleu, bientôt duchesse d'Étampes, qui devait la remplacer dans le lit du roi, use d'une autre arme : la perfidie. Elle est brunette et sa rivale est blonde. L'occasion est trop belle pour ne pas la saisir au vol. Un blonde au teint blanc! Mon cher prince, vous ne savez pas la valeur de ce que vous allez perdre, mais vous connaîtrez bientôt ce qu'il faut penser de la beauté de celle pour qui vous me négligez. Françoise a la plume facile et taquine la muse avec bonheur. Anne de Pisseleu doit être traitée selon son mérite et la favorite ulcérée ne lui passera rien. Elle écrit donc à son amant une épître remplie de fiel qui, si elle ne lui ramène pas le roi, donne au moins satisfaction à ses rancœurs :

Je vous respond que l'acquest est petit,
Car le noir est pour avoir bon crédit
Plus que le blanc qui n'a point de durée.

Blanche coulleur est bientôt effacée,
Blanche coulleur en un an est passée,
Blanche coulleur doibt estre mesprisée,
Blanche coulleur est à sueur subgecte,
Blanche coulleur n'est pas longuement necte.
Mais le tainct noir et la noire coulleur
Est de hault prix et de plus grant valleur,
Comme par vous le pouvez myeulx savoir,
Car vostre tainct me fait apparcevoir
Que le cler-brun est de plus douce sorte
Que n'est le blanc, car blancheur poinct ne porte
N'y entretient l'hyvernalle froidure;
Ce quy est froict est contraire à nature:
Doncques blancheur nous est bien fort contraire[1]...

La jalousie avait mal conseillé Françoise, car le coup manqua. Irrité, le roi hâta sa disgrâce. Quand l'amour s'éteint, il existe bien peu de méthodes efficaces pour ramener un cœur qui se détache, et La Vallière en fit à son tour l'expérience. Cette fille sensible n'avait ni calcul, ni politique, ni ambition; elle se laissa sans défiance supplanter par Montespan et lorsqu'elle s'aperçut qu'elle n'était plus aimée, ne sut que se plaindre avec cette délicatesse et cette patience dont elle avait usé envers Louis XIV tout au long de leur liaison :

Tout se détruit, tout passe, et le cœur le plus tendre
Ne peut d'un même objet se contenter toujours;
Le passé n'a point eu d'éternelles amours,
Et les siècles suivants n'en doivent point attendre.

La Constance a des lois qu'on ne veut point entendre;
Des désirs d'un grand Roi rien n'arrête le cours :

1. Cité dans M. Heim, *François Ier et les femmes*, Paris 1956.

Ce qui plaît aujourd'hui déplaît en peu de jours;
Cette inégalité ne saurait se comprendre.

Tous ces défauts, grand Roi, font tort à vos vertus;
Vous m'aimiez autrefois, mais vous ne m'aimez plus.
Mes sentiments, hélas! diffèrent bien des vôtres.

Amour, à qui je dois et mon mal et mon bien,
Que ne lui donnez-vous un cœur comme le mien,
Ou que n'avez-vous fait le mien comme les autres!

Entêtement ou résignation, rien ne résiste à la volonté du roi et lorsqu'une nouvelle étoile se lève, il faut quitter la place sauf à accepter un partage humiliant; La Vallière y consentit longtemps. Plus altière, moins aimante, Montespan ne toléra que des escapades qui furent, il est vrai nombreuses et, de la princesse de Soubise à la petite Fontanges, elle dut défendre avec bec et ongles sa position privilégiée. Elle avait bien des atouts et en jouait en professionnelle. D'abord, elle avait donné sept enfants au roi, ce qui constituait une garantie, au moins provisoire. Surtout, sa fougue, son esprit, sa beauté qui surpassaient tout ce que l'on voyait à la cour flattaient l'orgueil du roi qui la montrait comme une curiosité; il était fier de sa maîtresse et même quand il lui faisait une infidélité revenait vite vers celle qui flattait le plus sa vanité. Même Fontanges, la plus désirable des créatures, ne put le retenir : elle avait la réputation d'être sotte et Louis XIV en était un peu honteux.

L'essentiel pour qui veut garder le roi n'est pourtant pas toujours la complaisance. Il est plus efficace de ranimer à tout instant sa flamme en le surprenant, en le flattant, en le divertissant par un spectacle permanent, une beauté chaque jour renouvelée, des excentricités qui l'amusent. Le roi comme tout homme veut être fier de sa maîtresse et quand celle-ci sait susciter l'admiration, voire la convoitise de ses sujets, son désir redouble et sa fidélité en est d'autant mieux assurée. Gabrielle d'Estrées savait ménager au roi d'agréables surprises en assurant à la fois le repos du guerrier et la satisfaction de sa vanité. Henri IV est-il, comme il arriva au printemps 1593, alors qu'il assiégeait Dreux, harassé de fatigue, déprimé, las de cette vie de siège rude et sans confort, Gabrielle surgit à l'improviste. Elle a tout prévu pour éblouir le roi. Vêtue d'un costume d'amazone qui lui va à ravir, elle amène avec elle une tente de cuir doré, un lit de camp de drap vert à franges de soie, d'épais tapis et une tenture en tapisserie. Le roi s'y délasse de son austère vie de soldat, y goûte les délices de Capoue, assouvit ses désirs et, ses sens satisfaits, éprouve encore le plaisir de susciter l'envie chez ses officiers et ses soldats. Car Gabrielle suit le roi dans ses chevauchées, inspecte les travaux du siège et visite les logements. Henri peut voir briller dans tous les yeux cette étincelle de désir, si flatteuse pour l'amant, que fait naître sur son passage l'audacieuse cavalière. Il ne suffit pas en effet, pour plaire au roi, de lui fournir à satiété les plaisirs de l'alcôve, bien que les hommes attachent beaucoup de prix à ces choses-là ; et Mme de Pompadour, qui était d'un tempérament frigide, se désolait d'une insuffisance qui risquait de lui faire perdre l'amour de Louis XV. N'osant livrer son secret, même à ses proches, elle eut recours sans doute à quelque charlatan qui lui remit une drogue qui n'eut aucun effet. Elle se confia alors à Quesnay, son médecin, qui lui conseilla un régime sain et de l'exercice. Elle s'en trouva bien, mais ne devint pas pour autant un volcan, et le roi continua à la traiter de « macreuse », sans doute par allusion au séjour arctique de ces canards. Mme de Pompadour sut imaginer, pour compenser cette froideur, des divertissements qui, s'ils n'empêchèrent pas le roi de chercher ailleurs les plaisirs érotiques dont il était friand et qu'elle ne savait satisfaire, lui valurent un long attachement et la fidélité de la reconnaissance et du cœur. D'autres, qui pouvaient mieux qu'elle apporter à leur amant l'apaisement des sens, surent aussi entourer le roi d'une tendre affection, lui organiser une vie de fête et de plaisir. Gabrielle d'Estrées organisait dans sa propriété de Monceaux des bals et des spectacles qui réjouissaient fort Henri IV, et elle avait aménagé une bergerie où cet homme actif et toujours en campagne aimait se délasser. Mais Pompadour plus que tout autre s'attacha à faire de la vie du roi un spectacle permanent, pour qu'il échappât à la tristesse et à l'ennui. Elle s'imposait de le distraire à chaque instant et, comme elle avait tous les dons, la tâche était pénible mais non pas au-dessus de ses forces : elle jouait du clavecin, chantait l'opéra, récitait la comédie, pour lui plaire, pour l'amuser, pour le détourner d'autres aventures. Le théâtre d'amateurs était à la mode : elle en installa à Versailles, à Saint-Cloud, à Choisy, à Bellevue et, sans égard pour la fatigue, se multiplia dans les répétitions et les représentations. Elle ne laissait pas le roi souffler un instant et monopolisait son imagination et son énergie pour des fêtes, des jeux, des voyages, des constructions. Plus que l'instrument des plaisirs du roi, la favorite en devenait alors le grand ordonnateur et comme le metteur en scène de la vie de cour, d'une vie de plus en plus raffinée et ludique.

Mais les femmes savent bien que, pour plaire à un amant, il faut d'abord réjouir ses yeux, lui offrir sans cesse un corps jeune, savoir le parer pour paraître toujours nouvelle et chaque fois plus belle, et le rendre piquant pour exciter le désir. La moins bien dotée excelle dans les artifices qui permettent de cacher la platitude d'un sein, de rehausser l'éclat d'un visage banal, de donner de l'élan à une taille trop épaisse, et les favorites royales, souvent fort bien de leur personne, bénéficiaient en outre des dernières créations de la mode, des meilleurs fournisseurs et beaucoup d'entre elles, non contentes d'être les arbitres de l'élégance, furent d'authentiques créatrices et jouèrent dans cet art tout français de la toilette féminine le rôle que jouent aujourd'hui les grands couturiers.

Agnès Sorel surprit ses contemporains par l'exubérance et l'audace de ses robes, leur richesse et leur variété. Elle lança la mode des seins nus et des traînes d'une longueur excentrique, non sans provoquer la réprobation des observateurs qui déploraient ses grandes dépenses et sa légèreté. « Elle portait, écrit le chroniqueur Georges Châtelain, queues du tiers plus longues qu'oncques princesse de ce royaume, plus hauts atours qu'à demi, robes plus coûteuses et n'étudiant qu'en vanité nuit et jour. » Et Jean Jouvenel de se voiler la face devant ses robes « avec des ouvertures de par-devant par lesquelles on voit les tétons, tettes et seing ». Elle possède des bijoux et pierreries pour une valeur de 20 600 écus d'or [1]. Après elle, les favorites s'imposèrent toutes d'être les femmes les mieux équipées de France, contribuèrent à la diffusion de la mode et souvent l'inspirèrent. Gabrielle d'Estrées fut d'une élégance raffinée jusque dans les détails, portant avec la même grâce des robes de velours ou de satin vert émeraude, couleur qu'elle affectionnait, qu'un costume de satin noir et blanc semé de pierreries ou une robe de satin incarnat; un seul de ses mouchoirs valait vingt écus et les brillants rehaussaient l'éclat de ses cheveux blonds. Parfois la création est le fruit de circonstances exceptionnelles : Montespan, pour dissimuler ses grossesses, adopte la mode des *innocentes*, robes souples, qui connurent aussitôt un immense succès, et Fontanges en 1678 inventa par hasard la coiffure qui porte son nom, un nœud redressant les cheveux du

1. V.R. Philippe, *Agnès Sorel*, Paris 1983; F. Boucher, *Histoire du costume en Occident*, Paris 1965.

dessus de la tête, susceptible de multiples adaptations et qui eut, en conséquence, une longue postérité. Avant que Marie-Antoinette – seule reine de la cour, en l'absence de favorite – ne reprit un rôle qui jusqu'alors échappait à la femme du roi, ne lançât à son tour la mode (les coiffures en particulier, mais aussi la robe *en chemise*), et tombât pour les mêmes raisons dans le discrédit qui frappait les créatures du roi en raison de leurs dépenses et de leur luxe, Pompadour, l'élégance et le goût personnifiés, créa véritablement une mode qui devait presque tout à son inspiration. Elle imagina elle-même des modèles de rubans et de déshabillés, et c'est son goût pour les chinoiseries qui inspira les dessinateurs de tissus. Elle lança la mode orientale, se fit représenter en sultane par Carle Van Loo, et la mode Pompadour connut aussitôt un énorme succès.

Le duc de Richelieu, commère toujours aux aguets et observateur minutieux d'une cour dont il connaît toutes les frivolités, a fort bien vu le rôle des favorites dans la création de la mode, l'attention des fournisseurs à satisfaire leur moindre caprice, mais aussi tout ce qu'ils doivent à leur goût, à leurs suggestions, à leurs exigences. Mme de Mailly, première maîtresse de Louis XV, n'était pas une beauté gracile ; elle avait même un aspect hommasse que relevaient pourtant un teint éclatant et de superbes cheveux noirs. Elle possédait surtout, mieux que tout autre femme, l'art de s'embellir, celui de s'habiller, de trouver les formes, les étoffes et les accessoires qui mettaient en valeur des charmes pourtant médiocres et qui lui valaient l'admiration des censeurs les plus prévenus. « Si elle manque, écrit Richelieu [1], de ce don de la grâce et de ce charme de la voix qui séduisent le regard ou pénètrent le cœur, elle rachète l'imperfection de son sein, effacé comme celui de l'Amazone, la dureté

1. *Mémoires*, *op. cit.*, p. 25.

de sa voix et la virilité de sa démarche par un art si savant, qu'il semble naturel, de s'embellir sans le paraître par toutes les ressources de la coquetterie. Sa toilette est un chef-d'œuvre journalier, un miracle d'harmonie, un tour de force d'unité dans la variété. Elle a le génie de la mode, et les marchands, qui la poursuivent en 1744, s'inclinent en 1740 devant les inspirations de sa fantaisie, qui semblent les oracles même du goût, et demandent conseils à celle qui ne leur emprunte que les moyens, enseigne ce qu'elle devrait apprendre, fait une science de leur métier, s'appauvrit à les enrichir, et épuise le génie de plaire sans parvenir, hélas! à ne pas vieillir. »

Si l'on veut avoir une idée de la richesse que pouvait atteindre la garde-robe d'une grande favorite, rien de plus éloquent que l'inventaire de Mme de Pompadour qui joignait au luxe qu'imposait la cour le goût de la Parisienne et les habitudes d'opulence du milieu dont elle était issue, celui de la haute finance. Pompadour, en moins de vingt ans de règne, a dépensé pour sa toilette la somme fabuleuse de 350 035 livres, soit en moyenne 17 500 francs par an environ. En comparaison, une femme comme Mme de Schomberg [1] qui vit à Paris et fréquente la cour ne dépense pas plus de 860 francs par an et seules les grandes dépensières atteignent le chiffre de 2 000 francs. Pompadour, en fait, n'a pas de concurrente et nulle ne peut rivaliser avec elle pour le nombre de ses robes, ses douzaines de bas de soie, ses habits de cour, ses toilettes de mousseline, ses peignoirs, ses manchons d'hermine, et autres pelisses et mantelets. L'inventaire de sa seule garde-robe de Versailles, sans préjuger de ce qu'elle conservait dans ses autres résidences, révèle, par un détail, la richesse de sa panoplie : elle possédait, en manchettes, coiffes, bonnets, fichus, barbes, respectueuses, tours de gorge, rubans et autres nœuds, des dentelles pour une

1. V. Daniel Roche, *La Culture des apparences*, Paris 1989.

valeur totale de 24 565 francs. A ses 54 robes, il faut ajouter les dizaines de jupes et jupons, les vestes et casaquins, et bien sûr les grands habits et robes de cour en étoffe des Indes brodée, en soie brochée ou en satin. Le contenu de l'une des neuf malles qui renfermaient ses vêtements donne une idée de la variété et de la richesse des atours de Mme de Pompadour ; l'inventaire, dressé par Mme du Hausset elle-même, sa première femme de chambre, est, en dépit de sa sécheresse, d'une très exacte précision :

« Un habit de cour et sa jupe de satin blanc, broderie des Indes ; une jupe de cour, de gaze d'or fond jaune ; une robe de chambre et son jupon de satin rayé ; une autre robe et son jupon aussi de satin rayé, fond blanc, lilas et rose ; une autre robe et son jupon de satin rayé et broché, fond pourpre et jaune ; une autre robe et son jupon aussi de satin fond rose ; une autre robe et son jupon aussi de satin rayé rose et blanc, broché en chenille ; une autre robe et jupon de satin rayé, broché en chenille fond blanc ; une autre robe et son jupon aussi de satin broché, rayé, fond blanc ; une robe de satin blanc piqué ; une autre robe et son jupon de satin blanc à bouquets détachés ; une autre robe et son jupon de satin fond souci à guirlandes ; une autre robe et son jupon de satin rayé, fond blanc à mouches ; une autre robe et son jupon de satin à mouches rayé fond bleu ; une autre robe de chambre et son jupon de satin fond jaune rayé ; une autre robe et son jupon de satin des Indes, fond blanc à bouquets peints ; une autre robe et son jupon de gros de Tours broché et rayé fond petit jaune ; une autre robe et son jupon de soie cannelée, fond vert à bouquets détachés ; une autre robe et son jupon de damas bleu rayé, garni de bondes à bouquets détachés ; une autre robe et son jupon de satin, couleur de rose, rayé et tigré ; une autre robe et son jupon de soie cannelée et brochée ; une autre robe de taffetas des Indes broché. Prisés, le tout ensemble cinq mille livres. »

Si l'on ouvre une autre malle, on découvre un autre type de vêtements : une veste et une redingote de pou-de-soie vert brodé en or, une veste d'étoffe d'argent, pou-de-soie, le tout brodé d'or, un habit et sa jupe de drap vert brodé en or, un habit veste et jupe de soie mêlée, tricotée et brodée en or, un grand habit et sa jupe de taffetas souci cn plein, cette dernière pièce prisée 120 livres, et encore bien d'autres effets qu'il serait fastidieux d'énumérer tout au long [1].

On n'imagine pas le bagage d'une grande élégante, femme de cour et maîtresse du roi, sans une boutique complète de joaillerie. Et, de fait, Mme de Pompadour ne possède pas moins de 332 pièces, qui vont de la petite bague en onyx de trois couleurs avec quatre diamants sur le corps, prisée 100 livres, à la parure en diamants blancs formés d'un « grand collier avec sa chute, petit nœud et pendeloque en bas, le tout composé d'environ cinq cent quarante-sept brillants tant gros que moyens et menus, formant vingt-six pièces enfilées », estimée 56 000 livres. En tout elle possède pour 479 459 francs de bijoux [2]. Les divers petits objets qui servent au soin du corps ont été choisis avec grand soin et sont souvent de petites merveilles d'orfèvrerie : boîtes à mouches en laque garnie d'or, flacons de cristal de roche, couteaux de toilette à manche de nacre et lame d'or, gratte-langue en or, couteaux à poudre, pierre pour les dents garnie d'or dans un étui en galuchat, enfin tous les menus objets qui parent une jolie femme à sa toilette, et qui étaient d'autant plus nécessaire que Mme de Pompadour recevait la cour pendant que ses femmes la préparaient.

Comme elle, toutes les favorites surent, pour gar-

1. On trouvera le détail complet de la garde-robe dans J. Cordey, *Inventaire après décès des biens de Mme Pompadour*, Paris 1939.

2. Pour se faire une idée de l'énormité de cette somme on peut la comparer aux salaires : un prote, contremaître et ouvrier très spécialisé de l'imprimerie, gagnait 18 francs par semaine, et un manœuvre à peine 200 francs par an.

der le roi, user de tous les artifices. Mais en servant la mode, en étant son ambassadrice et son inspiratrice, la sultane ne satisfaisait pas seulement son désir de séduction, n'assurait pas seulement son empire sur le cœur du roi. Au même titre que les artistes, les poètes et les savants, elle illustrait le règne et s'égalait aux créateurs de génie. Être belle et faire rayonner l'élégance et le goût français, c'était leur manière d'être patriote, sujette exemplaire, et d'exalter la grandeur du royaume et du roi. Ainsi se conclut, dans les harmoniques raffinées de l'art et de ses délices, l'alliance durable du pouvoir et de la beauté, le mariage sublimé du désir et de l'autorité qui justifiait à la fois le dérèglement du monarque et le scandale permanent qu'offrait la favorite, parce qu'elle devenait, dans les arcanes de la société curiale, un élément fondamental d'une culture qui ne craignait pas de puiser sa source dans l'illégitimité et une irrégularité que seuls les moralistes condamnaient.

CHAPITRE IX

LE MINISTÈRE DE L'IDÉAL

D'ARGENSON, ours mal léché mais dont les traits font mouche, avait pour les maîtresses du roi une grande antipathie et traitait avec dédain leur ambition de se faire, dans les annales du royaume, un nom par leurs charmes. « Elles croient, disait-il, trouver de la gloire dans un putanisme qui fait partie de l'histoire [1]. » Malgré ses sarcasmes, et le fiel qu'il déverse à plein tombereau sur ces femmes qu'il crédite des tares les plus méprisables, il reconnaît toutefois qu'il existe des fléaux autrement désastreux et qu'à tout prendre, elles sont un moindre mal. Sans craindre le paradoxe, il note malicieusement en évoquant les exemples de Philippe V d'Espagne et de l'infant Don Carlos à Naples : « Voici une autre vérité, que l'on ose à peine avancer par respect pour la religion et les mœurs, et que partout l'histoire démontre : c'est que l'ascendant des femmes légitimes sur leurs époux dévots cause encore plus de mal à l'État que le crédit des favorites [2]. » C'était reconnaître implicitement que les maîtresses jouaient parfois un rôle bénéfique, que du moins elles évitaient au royaume des désordres encore plus grands que ceux dont elles étaient les

1. *Mémoires*, t. II, p. 338.
2. *Id.* p. 336.

auteurs. Cette clairvoyance ne l'empêchait nullement de se montrer féroce pour ces favorites *légitimes*, et tout particulièrement pour la marquise de Pompadour, pour qui il partage l'hostilité de son frère le ministre, et dont il trace, au vitriol, un portrait caustique et tendancieux que je me plais à citer avant d'en démontrer l'injustice. « Le roi, écrit-il, rencontra dans la dame d'Étiolles, peu après marquise de Pompadour, une maîtresse bien dressée pour le gouverner. Tout en séduisant son âme par l'apparence de la douceur, elle est parvenue à la plus excessive autorité que puisse procurer la confidence, la consolation, la profondeur du secret, et ce manège adroit qui rend les courtisanes de profession plus maîtresses de leur amant, sans le secours de l'esprit, que ne le sont les femmes de qualité et de mérite. Sa mère, célèbre putain du Palais-Royal, l'avait élevée et destinée à quelque poste considérable de ce genre. Elle lui avait fait épouser un fermier général, mais son ambition n'en était pas satisfaite. Elle a vu le triomphe de sa fille et est morte peu après de la vérole. Madame de Pompadour est donc de la plus basse extraction [...]. Elle joue la comédie, imite et contrefait tout ce qu'elle veut, les passions et même la vertu quand il le faut. L'éducation a perfectionné la nature pour exceller dans le rôle qu'elle devait jouer; c'est le gracieux instrument des plus tristes desseins. Elle s'est prodigieusement enrichie. Elle est l'objet de la haine publique. Le roi croit la gouverner, elle le conduit; elle lui fait voir du mérite dans ceux qui n'en ont ni la réputation ni les apparences. C'est une amitié adroite et impérieuse, plutôt qu'une véritable passion, qui produit tant d'effets sur notre gouvernement. » Et, revenant sur ses origines, cette fois moins méprisables mais tout aussi risibles pour les gens de la cour, et sur l'influence exorbitante qu'on lui attribue, il ajoute avec dépit : « On ne parle que des discours bourgeois et ridicules que tient la marquise, qui affecte le plein pouvoir et le premier ministère, comme ferait un cardinal Premier ministre. Elle dit à un ambassadeur qui prend congé : " Continuez, je suis contente de vous, vous savez que je suis de vos amies depuis longtemps. " Elle tranche, elle décide [1]. »

Dicté par la haine, ce portrait, qui contient quelques vérités et un grand nombre de calomnies, méritait d'apparaître ici comme un témoignage de la violence des ressentiments que d'une façon plus générale la maîtresse royale provoquait chez ceux qui croyaient avoir des raisons de se plaindre d'elle et qui ne songeaient généralement qu'à la remplacer par une de leurs créatures : une favorite qui a blessé un courtisan dans ses intérêts devient aussitôt une méprisable catin, mais il n'est pas de bassesse qu'il n'accepte si elle le comble de ses bienfaits. Paradoxe des cours, qui est aussi celui de l'humanité toute entière, les intérêts y commandent les affections et les dégoûts. Pour Mme de Pompadour, les réticences qu'elle provoque dès son introduction à la cour tiennent aussi à des susceptibilités et à un étrange point d'honneur que les familiers du château n'entendaient pas laisser transgresser. Les prédécesseurs de Louis XV, et Louis XV lui-même, avaient jusqu'alors choisi leurs maîtresses parmi les femmes de la cour, Louis XV allant même jusqu'à réduire l'aire de recrutement à une seule famille et à coucher successivement dans son lit les trois sœurs de Nesle. Que le roi s'avisât d'aller chercher ailleurs l'instrument de ses plaisirs était une révolution qui scandalisait, qui révoltait les courtisans. Ne les privait-on pas du plus clair de leurs honoraires, de la plus belle portion de leur héritage! Le roi n'était-il pas leur bien, leur propriété, et de quel droit se livrait-il ainsi à l'étranger, éliminant les candidatures les plus sûres, celles dont on attendait le plus de profit? On ne peut comprendre la violence des réactions qui accueillirent

1. *Id.*, II, pp. 340-342; IV, p. 10.

la marquise de Pompadour à la cour si l'on ne se souvient que celle-ci était le laboratoire national de l'intrigue et de la délation; là s'épanouissaient la sécheresse d'ambition et la flagornerie; là nulle bonne morale, aucun tabou, aucun respect humain ne freinaient la compétition; la cour était une jungle dont l'élégance et le luxe ne pouvaient cacher la sauvagerie. Le raffinement, qui était tout dans l'apparence, donnait au contraire un piment sadique à la cruauté qui en faisait le fond et transformait le courtisan, pour peu qu'il eût de l'ambition, en fauve déchaîné dont la rigueur de l'étiquette et le tamis de la cour effaçaient la rudesse foncière et lui donnaient cette fausse physionomie d'honnête homme aimable et civilisé que l'on a, à tort, tant vanté. Madame de Pompadour, parce qu'elle appartenait à un autre milieu, risquait d'introduire à la cour, de faire bénéficier de sa protection, de mettre en contact avec le roi, des gens qui viendraient briser le monopole de la faveur et des grâces que les courtisans avaient jusqu'alors jalousement gardées pour eux. Leur sang était trop noble, trop généreux, trop désintéressé pour tolérer pareille injustice. Ils firent donc tout ce qui était en leur pouvoir pour dénoncer l'extraction ignoble de cette fille de prostituée que le maître, esclave de sa passion, imposait à ses honorables sujets.

La vérité était bien différente et, au demeurant, plutôt flatteuse. Jeanne-Antoinette, née Poisson, était officiellement la fille d'un homme d'affaires qui travaillait avec les plus grands financiers de l'époque et en particulier avec les frères Paris, ces ploutocrates qui faisaient retentir Paris du bruit de leur fortune et dont le Trésor royal ne pouvait se passer. Poisson n'était peut-être pas le père naturel de l'enfant; ce pouvait aussi bien être Paris de Montmartel ou le fermier général Le Normant de Tournehem qui étaient l'un et l'autre en galanterie avec Mme Poisson. Celle-ci était fort peu farouche et très répandue dans le monde. Née en 1721, Jeanne passa ses premières années chez les ursulines de Poissy, puis vint vivre avec sa mère qui l'introduisit dans les cercles qu'elle fréquentait. Ce fut d'abord le milieu des financiers de haut vol où l'enfant put prendre le goût du luxe, mais acquit également de l'intérêt pour les arts, grande préoccupation de ce monde connaisseur et gourmé qui avait élevé le mécénat à la hauteur d'une institution et où les artistes trouvaient à la fois protection et admiration. Mme Poisson menait aussi sa fille dans le salon littéraire de son amie Mme de Tencin qui, ayant renoncé à la galanterie, recevait tout ce que Paris comptait de beaux esprits, Montesquieu et Fontenelle, Prévost et Marivaux, et des femmes qui allaient bientôt rendre célèbre leurs propres salons, Mme Geoffrin et sa fille Mme de la Ferté-Imbault. Jeanne-Antoinette, que l'on avait aussi formée aux arts d'agrément, qui dansait et chantait fort joliment, forma là son goût, s'initia aux controverses littéraires, et même aux difficultés d'une science mondaine et toujours souriante. Elle devait un peu plus tard compléter son éducation dans le salon de Mme Geoffrin. C'est donc à une jeune fille accomplie que Le Normant de Tournehem maria son neveu et héritier en 1741. Mme d'Étiolles, à vingt ans, belle, riche, aimable, du meilleur ton, vive et enjouée, parisienne jusqu'au bout des ongles et reçue dans la meilleure société, ne songeait qu'aux plaisirs et se livrait en toute innocence aux distractions à la mode. Le théâtre de salon était alors fort en vogue et Jeanne-Antoinette eut le sien à Étiolles où elle se produisit avec succès ; il en revint quelque chose à la cour où désormais on parla d'elle avec curiosité. Étiolles était situé en bordure de la forêt de Sénart où le roi allait souvent courre le cerf ; il eut ainsi, à diverses reprises, l'occasion d'apercevoir Mme d'Étiolles qui piqua son intérêt. En 1745 la maîtresse de Louis XV, Mme de Châteauroux, mourut. La cour devint aussitôt un nid d'intrigues et le signal de la course des dames pour entrer dans le lit du roi fut donné. Mme de Flavacourt, une autre sœur de la duchesse de Châteauroux, était bien placée mais devait compter avec la concurrence de Mmes de Lauragais, de Rochechouart, Portail et de La Pouplinière. Cependant une cabale s'était formée pour introduire un outsider. Les amis de Mme d'Étiolles avaient conçu le projet de la donner au roi. La cabale comptait des gens influents comme les Paris ou intrigants comme Mme de Tencin; des courtisans comme Richelieu qui avait connu Mme d'Étiolles dans le salon de Mme de Tencin; des gens en charge dont la fonction faisait des auxiliaires précieux : Binet, baron de Marchais, cousin de Jeanne-Antoinette, était premier valet de chambre du dauphin, et Le Bel, qui avait été l'amant de Mme Poisson, était premier valet de chambre du roi; il pouvait chaque jour s'insinuer dans son esprit et exciter sa curiosité pour cette petite Mme d'Étiolles dont on lui parlait comme d'une proie consentante et nourrie d'esprit. Louis XV se laissa tenter et Mme d'Étiolles fut invitée au bal à Versailles en février 1745. Elle n'offrit pas de résistance et se trouva installée au château dans l'appartement qu'avait occupé Mme de Châteauroux et, avant elle, Mme de Mailly. Cependant elle était là plutôt en visite, entre deux séjours à Paris, et sa position était encore semi-clandestine. Le parti dévot, qui craignait de la voir bientôt installée en titre d'office, s'agitait et s'inquiétait. Les choses allaient pourtant leur train : Mme d'Étiolles se sépara de son mari et le roi, pour consolider sa position à la cour, lui donna le titre de marquise de Pompadour, un nom qui allait bientôt être connu de toute l'Europe. L'été qui suivit, le roi partit en campagne et Mme de Pompadour, qui régnait déjà sur le cœur de Louis XV mais se trouvait à la cour sans charge et sans aucun caractère officiel, se retira à Étiolles. Au retour du roi, il fallut songer à établir et à transformer l'idylle sauvage en liaison permanente et, en quelque sorte, légitime. Jusqu'alors les favorites avaient été recrutées dans le sérail, elles appartenaient de plein droit à « ce pays-ci », comme on disait alors de la cour, et étaient en quelque sorte prédestinées au rôle de sultane. Mme de Pompadour était étrangère au château, n'y remplissait aucune charge, n'appartenait pas, comme la plupart de ses devancières, aux maisons de la reine ou des princesses. Elle faisait donc très largement figure d'intruse, voire d'usurpatrice, n'ayant aux yeux des courtisans aucun droit légitime et héréditaire à occuper une fonction qui n'avait été accordée jusqu'alors qu'au mérite effronté des femmes de cour. Il fallait donc assurer au plus vite sa position, lui donner tous les caractères qui l'intégreraient pleinement, la naturaliseraient, feraient d'elle une citoyenne à part entière de la galaxie versaillaise. Selon l'étiquette, elle devait être officiellement présentée au roi et à la reine, mais il fallait trouver une femme de haut rang qui consentît à être sa marraine. La princesse de Conti se proposa. S'il y eut des murmures dans le parti dévot, la princesse sut les faire taire avec esprit. D'ailleurs est-il vraisemblable, comme le dirent les contemporains, que les femmes de la cour rechignèrent à ce rôle d'entremetteuse qui pouvait valoir de si grandes faveurs à celle qui l'acceptait ? Elles étaient généralement plus enclines à se vendre et si elles jouaient les prudes, c'était plus souvent par dépit que par vertu. Aussi doit-on faire peu de cas de l'opinion de Choiseul dont le jugement mérite d'ailleurs d'être noté car il exprime les réticences que provoqua d'abord l'élévation d'une « bourgeoise » dans un milieu où le respect des conventions sociales l'emportait sur les soucis de moralité. Avec Mme de Pompadour, c'était l'esprit de Paris et, d'une certaine façon, le bouleversement des conditions, ainsi que les aspirations sociales d'un monde qui commençait à se hisser au sommet de la hiérarchie, qui investissaient Versailles au grand scandale des courtisans, lesquels voyaient avec crainte leur monopole menacé. La coterie financière délogeant les habitués du château, la femme d'un fermier général investissant la place, c'était une révolution que Choiseul a fort bien démêlée et qui explique la sévérité de son jugement sur celle qui prêtait la main à une innovation aussi scandaleuse qu'inattendue. « Je trouvais, écrit-il, Mme de Pompadour maîtresse en titre du roi et du royaume. Elle avait été présentée. Alors une pareille présentation paraissait monstrueuse car il semblait que l'on violait toutes les règles de la police, de la justice et de l'étiquette, en enlevant à un fermier général sa femme au milieu de Paris et, après lui avoir fait changer son nom, en la faisant femme d'une qualité à être présentée. Le tableau de cette indécence rendait difficile à trouver une femme qui voulût la présenter. Mme la princesse de Conti s'offrit et eut cet honneur. » Le scandale de cette cérémonie, qui bouleversait l'économie sociale et renversait la hiérarchie si méticuleusement construite par l'étiquette, parut à Choiseul d'une telle indécence qu'il se crut autorisé à porter sur la princesse de Conti et sur ses semblables le jugement le plus rude que les princes aient jamais essuyé. « A cette occasion, ajoute-t-il, je ne puis m'empêcher d'écrire une réflexion que j'ai faite depuis bien souvent : c'est qu'en général tous les princes de maison souveraine sont naturellement plus bas que les autres hommes, et que, dans tous les princes de l'Europe, ce sont les princes de la maison de Bourbon qui ont en partage la bassesse la plus méprisable. Je dois dire cependant qu'alors je vis M. le prince de Conti fort affecté de celle de Madame sa mère et que ce principe m'a toujours paru fort éloigné des bassesses qui ont pour motif l'argent ou la faveur [1]. »

Ces mépris marqués pour Mme de Pompadour et

1. *Mémoires*, Mercure de France, p. 63.

pour celle qui avait eu le privilège de la présenter n'avaient d'autre cause que la nouveauté d'une situation à laquelle la cour n'était pas encore habituée. La nouvelle favorite devait prendre bientôt une revanche éclatante. Ni grisette frivole ni petite bourgeoise conformiste, dotée au contraire d'une aisance majestueuse, pétrie de grâces, habitée par une âme délicate et une complaisance sans borne pour ses amis, elle eut tôt fait de donner à sa charge une dignité et un rayonnement qui fit d'elle plus qu'une maîtresse : une régente dont le magistère, bon gré mal gré, s'étendit bientôt à toute la cour et s'imposa même aux réticences les plus ombrageuses. Elle eut non seulement l'esprit et le ton de la cour, mais l'autorité d'un premier conseiller qui, rapportant tout à la personne du roi, ne jugeait rien au-dessus de sa dignité ou supérieur à son caractère. De là ce cérémonial de majesté qu'elle imposa dès le début de sa carrière. Elle se mit délibérément sur un pied que les plus orgueilleuses favorites, les Montespan ou les Châteauroux, n'auraient même pas imaginé : elle se fit reine, non par vanité ou outrecuidance, mais parce qu'elle se voulut le miroir charismatique et le double respecté du prince qui l'honorait de sa faveur et dont elle décida d'être, plus qu'une compagne de plaisir, le sénateur éclairé, le précepteur attentif et le confident dévoué. Avec elle l'amie du roi cessa d'être un meuble d'alcôve. En femme supérieure, d'un emploi trivial elle fit un premier rôle, le décrassa, le purifia, l'anoblit et, d'un geste orgueilleux, renvoya dans la poussière de l'anecdote galante les cendres de ses devancières. Devant tant de hauteur, associée à tant de facilité, de prévenances et de grâces, les courtisans s'inclinèrent. Elle imposa, non par orgueil mais parce qu'une trop grande familiarité aurait, dans son esprit, nui à la dignité du roi, une étiquette rigoureuse. On lui était présenté comme à la reine, et les courtisans, que leur bassesse naturelle et leur dévotion spontanée devant toute faveur rendaient dociles, multipliaient les hommages et les marques de servilité. Enfin, Mme de Pompadour régnait, et régnait pour son maître, en toute candeur, avec l'autorité que donnent la légitimité d'un amour partagé et la conviction d'une mission à accomplir pour le service du roi. En exigeant des honneurs quasi royaux, elle n'avait en vue que la gloire du monarque; elle s'identifiait à ce point à celui qui lui manifestait tant de confiance et d'abandon qu'elle redoutait que toute offense faite à sa propre personne n'entamât le respect dû à son royal protecteur. Aussi n'admit-elle jamais que devant elle on se permît la moindre impertinence et fut-elle scandalisée par les outrages dont elle fut accablée, moins par susceptibilité personnelle que parce qu'ils associaient le roi et sa maîtresse dans une commune indignité.

Certes sa position, à telle hauteur qu'elle l'eût élevée, lui parut parfois encore insuffisante et il lui arriva de nourrir la suprême et folle ambition de tant de favorites que le précédent de Mme de Maintenon raffermissait dans un rêve qui, au moins une fois, n'avait pas été une chimère. Elle en fit plus tard la confidence à son amie Mme de Baschi dans un moment de lassitude et en souriant de sa naïveté de néophyte. « J'ai eu autrefois, écrit-elle, la pensée de devenir femme de roi, et je me flattais que le meilleur des princes pourrait bien faire pour moi ce que son bisaïeul avait fait pour une femme de cinquante ans. Il n'y avait qu'une petite difficulté à ce beau plan : la grande Dame (la reine) et le petit Normand (son mari) vivaient encore. Voilà, ma belle comtesse, les chimères qui ont longtemps amusé ce cœur faible [1]. » Reine, elle le fut pourtant et plus qu'elle n'eût voulu, mais en façon d'allégorie, et dans une opinion qui exagéra son empire au point de la comparer au Premier ministre de France et de lui attribuer des pouvoirs qui dépassaient même ceux du roi.

1. *Lettres*, 1753-1762, Librairie bleue, 1986.

Belle occasion de blâmer la faiblesse et la dépendance de Louis XV, et d'accabler la marquise rendue responsable de tous les maux qui s'abattaient sur le royaume. A ce sujet les railleries allaient bon train et la cour se divertissait des quiproquos que produisait sa réputation de toute puissance. Mme de Pompadour s'est fait elle-même l'écho d'anecdotes cruelles dues à la malveillance ou à la naïveté. « On m'impute, écrit-elle, la misère publique, les mauvais plans du cabinet, les mauvais succès de la guerre et les triomphes de nos ennemis. On m'accuse de vendre tout, de disposer de tout, de gouverner tout. Il arriva l'autre jour qu'un bon vieillard au dîner du Roi, s'approcha de lui, et le pria de bien vouloir le recommander à Madame de Pompadour. Tout le monde éclata de rire de la simplicité de ce pauvre homme : mais moi, je ne riais pas. Un autre présenta, il y a quelque temps, au Conseil, un Mémoire admirable pour trouver de l'argent sans incommoder le peuple : son projet était de me prier de prêter cent millions au Roi. On rit encore de ce beau plan; mais moi je ne riais pas [1]. »

La facétie cruelle et la malveillance assassine ne vinrent qu'avec le temps. Un autre sentiment prédomina d'abord, ce fut l'étonnement. L'introduction de Mme de Pompadour à Versailles produisit un effet prodigieux. Quelle nouveauté en effet que la greffe de ce produit de Paris, de cette gaieté, de cette intelligence, de cette liberté qui contrastaient si fort avec l'apprêt et l'onction un peu désuète de la cour. Nourrie, formée, modelée par le monde le plus spirituel et le mieux tourné de Paris, le plus ouvert et le plus curieux, celui des salons littéraires et des munificents hôtels financiers, la toute fraîche marquise fit entrer au château la brise légère qu'elle avait respirée dans la meilleure société de la capitale. Sans rien leur enlever

1. *Id.*

de leur majesté, elle dépoussiéra les lambris dorés, jeta ici et là comme un bouton de rose, le plus bel esprit de Paris. Un vent nouveau, d'une saveur toute neuve, piquante et acidulée, souffla sur Versailles qui s'ébroua et, le premier vertige passé, se jeta à corps perdu dans les délices exquises, du ton le plus purement français, où la marquise l'entraînait. Les courtisans, dressés à l'apprêt et au conformisme des cours, pouvaient bien à vrai dire juger un peu bourgeois le ton de Mme de Pompadour : sa couleur et sa nuance étaient celles du tact et de l'urbanité que la société parisienne avait élevés à la hauteur d'un art plein d'élégance et de netteté, et dont elle fut, à Versailles, l'ambassadeur délicat et discret.

Son arrivée à la cour et la royauté qu'elle y établit tout d'abord provoquèrent aussitôt la mise en place de coteries puissantes qui se déclarèrent pour ou contre la favorite. Le dauphin fut le cœur et Mgr Boyer, évêque de Mirepoix, fut l'âme du parti dévot, hostile à la marquise par principe, par déférence à la morale chrétienne que le roi, depuis longtemps privé des sacrements de l'Église, bafouait avec une si constante opiniâtreté. Autour de ce parti gravitaient des ecclésiastiques, l'évêque de Verdun Nicolay, l'abbé de Saint-Cyr sous-précepteur du dauphin, et tout un escadron de familiers du prince, de jeunes seigneurs comme Gramont, Laval, Du Muy ou La Vauguyon, mi-opportunistes mi-dévots. La reine, que sa position plaçait au centre de la cabale, était en réalité bien trop bénigne et douce pour accepter d'entrer dans aucune intrigue et interdisait chez elle les propos malveillants. D'ailleurs Mme de Pompadour la couvrait de respect et, sous son influence, le roi lui-même la traitait avec galanterie. Quant aux filles de Louis XV, elles parurent d'abord plus amusées qu'hostiles comme en témoigne le surnom qu'elles donnèrent à la maîtresse de leur père : « Maman putain. »

Quant aux ministres, dont la position dépendait des forces respectives du parti dévot et du parti pompadourien, ils se livraient une guerre sourde dont la marquise était l'enjeu. Le contrôleur général, Machault, homme d'esprit et tout d'une pièce, réformateur éclairé qui avait été porté au ministère en partie grâce au crédit des amis de Mme de Pompadour, les financiers Paris du Verney et Paris Montmartel, était tout dévoué à la favorite qui, de son côté, ne lui ménageait pas son soutien. Mais le prince de Conti, sans fonction officielle mais auxiliaire dévoué de Louis XV, D'Argenson, ministre de la Guerre et Maurepas qui tenait la Marine et la Maison du roi, avaient juré la perte de Mme de Pompadour et chacun employait les armes qui correspondaient le mieux à sa nature. Maurepas, esprit persifleur, que l'on voyait chaque jour au cercle de la reine, avec des façons de courtisan et des rancœurs de petit-maître, utilisait son humour à colporter les « poissonnades », libelles et chansons contre la marquise, qu'il rédigeait parfois lui-même et qui ruinaient la réputation de la favorite dans l'opinion. En 1749, il ne craignit pas de la bouleverser, en suggérant perfidement qu'elle souffrait de *fluor albus* dans un petit quatrain qu'elle trouva sous sa serviette.

Par vos façons nobles et franches
Iris, vous enchaînez nos cœurs.
Sous vos pas vous semez des fleurs
Mais ce ne sont que des fleurs blanches [1].

Mal lui en prit. En avril 1749, Mme de Pompadour eut assez de crédit sur l'esprit du roi pour le faire exiler. D'Argenson était d'une autre trempe et avait d'autres ambitions que de faire enrager la marquise. Il voulait son renvoi et celui de son protégé Machault. Il y travailla avec patience, s'y prit de longue main et

1. Cité par Nancy Mitford, *Madame de Pompadour*, Paris 1954.

manqua réussir. Il tissa rudement le filet d'une de ces intrigues de cour, basses et nauséabondes, qui, lorsqu'elles réussissent, provoquent des révolutions de palais. Mme de Pompadour avait une cousine, Mme d'Estrades, sa meilleure amie, qu'elle avait placée dans la maison de la reine. Elle ne se méfiait pas d'elle, et eut à le regretter. Devenue la maîtresse d'Argenson, Mme d'Estrades n'eut plus qu'une idée : faire chasser Mme de Pompadour et mettre à sa place une de ses créatures. Elle avait une nièce, piquante, jolie, que le roi avait remarquée, la comtesse de Choiseul-Romanet. D'Argenson devina l'ouverture. Il la jeta dans les bras du roi qui n'en fit qu'une bouchée et lui promit, à ce qu'elle dit, de renvoyer Mme de Pompadour. D'Argenson avait-il gagné ? C'était compter sans la famille. Stainville, le cousin de la petite Romanet, veillait sur son honneur ou plutôt, car celui-ci était déjà bien endommagé, flairait l'avenir. Il lui fit quitter la cour à la hâte et Mme de Pompadour le récompensa par le poste d'ambassadeur à Rome, prélude à sa magnifique carrière de ministre et de duc de Choiseul.

La marquise n'avait jamais été une maîtresse très active, ni très lascive ni très douée. De tempérament lymphatique, frigide même si l'on en croit ses confidences à Mme du Hausset, sa femme de chambre, elle n'avait jamais empêché Louis XV de faire de petits écarts. C'est vers 1752, à peu près au moment où D'Argenson ourdissait son intrigue, qu'elle cessa tout à fait de remplir ses devoirs d'amante pour devenir plus qu'une maîtresse, la favorite spirituelle, la conseillère et l'amie dont Louis XV, qui trouvait ailleurs la satisfaction de ses appétits sexuels, ne put plus se passer. Une maîtresse qui ne couche pas, c'était une grande nouveauté, et un grand sujet d'inquiétude pour beaucoup : quelle ne devait pas être l'influence en effet d'une favorite qui ne régnait que par le cœur, l'habitude et l'esprit ! Le roi, avec l'aide de Richelieu et de

Lebel qui le pourvoyaient en tendrons dont il se réservait la primeur, n'était pas en panne de plaisirs. Gourmand, mais aussi prudent car il redoutait les maladies vénériennes, Louis XV ne faisait pas, malgré la légende, une consommation orgiaque et quotidienne de chair fraîche. Les courtisans, à même d'épier et de suivre tous ses mouvements, sont formels : le roi n'avait besoin de femmes que deux fois par semaine [1]. Le Parc aux Cerfs, dont la malignité publique avait fait un couvent bordélique où Louis XV allait chaque soir choisir ses victimes dans un cheptel de dix-huit cents vierges, était en réalité une maison située dans le quartier du même nom, où le roi installa tour à tour ses « petites maîtresses » : Mlle Trusson, Marie-Louise Murphy, Mlle Fouquet, Mlle Henault, Mlle Robert, jeunes filles à qui il faisait un sort quand il en était las, les mariant et veillant de loin sur leurs enfants. Ces escapades régulières n'inquiétaient pas Mme de Pompadour. Elle se méfiait au contraire des manigances des femmes de la cour, comme Mme de Coislin, qui cherchaient non pas une aventure passagère, mais un titre de favorite qui l'aurait évincée. En réalité sa position devenait plus solide à mesure que le temps passait. Son crédit sur le roi grandissait ; son influence, sans devenir pesante, s'étendait de plus en plus au ministère et à la cour ; les ambassadeurs des gouvernements étrangers se pressaient chez elle et les courtisans assistaient à sa toilette ; les ministres et le roi la mettaient en tiers dans leurs entretiens. En 1756, elle obtint une position officielle de dame du palais de la reine qui la mettait à l'abri des insolences. Bien plus, le parti dévot se rapprocha d'elle. Confidente plus que maîtresse, sa position paraissait moins scabreuse ; la fatigue, les malheurs (elle perdit sa fille) lui donnèrent quelques airs de piété, elle renonça même un moment aux spectacles dont elle était à la cour le grand ordonnateur, et les

1. D'Argenson, III, p. 174.

ecclésiastiques se prirent à espérer qu'elle serait l'instrument de la conversion du roi. La famille royale, la reine, le dauphin, Mesdames, la traitent désormais très gracieusement et les plus pieuses amies de la reine, comme la duchesse de Luynes, viennent chez elle. Jamais sans doute, ni avant ni depuis, son rôle n'a été plus rayonnant sinon plus décisif, au point que les observateurs étrangers lui supposent un pouvoir qu'elle n'eut jamais aussi entièrement mais qui allait bien au-delà de l'influence qu'aucune favorite, en aucun temps, avait jamais eue. L'ambassadeur de Prusse écrivait à Frédéric en 1755 : « Jamais son crédit n'a été plus grand; on ne prend dans le Conseil aucune résolution d'une certaine importance ni pour les affaires du dehors ni pour celles de l'intérieur, dont elle ne soit instruite ou prévenue. » De fait, elle avait su se former aux affaires, prenant des ministres des leçons dont elle savait tirer parti.

Pourtant en 1757 le sort tourna et la marquise fut bien près de la disgrâce. Le 5 janvier, Damiens blessa le roi. La famille et les confesseurs, le dauphin et tous les ennemis de la favorite y virent un signe et une occasion. On fit le siège du roi pour l'écarter de Mme de Pompadour; D'Argenson, croyant déjà à la victoire, ne cacha pas ses mépris. On chargea Machault, l'ami de la marquise, de la prévenir de quitter la cour. Mais la blessure du roi était légère, et les fidèles de la favorite veillaient; Bernis, Gontaut, Soubise lui conseillèrent la patience et l'attente. Sage calcul, car au bout de huit jours Louis, rétabli, échappa à ses pieux mentors et se précipita chez elle, prêt à céder aux exigences de sa vengeance. Celle-ci fut brutale. Le 1er février, Machault et D'Argenson furent renvoyés. Elle put désormais faire le ministère de sa main et compter sur le dévouement des ministres. Elle fit nommer Bernis, son ancien ami et amuseur, aux Affaires étrangères et lui adjoignit Stainville pour qui elle obtint le titre de duc de Choiseul. Un peu plus tard elle lui fit donner la Guerre à laquelle il ajouta la Marine en 1761. Le clan Choiseul, très puissant et très riche (la femme du ministre-duc avait apporté la fortune des Crozat), était désormais tout Pompadour, et se renforça encore lorsqu'au renvoi de Bernis le duc de Praslin, cousin de Choiseul, fut nommé aux Affaires étrangères. Les Sceaux furent donnés à un protégé de la marquise, Berryer, et Bertin son ami eut le contrôle général. Elle était alors au sommet de son influence mais, déjà malade, se ressentait du mal qui devait l'emporter en 1764. Choiseul gouverna désormais sans qu'elle s'immisçât plus avant dans les affaires de l'État, ayant déjà beaucoup à faire pour dénouer les intrigues des femmes de la cour qui tentaient de profiter de sa faiblesse pour prendre sa place. A sa mort, le roi pleura. Les concurrentes étaient en place, prêtes à l'assaut, mais aucune ne triompha. Mme de Pompadour laissa vacante la place de favorite qui ne fut à nouveau occupée que cinq ans plus tard par Mme du Barry. La marquise avait régné vingt ans et avait anobli une charge qui n'avait jamais été élevée si haut : elle en avait fait un conseil politique et un ministère des arts, et profité de sa faveur pour susciter le création, protéger les talents et, seule favorite à léguer un style à l'histoire, illustrer son nom pour la postérité.

Mme de Pompadour occupe, dans l'histoire, une place à part et les contemporains, souvent avec hostilité, ont vu en elle une éminence grise toute-puissante et exagéré son influence à la fois pour dénoncer son rôle néfaste et pour déconsidérer Louis XV caricaturé sous les traits de la faiblesse et de la paresse, livré corps et âme aux caprices d'une femme. En réalité le roi ne se laissait séduire par les conseils de sa maîtresse qu'autant qu'il était déjà convaincu et ne cédait aux sollicitations qu'autant qu'il les approuvait. D'ailleurs l'influence de Mme de Pompadour sur Louis XV se déduit plutôt des liens qui les unissaient que de preuves flagrantes. Elle se faisait une haute idée de l'autorité du roi et l'encourageait plutôt à la fermeté contre les prétentions à lui résister, celles du Parlement par exemple, qu'à s'abandonner à la volonté des autres.

La marquise était insinuante, d'un esprit fin et judicieux, et mariait avec élégance l'art de la conversation et avec subtilité celui de la controverse. Elle étonnait ses interlocuteurs par son aisance et son autorité. Le président de Mainières, qui eut à parlementer avec elle et se laissa faire la leçon, fut aussitôt conquis : « J'avoue que je fus émerveillé, écrit-il, de la facilité d'élocution, de la justesse des termes de la marquise, et que je la considérais avec autant de plaisir que d'attention en l'entendant parler si bien. » Il est vrai qu'elle défendait une cause qui lui était chère, celle de l'autorité du roi contre les prétentions du Parlement.

Lorsque Mme de Pompadour intervint dans les affaires de l'État, ce fut le plus souvent pour engager le roi à la fermeté, pour imposer des réformes nécessaires, ou en faveur de la tolérance. Lorsque Machault tenta en 1749 une réforme fiscale qui, en soumettant sans exception tous les privilégiés, et en particulier le clergé, au vingtième universel, répondait au souci de justice et d'efficacité dont les finances royales avaient un pressent besoin, il ne put le faire que par l'appui de la marquise; comme ses amis philosophes et économistes, elle était un fervent partisan de l'égalité fiscale et ne ménagea pas son soutien à Machault dont elle défendit la réforme devant le roi. Cependant son influence n'était pas telle qu'elle pût rivaliser avec tant d'intérêts coalisés contre Machault, l'Église, le dauphin, Mesdames, les dévots. Elle dut céder; le roi abandonna son ministre et à la fin de 1751 le vingtième sur les biens du clergé fut suspendu. La marquise avait donc échoué et cet échec marque bien les limites de son pouvoir. Elle put cependant se consoler en enregistrant quelques succès dans des domaines qui lui étaient particulièrement sensibles. En bonne philosophe elle déplorait l'intolérance que Richelieu, commandant en Languedoc, manifestait contre les protestants du Midi; il avait fait pendre deux ministres réformés et engagé des poursuites contre le pasteur Paul Rabaud. Mme de Pompadour le fit remplacer par le duc de Mirepoix, son ami, qui, sur ses conseils, tourna la rigueur en clémence et se conduisit en champion de la tolérance.

Au-delà, elle intervint peu dans les affaires intérieures de l'État et, si elle s'interposa dans la grave crise qui opposa en 1756 le roi et le Parlement, ce fut de manière positive, à la fois pour rappeler aux magistrats le respect dû à l'autorité de la couronne et pour trouver un terrain de conciliation. En politique étrangère son rôle fut, ou parut, plus décisif. Sa grande affaire fut le renversement des alliances; mais si elle joua, dans les négociations diplomatiques, un rôle de médiatrice dont elle tira grande vanité, on aurait tort de croire qu'elle en fut l'inspiratrice. En fait, Louis XV lui laissait peu d'initiatives et, dans cette circonstance, il l'utilisa, employa son talent à seconder ses vues personnelles. Louis XV était tout gagné à l'alliance autrichienne et trouva dans Mme de Pompadour une auxiliaire de charme à qui l'impératrice Marie-Thérèse fit sa cour, et qui, froissée par les impertinences de Frédéric de Prusse, mit toute son énergie à faire aboutir le projet d'alliance. Les rancœurs personnelles de la marquise contre Frédéric fortifiaient son zèle. Ne multipliait-il pas contre elle les épigrammes, n'appelait-il pas son chien « Pompadour » et ne la surnommait-il pas elle-même « la reine Cotillon »? De son côté Marie-Thérèse, inquiète des ambitions prussiennes et désireuse de se rapprocher de la France à qui l'on pourrait faire porter le poids d'une nouvelle guerre européenne, flattait Mme de Pompadour et ses ministres gagnaient son amitié. Lors d'un séjour à Paris en 1751, Kaunitz avait été bien reçu du roi et de la marquise, lui écrivit ensuite assidûment et la combla de cadeaux. De son côté l'ambassadeur d'Autriche, Stahrenberg, se montra auprès d'elle empressé, prévenant, et sut lui ôter ses dernières réticences. Louis XV pouvait la laisser agir et abandonna sans répugnance la conduite des négociations à celle qui servait en toute innocence un projet auquel il était très largement acquis, comme Marie-Thérèse elle-même. Les pourparlers s'engagèrent donc chez la marquise, à Bellevue, entre Bernis et Stahrenberg, celle-ci en tiers, en maîtresse de maison et en garante de la volonté du prince. L'alliance de Frédéric avec l'Angleterre hâta la conclusion du traité qui fut signé en mai 1756. Mme de Pompadour y vit un succès personnel et l'Autriche la confirma dans l'idée que l'alliance franco-autrichienne était le résultat de ses efforts et de sa prudence. Kaunitz, sur la prière de Stahrenberg, lui exprima sa reconnaissance en des termes bien propres à flatter sa vanité et à la convaincre de la part décisive qu'elle avait prise à l'amitié entre les deux couronnes : « C'est à votre zèle et à votre sagesse, Madame, lui écrivit-il aussitôt, que nous sommes redevables de l'alliance conclue. Je m'en rends parfaitement compte, et ce serait me priver d'un réel plaisir que de ne pas vous assurer de toute ma gratitude. »

Les négociations s'étaient déroulées chez elle : comment ne pas croire, dans ces conditions, qu'elle en avait été aussi l'inspiratrice ? Voltaire le crut et attribua le renversement des alliances aux seuls ressentiments que la marquise nourrissait envers Frédéric. La réalité est plus complexe. Le roi lui laissa l'apparence de l'initiative pour réaliser une politique qu'il avait méditée et voulue. Elle affirmait ainsi une influence qui était en réalité moins grande qu'elle l'eût souhaitée; elle satisfaisait toutefois le désir de la femme de n'être pas seulement un ornement et l'instrument des plaisirs de son amant, mais aussi la conseillère jalouse de sa gloire et investie d'une véritable mission de pouvoir.

Son rôle n'en fut pas moins réel, et pas toujours positif. L'alliance autrichienne devait engager la France dans la guerre de Sept Ans et ses interventions ne furent pas toujours heureuses dans ce long conflit qui devait coûter à la France bien des défaites. En se mêlant des affaires militaires, en faisant nommer des généraux incompétents, Soubise ou Clermont, elle devint responsable des désastres et l'opinion lui fit chèrement payer ses interventions malheureuses. Elle y perdit son crédit dans le public, et entraîna Louis XV dans la déconsidération qui la frappait. Mais, quels qu'aient été son zèle politique, ses réussites et ses erreurs, ce n'est pas là qu'il faut chercher la vraie marquise de Pompadour, mais bien dans la femme lettrée, mécène et philosophe qui enchanta les princes de l'esprit, mérita la confiance des artistes, l'affection des économistes et des poètes.

Les favorites ont été généralement jugées sévèrement par leurs contemporains qui voyaient en elles d'abord une occasion de grandes dépenses et la dépendance du souverain. Mais certaines, et Mme de Pompadour fut la première d'entre elles, servirent aussi à l'illustration d'un règne. La marquise ne fut pas seulement un mécène avisé mais, avec le concours des hommes habiles dont elle s'entoura, un véritable ministre des arts. « J'aime les talents et les lettres, écrivait-elle à Malesherbes, et ce sera toujours pour moi un grand plaisir de contribuer au bonheur de ceux qui les cultivent. » C'était chez elle une vocation naturelle qu'elle devait à sa nature artiste et à l'éducation qu'elle avait reçue dans le milieu de la haute finance vouée aux arts et au mécénat et où les amateurs éclairés ne se comptaient plus. Avant même d'accéder à la cour à la position qui devait lui permettre de devenir la protectrice officielle de tout ce que la France produisait de mérites et de talents, elle entretenait des relations avec les écrivains et recevait à Étiolles Bernis et Voltaire, se complaisait dans la familiarité des philosophes et des économistes, était l'amie de Quesnay [1] et de Dupont de Nemours. Installée à Versailles, elle fit venir Quesnay qui fut son médecin. Quand elle avait un moment, elle se rendait chez lui, y rencontrait Duclos, D'Alembert, Turgot, Helvétius, Buffon. Elle encourageait les académies et venait en aide aux écrivains; les Crébillon, Rousseau, Duclos [2], Marmontel bénéficièrent aussi de ses bienfaits. Elle aurait voulu faire plus. Les réticences du roi ne le lui permirent pas. La méfiance de Louis XV à l'égard des philosophes, qu'il jugeait trop audacieux et impies, lui valut même d'essuyer des refus. Elle ne put jamais convaincre le roi d'accorder une pension à D'Alembert. Elle fit pourtant tout ce qui était en son pouvoir. Lorsque le livre d'Helvétius, *De l'esprit*, fut brûlé (1758), elle s'efforça de faire tomber les préventions de Louis XV, et ne ménagea pas ses efforts en faveur de *L'Encyclopédie*; et elle dénonça à Diderot lui-même l'intolérance et l'hypocrisie des dévots [3]. Pourtant, en dépit de sa passion pour les lettres, son action dans ce domaine devait rester limitée.

Tout autre fut le magistère qu'elle exerça sur les arts. Ce fut en quelque sorte son ministère et sa magis-

1. François Quesnay (1694-1774), fondateur de l'économie politique, chef de la « secte » des physiocrates, regroupait autour de lui le marquis de Mirabeau, Mercier de La Rivière, Turgot, Dupont de Nemours qui le considéraient comme leur maître et répandaient sa doctrine.

2. Charles Pinot Duclos (1704-1772), romancier et historien, fut historiographe du roi, membre puis secrétaire perpétuel de l'Académie française.

3. Voir ses lettres à Diderot in *Madame de Pompadour, lettres inédites*, La Bibliothèque bleue, Troyes 1986.

trature. La grande tradition de mécénat princier qui fut un des titres de gloire de Louis XIV était tombée en désuétude depuis près d'un demi-siècle quand Mme de Pompadour la releva. Amateur éclairé, elle étendit ses commandes à tous les domaines de l'art, fit construire, et travailler les architectes, les peintres et les jardiniers. Ses ermitages, son hôtel de Versailles, l'Élysée qu'elle acheta, coûtèrent certes de six à sept millions, mais firent retour au roi. Bellevue, la plus somptueuse de ses constructions, due à Lassurance, fit travailler 800 ouvriers et des artistes, sculpteurs et peintres : Verbecht et Boucher, Brunetti et Carle van Loo, Falconet et Adam, Tassaert, Pigalle et Bouchardon, Nattier et Quentin de La Tour.

Il ne s'agissait là pourtant que du mécénat généreux d'une riche particulière. Plus important fut sa réorganisation de la direction des Bâtiments du roi, département qui, depuis Colbert, était bien déchu de son premier lustre. Avec l'aide de son oncle d'abord, Lenormand de Tournehem, puis de son frère, le marquis de Marigny, elle en fit un ministère actif et fécond auquel elle s'employa à intéresser le roi. Par elle, le budget passa de moins de deux millions à six millions et, sous son impulsion, l'École royale militaire, dont l'idée venait de Paris Duverney, fut construite. La marquise ne ménagea pas ses efforts pour la réussite de ce projet; elle fit appel à Gabriel et paya les ouvriers sur ses propres deniers quand les fonds officiels furent insuffisants. L'architecture connut alors une ère de prospérité. Gabriel mit en chantier le Petit Trianon et Soufflot projeta Sainte-Geneviève. Les peintres, les sculpteurs ne furent pas négligés; des concours furent organisés pour créer l'émulation, le Salon du Louvre devint annuel et une exposition fut organisée au Luxembourg pour que le public pût bénéficier des tableaux du roi. Elle obtint de Louis XV qu'il acceptât le titre de protecteur de l'Académie de peinture.

Grâce à Mme de Pompadour, la culture et l'art étaient redevenues une des préoccupations de l'État et le roi lui-même, sortant de son engourdissement, contribuait à leur éclat. La marquise de Pompadour, quel que soit par ailleurs le jugement que l'on porte sur son influence politique, femme d'esprit et mécène, avait de la manière la plus naturelle et la plus noble illustré le siècle des Lumières dont elle fut l'ambassadeur le plus raffiné et le plus vanté par les hommes d'esprit. A sa mort, Voltaire n'exagéra pas son mérite en écrivant à D'Alembert : « Avez-vous regretté Madame de Pompadour ? Oui, sans doute, car dans le fond de son cœur elle était des nôtres; elle protégeait les lettres autant qu'elle le pouvait : voilà un beau rêve de fini ! » Déesse du siècle d'or de la philosophie, la marquise n'a depuis cessé de faire rêver. Et de fait, parmi les favorites royales, elle forme une tache brillante, éclatante et ferme. Les autres, pour la plupart, ne furent que des maîtresses d'un moment, des passe-temps de la galanterie, du gaulois ou de l'épigramme légère. Mme de Pompadour, auprès d'elles, apparaît comme un monument de l'histoire, de la grande littérature, ni Piron ni Crébillon, mais Voltaire, et le XVIIIe siècle, qui sans elle serait incomplet, lui doit beaucoup de son éclat. Elle fut le modèle de la féminité philosophe, artiste et spirituelle; la direction qu'elle imprima à la création, le soutien qu'elle apporta à la culture, ont fait d'elle la favorite des arts plus encore que celle d'un roi, et sa grande figure domine de très haut toute la galerie des favorites dont elle fut presque l'ultime avatar et l'aboutissement le plus délicat et le plus précieux.

CHAPITRE X

UN DUEL INÉGAL : MINISTRE CONTRE FAVORITE

PENDANT des siècles on avait respecté comme une loi la tradition, qui remontait à Agnès Sorel, selon laquelle seules les femmes de cour étaient aptes à régner sur le cœur du roi et seules dignes de partager ses plaisirs. Louis XV, comme s'il avait pris acte de la promotion qui élevait de nouvelles élites au sommet de la hiérarchie, avait, avec Mme de Pompadour issue de la fine fleur des classes montantes, introduit la révolution sociale dans son lit et substitué le nouveau monde à l'ancien. Après un tel bouleversement, que les courtisans avaient éprouvé comme un camouflet et comme le signe d'un profond dérèglement des rites ancestraux, l'arrivée de la comtesse du Barry pouvait apparaître comme une innovation anodine ou, mieux, puisqu'elle était l'œuvre des courtisans eux-mêmes, comme le rétablissement de leurs anciennes prérogatives. Qu'elle fût une prostituée notoire, pourvue de tous les attributs de son métier et en puissance d'un proxénète officiel, n'intimida même pas les dévots. Mme du Barry devait être moins l'instrument des délassements du roi qu'un appareil de guerre destiné à assurer la victoire d'une faction sur le parti, toujours en place, de Mme de Pompadour, celui de Choiseul qui était aussi celui des financiers et du Parlement, de la philosophie et de l'expulsion des Jésuites. Les grands seigneurs ambitieux jalousaient Choiseul, devenu par la grâce de la marquise ministre tout-puissant; Richelieu surtout aurait volontiers pris sa place et était soutenu par le parti dévot, Mesdames, les ducs d'Aiguillon, Fitz-James, Sully, et le haut-clergé. Pour évincer Choiseul, il leur fallait auprès du roi une créature que l'on pût manœuvrer. Que Jeanne Bégus ou Bécu, dite la demoiselle Beauvarnier, tînt officiellement commerce de galanterie, c'est ce que les rapports de police ne permettent pas d'ignorer [1]. Elle était associée à un gentilhomme, souteneur, le comte du Barry, crapuleux et viveur, qui tenait sérail et prostituait aux seigneurs de sa connaissance les filles qu'il avait séduites. La demoiselle Beauvarnier avait déjà un passé galant lorsqu'elle rencontra Du Barry dans une maison de jeu. Celui-ci en fit sa maîtresse, puis la vendit, la *brocanta* comme disent les inspecteurs, et c'est ainsi qu'elle finit par tomber dans les mains de Richelieu.

Celui-ci cherchait pour le roi une maîtresse qui fût de ses amies. Il prit avec Lebel, valet de chambre de Louis XV, des arrangements pour que les deux êtres qu'il destinait l'un à l'autre se rencontrassent. Elle était grande, bien faite, de la plus jolie figure. Le roi passa une nuit avec elle et en fut extasié; son expérience, sa franchise, les plaisirs inédits qu'elle lui révéla firent merveille sur Louis XV qui ne voulut plus la quitter nonobstant son indignité. Cependant il ne pouvait produire à la cour une femme de cette condition. Il ordonna qu'on la mariât à quelque gentilhomme complaisant et Du Barry choisit son propre frère qui, en échange de substantiels avantages, épousa Jeanne Bécu devant notaire le 23 juillet 1768, lui donna son

1. C.Pitton. *Paris sous Louis XV, rapports des inspecteurs de police au roi*. 1910-1914. Voir aussi E.M. Benabou, *La Prostitution et la police des mœurs au XVIIIe siècle*, Paris 1988.

titre et s'en retourna à Toulouse d'où il était venu, après s'être engagé à ne jamais revendiquer aucun droit sur sa femme. Elle avait alors près de vingt-cinq ans et était en tout point une demoiselle fort remarquable par sa beauté et par ses grâces; elle avait d'ailleurs reçu la meilleure éducation chez les dames de Sainte-Aure et n'avait ni le langage ni les manières d'une fille. A quinze ans, placée comme dame de compagnie chez la veuve d'un fermier général où elle s'était formée au monde, elle avait séduit les fils de la maison, avait été chassée, et était allée exercer ses talents dans un magasin de mode où, bientôt connue du Tout-Paris galant, elle avait commencé sa carrière.

Devenue comtesse du Barry, Jeanne qui, en dépit des médisances, savait se tenir, put être produite à la cour. Elle s'installa dans l'appartement de Lebel, puis, peu après, dans celui de Madame Adélaïde, avec lequel celui du roi communiquait aisément. Elle avait donc un pied dans la place, mais sa position restait précaire. Le roi pouvait se lasser de son caprice. Choiseul, et sa sœur Mme de Gramont qui voyait filer son espoir de devenir la favorite de Louis XV, couvraient la nouvelle maîtresse de mépris et suscitaient dans Paris des chansons et des libelles injurieux. Richelieu, qui ambitionnait le ministère, et le duc d'Aiguillon qui, avec l'appui du parti dévot, préparait la chute de Choiseul, avaient besoin que Mme du Barry accédât officiellement à la place qu'avait tenue Mme de Pompadour, et tous ceux que Choiseul avait blessés, tous ceux que sa politique contrariait, conspiraient pour la réussite de ce projet. Il fallait consolider Mme du Barry, la mettre à l'abri d'un renvoi, lui assurer la durée. Le roi, qui avait goûté dans ses bras des délices qu'il n'avait jamais imaginées, ne pouvait plus se passer d'elle, mais hésitait pourtant à la déclarer publiquement et la date de la présentation officielle était sans cesse retardée. Cependant on le pressait, Richelieu surtout, et la comtesse pleurait. Louis XV céda. Le 22 avril 1769, Mme du Barry fut présentée au roi et à la famille. En grand équipage et couverte de bijoux elle apparut ce jour-là comme la déesse de l'Amour et personne ne contesta, hormis Choiseul, qu'elle ne fût digne d'un dieu. C'était une défaite pour Choiseul, un triomphe pour ses ennemis. Recourant aux images bibliques, ils comparaient Mme du Barry à Esther, Choiseul à Aman, et la victoire de la première sur le second ne faisait aucun doute.

Choiseul, qui comptait sur l'appui du roi, ne faisait rien pour se rapprocher de la favorite qu'il affectait de mépriser, cependant que tout ce qui comptait à la cour se ralliait à la nouvelle étoile. Ce fut d'abord la maréchale de Mirepoix, amie et alliée de Choiseul pourtant, qui, contre des rentes, se fit le chaperon de Mme du Barry. Suivirent la duchesse de Valentinois, la marquise de L'Hôpital, maîtresse de Soubise et déjà perdue de réputation, la princesse de Montmorency.

Tandis que la cour de la comtesse se constituait et se fortifiait, son parti se renforçait d'un transfuge du clan Choiseul. Maupéou, que Choiseul avait fait chancelier dans l'espoir qu'il coulerait D'Aiguillon, et qui ne songeait en réalité qu'à ruiner le Parlement dont la force consoliderait Choiseul, se mit au service de Mme du Barry. Lorsque Terray, sur la proposition de Maupéou, accéda au contrôle général des Finances, le parti Du Barry-D'aiguillon se trouva assez fort pour tenter de discréditer Choiseul. L'entreprise était difficile car le roi, qui se défendait de vouloir établir une nouvelle dame de Maintenon, assurait Choiseul de sa confiance, lui écrivait : « Vous faites bien mes affaires, je suis content de vous. » Mais on insinuait la défiance dans l'esprit de Louis XV. Dans l'offensive lancée contre le ministre encore tout-puissant, Mme du Barry, qui n'avait pas d'idées politiques et ne souhaitait pas s'initier aux arcanes d'une science qu'elle ignorait, ne fut que l'instrument de la haine d'Aiguillon et de la volonté de Maupéou. Mais elle joua son rôle avec toutes les ressources de son mignon babillage, de sa gaieté, de son espièglerie.

Il lui importait peu, au fond, que Choiseul fût ou ne fût pas ministre, mais d'Aiguillon et Maupéou lui firent peur, lui firent craindre pour sa tranquillité et pour sa place. Ces deux hommes étaient animés l'un par le ressentiment, l'autre par un dessein politique. D'Aiguillon ne pardonnait pas au Parlement, ni à Choiseul qui le soutenait, d'avoir poursuivi son procès après l'affaire de Bretagne dont il était gouverneur; Maupéou avait de l'autorité royale une conception qui ne pouvait s'accommoder d'un Parlement séditieux, sans cesse en opposition et qui cherchait à empiéter sur les droits du trône. Or Choiseul faisait le jeu de ce même Parlement qu'il fallait réduire à l'obéissance. D'Aiguillon, poursuivant en même temps sa vengeance et son ambition eut, en la comtesse du Barry, un associé bien dévoué, un associé de cœur. Étaient-ils amants? Les contemporains n'en doutaient pas. Le duc suivait partout la favorite et lui donnait le bras en toutes occasions. Mme du Barry, par de belles promesses, greffa une autre ambition sur le parti des ennemis de Choiseul; elle capta le prince de Condé à qui elle promit le commandement des armées. Le roi, sans cesse sollicité, mais qui avait tenu ferme jusqu'alors, fut ébranlé par un danger qu'on lui présenta comme inévitable et imminent si Choiseul restait aux affaires : la guerre avec l'Angleterre. Il voulait la paix, savait que la France n'était pas en mesure d'affronter un conflit. A la fin de 1770 l'allié espagnol, aux prises avec l'Angleterre dans les Falklands, risquait d'entraîner la France dans la guerre. Il fut facile de persuader Louis XV que Choiseul, s'il restait en place, ne l'éviterait pas, la susciterait au besoin. Dès lors son sort était tranché. Le 24 décembre le roi lui ordonna de donner sa démission et l'exila sur ses terres de Chanteloup.

La favorite l'avait emporté sur le ministre mais elle n'y avait mis nulle pression, nulle haine; elle avait été seulement docile à la volonté de ses amis, n'y avait même pas mêlé les ressentiments qu'elle aurait pu légitimement nourrir contre les mépris et les injures de Choiseul et de sa sœur. Elle prouva d'ailleurs qu'elle ne gardait aucune rancune en obtenant pour le ministre disgracié des dédommagements pécuniaires.

Maupéou et d'Aiguillon avaient remporté un premier succès, mais il restait encore à abattre le Parlement. Mme du Barry devait convaincre le roi. Si l'on en croyait les ouvrages des contemporains, la favorite aurait employé un moyen dramatique pour frapper l'imagination du roi et l'amener à composition. Elle avait fait placer dans son appartement le portrait de Charles Ier par Van Dyck et, chaque jour, en montrant le tableau à Louis XV, lui aurait répété : « La France, tu vois ce tableau ? Si tu laisses faire ton parlement, il te fera couper la tête, comme le parlement d'Angleterre l'a fait couper à Charles. » Propos évidemment apocryphes. Le roi et la favorite ne se tutoyaient pas, du moins en public, et Mme du Barry n'a jamais appelé Louis XV « La France » : c'était le nom d'un domestique du roi ! En réalité, devant les excès du Parlement qui maintenant faisait la grève de la justice, Maupéou n'avait eu aucune peine à convaincre le roi de la nécessité de casser cet instrument séditieux d'une opposition partisane, s'il voulait sauver son autorité. La réforme, brutalement imposée, intervint en janvier 1771; les parlementaires furent exilés; un nouveau Parlement, débarrassé de la vénalité, réduit à ses fonctions judiciaires et dépendant désormais du ministère, fut institué. Le triumvirat Maupéou, Terray et d'Aiguillon –

lequel reçut le portefeuille des Affaires étrangères en juin – pouvait désormais tenter la réforme fiscale à laquelle le Parlement s'était opposé avec l'obstination de l'intérêt menacé.

Le rôle politique de Mme du Barry, rôle impersonnel, qu'on lui avait soufflé, était terminé. Elle avait été l'instrument des ambitieux et des jaloux et, sa tâche terminée, elle retourna à ses amusements de jolie femme, à ses caprices, à ses dépenses, à son luxe. Car son tempérament est celui d'une femme entretenue, et son ambition se fixe toute sur les bijoux, les parures, les garde-robes; elle ruine le Trésor pour sa toilette, son mobilier, ses services de table. Elle fait construire, par Ledoux, la jolie maison de Louveciennes pour recevoir tous ces trésors. Jamais favorite ne fut plus inconséquente ni plus dépensière. Dépenser, c'est en effet sa grande affaire. Elle avait 150 000 livres de rente et reçut, de 1769 à 1774, six millions et demi du banquier de la cour.

Que Mme du Barry se conduisît en fille n'avait rien que de naturel. Dans cette cour où, pour réussir, mieux valait être proxénète ou putain, la prostituée Jeanne Beauvarnier était parfaitement à sa place, et si ses concurrentes moins heureuses affectaient le mépris, ce n'était que dépit, mépris de jalousie et non mépris de conscience. Ce n'était même plus ces rivalités de pouvoir – qui avaient quelque grandeur, quelque noblesse – que l'on avait connues au temps de la marquise de Pompadour. Mme du Barry n'ambitionnait ni la gloire ni l'influence qui avaient fait de sa devancière l'arbitre des affaires et l'admiration des gens d'esprit. Elle ne songeait qu'à garder le roi vieillissant en lui prodiguant distractions et plaisirs, et si des courtisans, croyant venu le moment de la remplacer, manœuvraient contre elle, ce n'était que pour capter des faveurs. Avec Choiseul et ses amis étaient parties les dernières résistances qui eussent quelque noblesse, et la cour était désormais abandonnée à la plus méprisable veulerie. On se battait désormais pour être des spectacles et des soupers de Mme du Barry et, de toutes les femmes, seules les filles du roi et la dauphine, Marie-Antoinette, refusèrent obstinément de céder à la faiblesse de leur père et beau-père.

L'opinion, qui n'avait pas, il est vrai, les mêmes intérêts sordides, se montrait moins indulgente et refusait d'absoudre le roi; il était tombé dans la crapule et on ne lui pardonnait pas de souiller le trône par un caprice de libertin. On tenait pour rien le grand œuvre de restauration monarchique qu'il avait entrepris avec Maupéou et Terray; au contraire on le lui reprochait comme une entreprise de renversement voulue par la favorite indigne qui l'avait conseillée, et les grands mérites de Louis XV étaient ensevelis sous une pluie de mépris et d'injures qui confondaient la maîtresse et l'amant dans une même crapuleuse indignité. Le roi désormais était discrédité. La monarchie pourtant, toujours vénérée, restait solide. On attendait, on espérait, on appelait de ses vœux un nouveau règne, un nouveau roi. Louis XV faisait horreur et l'on guettait sa mort qui débarrasserait la France de la dernière, de la plus exécrable, de la plus méprisée des favorites. Ainsi allait l'opinion que Choiseul n'avait pas lâchée et qu'il continuait à fournir en petits couplets satiriques que les chansonniers faisaient courir dans les rues. Ce n'était pas la première fois qu'un roi et sa maîtresse étaient la cible des pamphlétaires. Henri IV, Louis XIV avaient été gaillardement chansonnés et la dignité même d'une reine régente n'avait pas été un obstacle aux propos les plus lestes et les moins respectueux : les *Mazarinades* avaient brocardé les amours d'Anne d'Autriche et de Mazarin, s'étaient complu dans l'évocation de leurs plaisirs, avaient même irrévérencieusement suggéré des pratiques sodomistes qui se chantaient sur l'air des Feuillantines :

Ce foutu Sicilien
Ne vaut rien
Il est bougre comme un chien.
Elle en a sur ma parole
Dans le cul notre Espagnole!

Ces gauloiseries restaient dans la veine de l'esprit français, trivial et gaillard, et faisaient rire les badauds qui ne pensaient pas à mal. Dans les dernières années du règne de Louis XV, sous Mme du Barry, il en alla tout autrement. Toutes les favorites, en tout temps, la grande Agnès Sorel comme l'angélique Louise de La Vallière, avaient eu droit, comme un brevet de fonction, au titre de catin. Avec Jeanne du Barry la métaphore prit de la consistance et l'on s'attarda avec complaisance sur les aspects techniques de son apprentissage qu'elle avait fait, disait-on, dans les meilleures maisons, celle de la Gourdan, celle de la Brizon, qui tenaient alors les plus luxueux des bordels mondains. Elle avait appris là tous les raffinements de l'art et pratiquait en spécialiste toutes les postures de l'Arétin. Il ne s'agissait pas de prouver ces allégations, que les rapports de police démentent; le cas était plus grave : au siècle de la philosophie et de l'extrême libertinage intellectuel, le propos devenait profanation, profanation du roi et profanation des mystères religieux. Le catéchisme travesti, les saintes prières détournées et ridiculisées devenaient les supports de l'ironie sacrilège. Il n'était plus question d'irrévérences – on en avait vu d'autres; désormais on parodiait et on bafouait la nature mystique du roi en même temps que la parole sacrée, le *Pater* et l'*Ave Maria* devenaient sujets de blasphème. « Notre père qui êtes à Versailles, que votre nom soit abhorré. Votre règne est ébranlé. Votre volonté n'est pas plus exécutée sur la terre que dans le ciel. Rendez-nous notre pain quotidien que vous nous avez ôté (...) Ne succombez plus aux tentations de Du Barry (...) Ainsi soit-il. » Le pastiche burlesque et sacrilège glissait du roi à sa maîtresse : « Je vous salue Barry pleine de grâce; le roi est avec vous. Vous êtes bannie d'entre toutes les femmes, et la discorde est le fruit de vos entretiens avec les hommes [1] (...) »

On jouait à présent avec la dignité royale et Louis XV, qui approchait de sa fin, tombait dans un mépris qui semblait, au-delà de sa personne, avilir la monarchie qu'il représentait. Lorsqu'il mourut, le 10 mai 1774, il eut droit à une épitaphe qui résumait tous les griefs que les chansonniers avaient accumulés contre lui et qui ne retenait d'un règne qui méritait quelques louanges que le souvenir de turpitudes éhontées :

Remplissant ses honteux destins
Louis a fini sa carrière.
Pleurez coquins, pleurez putains :
Vous avez perdu votre père!

La comtesse du Barry, sous le nouveau règne qui s'annonçait austère et sage, fut d'abord exilée, puis elle put revenir vivre à Louveciennes où la Révolution vint la chercher pour la conduire à l'échafaud. Elle avait été la dernière des favorites royales et lorsque sa tête tomba, ce fut comme si s'éteignaient les derniers feux d'un Ancien Régime à jamais révolu. Elle avait été la plus impopulaire des maîtresses royales; paradoxalement on lui avait reproché son professionnalisme et d'être faite pour sa place. Elle avait été légère, dépensière et gaie. Son rôle politique s'était borné à la disgrâce de Choiseul et au soutien qu'elle avait apporté au triumvirat : action plutôt positive, Maupéou et son ministère ayant fait la réforme la plus utile et la plus

1. Cité par Guy Breton, *La Chanson satirique*, Librairie académique Perrin, 1967.

nécessaire dont la monarchie eût alors besoin. Mais le siècle allait dans une autre voie, il allait au renversement des valeurs qui avaient jusqu'alors soutenu la monarchie. Mme du Barry avait fourni l'occasion et l'excuse pour contester, par-delà la personnalité du roi, le régime dont il semblait qu'elle symbolisât la sénilité crapuleuse. Qu'importait que ce régime eût alors fait l'effort le plus considérable de son histoire pour rajeunir une structure usée et la relancer sur la voie de l'avenir et du modernisme ; il paraissait tout entier livré à une ribaude, on croyait à sa décrépitude, désormais on ne le lâcherait plus. Demain le mépris, glissant de la maîtresse scandaleuse à la reine innocente, devait frapper la monarchie au cœur et la perdre de réputation. La moralisation de la cour, d'où l'adultère fut banni, eut en effet des effets pervers ; on reporta sur la femme légitime du roi les haines et les mépris qui convergeaient, aux temps heureux de la bigamie, sur les favorites royales.

CHAPITRE XI

LA DÉCHÉANCE D'UNE REINE

Le nom de Marie-Antoinette est attaché à la déconsidération et à la chute de la monarchie. La réputation d'une reine est fragile parce qu'elle est femme, et essentielle au prestige de la dynastie parce qu'elle est la mère du dauphin. Salir la reine équivaut à ébranler le trône dans la personne du roi jugé faible et complaisant et à mettre en péril l'avenir de sa race en jetant le doute sur la légitimité de l'héritier. Certes, avant Marie-Antoinette, il y eut des reines légères, et accusées de l'être avec beaucoup plus de raisons; la reine Margot a laissé un souvenir de libertinage, de paillardise même qui n'est pas dû uniquement à la malveillance. Anne d'Autriche, prise gaillardement à parti dans les *Mazarinades*, n'avait pas ignoré les coups bas portés par des ennemis déterminés; mais on était en pleine guerre civile et le succès final de la reine-régente avait bientôt rétabli son autorité et mis fin aux rumeurs. Marie-Antoinette, au contraire, fut la victime d'une véritable entreprise concertée de déstabilisation destinée à atteindre la monarchie dans son symbole même. L'assaut lancé contre la reine, le maillon le plus vulnérable de la chaîne dynastique, n'a pas seulement pour finalité de discréditer la femme et la mère, mais de remettre en question la crédibilité de l'autorité royale au moment où le régime est exposé au feu nourri des contestataires et des réformateurs. Soupçonner la reine, c'est avilir le roi, compromettre sa dignité et, à terme, jeter le doute sur son aptitude au pouvoir, et sur le droit de son fils à lui succéder. Des trois angles du triangle dynastique – roi, reine, dauphin – la malignité s'attaque au plus fragile, par facilité, mais aussi parce que, par son caractère et sa fonction, il dispose d'une force de contamination capable d'ébranler l'édifice tout entier. La reine, en effet, n'est pas seulement une femme; elle est auréolée, sur le mode mineur, de la sacralité qui a élevé le roi au-dessus des mortels le jour de son sacre, et l'on ne peut la soupçonner sans qu'un poison mortel se répande dans tout le corps monarchique.

La Révolution, pour la nécessité du combat et par perversion, jeta des tombereaux d'immondices sur Marie-Antoinette pour justifier ses rigueurs et se donner à bon compte un certificat de vertu. On aurait tort, pourtant, de croire que les révolutionnaires furent les inventeurs du corpus d'insanités dont l'exploitation complaisante devait conduire l'infortunée souveraine à l'échafaud. La Révolution n'eut pas à accomplir des prodiges d'imagination, elle n'eut qu'à puiser dans la tradition de l'Ancien Régime, dans les propos des courtisans et des ministres, des princes et du Parlement, dans les écrits des libellistes honteux souvent commandités par les premiers pour assouvir leurs désirs malsains, leur haine et leur ambition.

On ne s'étonnera pas de trouver les grands, princes et ministres, à l'origine des calomnies et à la source du crime. Car la raison première de la haine que ces puissants personnages portaient à Marie-Antoinette était politique, mettait en péril leur autorité et très à mal les passions qui les animaient. Jeune, innocente, profane dans les intérêts qui divisent les hommes, elle fut d'abord, et en toute ignorance, la victime et l'enjeu de la lutte que se livraient les partis, mot trop noble sans doute pour désigner les coteries ou les cabales qui divisaient la cour et ne reculaient devant aucun moyen, même les plus indignes, pour l'emporter sur leurs rivaux.

La véritable faute, impardonnable aux yeux de ses ennemis, de la jeune Marie-Antoinette, enjeu involontaire des stratégies matrimoniales, fut de symboliser la rupture de la tradition diplomatique française et de rejeter dans l'opposition tous ceux qui restaient fidèles à une politique d'alliances internationales dont le renversement, matérialisé par le mariage de Louis XVI, alors dauphin, et de l'archiduchesse d'Autriche, consacrait l'effacement ou la marginalisation. La France bourbonienne, dans un souci à la fois réaliste et traditionnel, avait séculairement tourné sa politique contre la maison d'Autriche; mais, depuis le traité de Paris, si humiliant pour la grandeur française, l'Angleterre était devenue une menace précise, le concurrent et l'ennemi le plus redoutable. Choiseul avait donc, très logiquement, renversé la diplomatie et, bouleversant toutes les habitudes, scandalisant tous les préjugés, cherché de nouveaux alliés dans l'Autriche et l'Espagne. Contre Louis XV et son ministre, la tradition et le conformisme avaient aussitôt construit une puissante cabale qui, en haine de l'Autriche, se dressa contre tous ceux qui matérialisaient à ses yeux la honte et la défaite dont l'alliance autrichienne était devenue l'insigne métaphore. Ne craignant pas de se qualifier ouvertement de parti français, rejetant ainsi leurs adversaires dans le camp de la lâcheté et de la trahison, cette coterie avait porté à sa tête le duc de Berry, héritier de la couronne et, aussi longtemps qu'il vécut, adversaire déterminé de la diplomatie de Louis XV et de Choiseul; après sa mort, D'Aiguillon avait pris le relais et avait réussi, grâce à ses puissants auxiliaires, à faire disgracier Choiseul avec l'aide de Mme du Barry.

La jeune Marie-Antoinette arriva donc en France au moment où ses ennemis triomphaient. D'Aiguillon était soutenu par le clergé, les dévots, les Jésuites, tous coalisés, en haine de Choiseul, le ministre philosophe, contre Marie-Antoinette, sa protégée devenue dauphine de France, et bientôt reine par son intercession sacrilège. Les ambitions de l'impératrice Marie-Thérèse permirent d'accroître les rancœurs contre sa fille, et D'Aiguillon n'eut aucun mal à exploiter contre la dauphine l'émotion et le mécontentement provoqué en 1772 par le partage de la Pologne : l'Autriche était bien, plus que jamais, l'ennemi héréditaire de la France, et l'on ne pouvait faire fond sur sa récente amitié. Ceux qui la dénonçaient étaient seuls clairvoyants et n'entendaient pas se borner à un succès d'opinion. L'occasion était trop belle pour jeter la suspicion sur Marie-Antoinette : comment faire confiance à la fidélité et au dévouement de cette fille de Marie-Thérèse, à cette « Autrichienne » comme on commençait à l'appeler, sûrement encore attachée de cœur à son ancienne patrie.

En réalité, l'aimable dauphine, dans l'épanouissement et la fraîcheur de ses dix-sept printemps, se souciait fort peu de politique; espiègle et naïve, elle comprenait fort peu la nature des luttes sournoises dont elle était l'objet et les raisons d'une hostilité qui dépassait de très loin sa personne. Déjà très française, très parisienne même, elle n'aspirait qu'à la joie, rêvait jeux, bals et divertissements, toilettes et promenades. Préparée de longue main à la couche de Louis XVI, elle avait eu tout le temps de s'adapter aux mœurs et aux caprices du tempérament français. Sa mère, qui voyait loin et qu'on ne prit jamais sans vert, l'avait formée comme si elle eût dû devenir, à coup sûr, l'épouse d'un souverain français. Son éducation avait été toute française et rien n'avait été négligé pour qu'elle en prît le ton, qu'elle en parlât la langue, qu'elle en adoptât la mode. Ses maîtres de prononciation et de chant avaient été des comédiens français. Son coiffeur était parisien, et c'est presque assez pour faire d'une femme, vînt-elle du fin fond des Carpathes, une véritable Parisienne que la cour ni la ville ne peuvent renier. Français surtout, et de la plus belle eau, cultivé et persifleur, spirituel, railleur et léger, fut son instituteur, l'abbé de Vermond qui la forma au pire comme au meilleur, à l'esprit qui enchante comme à l'ironie cruelle qui bafoue et ulcère les cœurs ; que d'ennemis devait susciter à la jeune dauphine, puis à la reine, cette facilité à manier la moquerie avec l'impertinence qu'autorise la beauté et que permet le rang ! Le portrait que dresse l'abbé de Vermond de son élève, mi-flatté mi-sévère, révèle une jeune fille dont les traits de caractère les plus affirmés sont la bonté, l'affabilité et la gaieté ; sa culture est légère bien que son précepteur se soit employé à exercer sa réflexion sur l'histoire de France, l'ait initiée aux mœurs et au gouvernement, sans négliger les arts, les lois et les coutumes et plus généralement « tous les objets dont la connaissance est nécessaire dans le cours ordinaire de la vie ». Somme toute une jeune princesse que distinguent essentiellement le charme enfantin et la joie de vivre, sans rien de saillant dans l'esprit, sans excès dans le caractère, bien faite au demeurant pour affronter une cour où l'on n'apprécie ni les personnalités trop fortes ni les caractères ombrageux, mais où l'on n'aime pas non plus les esprits facétieux, un trait qui se révélera très vite, ni le non-conformisme des attitudes et des propos. Telle qu'elle est, à vrai dire charmante, elle épouse le dauphin en 1770.

Maussade et timide, Louis s'est montré peu empressé auprès de sa jeune femme. Son gouverneur, le duc de La Vauguyon, choisi par le duc de Berry qui appréciait sa dévotion, l'a mal préparé à son devoir de mari, lui a inspiré la crainte des femmes, l'a élevé dans un esprit de pénitence et de macération qui explique la froideur qu'il manifeste d'abord à l'égard de Marie-Antoinette. Après le mariage, La Vauguyon ne désarme pas, surveille le couple, inspire à Louis de l'éloignement pour sa femme qui, importunée, se fâche un jour tout rouge : « M. le duc », lui dit-elle d'après Hardy, « M. le Dauphin est en âge de n'avoir plus besoin de gouverneur, et moi je n'ai pas besoin d'espion; je vous prie de ne plus reparaître devant moi. » Marie-Antoinette savait trouver les mots pour inspirer des inimitiés implacables. C'est que la frivolité, le désir de gaieté, le goût pour les plaisirs de son âge ne sont pas les seules préoccupations de la dauphine; elle veut en tout être indépendante et cette passion se renforcera encore lorsqu'elle sera devenue reine. Mais ce désir, pour légitime qu'il fût, était un peu déplacé à la cour de France où sa position exigeait plus de modestie et où elle était l'objet d'une surveillance constante. Les femmes la guettaient, Mesdames d'abord et surtout Madame Adélaïde, mais aussi des duègnes comme Mme de Marsan, très influente, et Mme de Noailles qui faisait régner un cérémonial hiératique et veillait à l'observation stricte de l'étiquette. Marie-Antoinette s'en irritait sans se rendre compte que cette surveillance souvent mesquine était sa meilleure sauvegarde parce que, entourée de suspicions, elle avait besoin d'être protégée. Mais on ne saurait s'étonner qu'elle ait eu un sentiment très vif de sa dépendance, qu'elle ait ressenti son assujettissement comme une brimade et ait essayé, avec toute l'espièglerie de son jeune âge, de se venger de ces mentors indiscrets. Elle le faisait sans méchanceté et ses vengeances n'étaient que des facéties dont la susceptibilité faisait des crimes. Par quelques jeux de mots inoffensifs, Marie-Antoinette entretenait la malveillance chez ses victimes ulcérées. Il n'y avait certes pas grand mal à affubler de sobriquets les femmes sur le retour, baptisée « les siècles », d'appeler « collets montés » les prudes de la cour, ou « paquets » les colporteurs de nouvelles, mais ceux et celles qui se sentaient visés par ces traits humoristiques ne pardonnèrent jamais à celle qui jouait ainsi avec leur dignité.

La malignité croissait, les malveillances se multipliaient et Marie-Antoinette sentit le besoin d'avoir des amies, distingua de jeunes femmes et se lia avec elles. Ainsi vinrent Mme de Picquigny, Mme de Saint-Mégrin (une intrigante placée là par La Vauguyon et vite percée au jour), Mme de Cossé puis Mme de Lamballe. Ce fut alors la jalousie qui piqua au cœur celles qui n'étaient pas élues.

L'hostilité naissait donc de toutes parts au moment où accéda au trône celle que l'on dépeignait comme l'ennemie de la France, et son mari lui-même, entretenu dans sa défiance par La Vauguyon, lui montrait beaucoup de froideur. De cette inconfortable position, seul le retour de Choiseul au ministère pouvait la sauver. Le parti dévot et tous les ennemis de la jeune reine, qui avaient même envisagé la possibilité d'un divorce, veillaient. Madame Adélaïde, le duc D'Aiguillon et le jésuite Radonvillier, tous très influents sur Louis XVI, lui imposaient Maurepas, un proche parent de D'Aiguillon, ancien confident du duc de Berry et comme lui très hostile à Choiseul, à Mme de Pompadour et à leur politique autrichienne. Il s'entoura d'hommes qui avaient été comme lui liés au duc de Berry, comme De Muy, ou hostiles à la maison d'Autriche comme Vergennes. Malgré la présence de Turgot, le ministère était donc globalement peu favorable à Marie-Antoinette, et Madame Adélaïde, toujours très influente sur l'esprit du roi, contribuait à la rendre suspecte en dénonçant sa légèreté et ses imprudences. A vrai dire, on ne lui pardonne rien, et le moindre enfantillage devient un crime qui, si l'on en croit les bonnes âmes qui s'en indignent, mérite la répudiation. Lorsque la nouvelle reine, au lendemain de son avènement, reçut les révérences des dames de la cour, un petit incident déchaîna la colère. Une des dames du palais se livra à des facéties de son âge et la reine dut cacher son fou rire derrière son éventail. Ce fut un tollé; on s'indigna que la reine perdît le respect dû à des femmes respectables et le lendemain on répandait dans Versailles une chanson qui était un véritable chantage à la répudiation :

Petite reine de vingt ans
Vous qui traitez si mal les gens
Vous repasserez la barrière.

Peu après, une petite escapade sans conséquence lui fit encore plus de tort. Désireuse de voir un lever de soleil, elle se rendit un matin sur les hauteurs de Marly avec ses femmes et le duc de Chartres, en l'absence du roi. Il n'en fallut pas plus pour que courussent les bruits les plus infamants et l'on fit circuler un libelle, *Le Lever de l'Aurore*, nourri de sous-entendus calomnieux.

La perfidie de la cour était cependant encore compensée par la popularité dont jouissait la reine dans le peuple de France. On lui savait gré de sa beauté, de sa gaieté, on connaissait sa générosité car elle était charitable et aumônière et on l'associait à Louis XVI dans l'espoir d'un règne de bonté et de prospérité. Elle avait d'ailleurs beaucoup de décence et de simplicité et, sans influence sur les ministres, elle en avait aussi fort peu sur le roi qui, naturellement discret, était entretenu dans sa réserve par les ministres. Marie-Antoinette n'était pas dupe et s'en plaignait à son frère Joseph II comme en témoigne cette lettre publiée par Von Arneth et citée par les Goncourt dans leur biographie de la reine : « Je vous avouerai bien que les affaires politiques sont celles sur lesquelles j'ai le moins de prise. La méfiance naturelle du roi a été fortifiée d'abord par son gouverneur, dès avant mon mariage. M. de La Vauguyon l'avait effrayé sur l'empire que sa femme voudrait prendre sur lui, et son âme noire s'était plue à effrayer son élève par tous les fantômes inventés contre la maison d'Autriche. M. de Maurepas, quoique avec moins de caractère et de méchanceté, a cru utile pour son crédit d'entretenir le roi dans les mêmes idées. M. de Vergennes suit le même plan et peut-être se sert-il de sa correspondance des affaires étrangères pour employer la fausseté et le mensonge. [...] Je ne m'aveugle pas sur mon crédit ; je sais que surtout pour la politique je n'ai pas grand ascendant sur l'esprit du roi. [...] Les aveux que je vous fais, mon cher frère, ne sont pas flatteurs pour mon amour-propre, mais je ne veux rien vous cacher. [...] »

Même privée de pouvoir, la reine reste la reine et, dans une cour aussi intrigante et avide que l'était celle de Louis XVI, il était naturel que chacun cherchât à obtenir ses faveurs et se retournât contre elle s'il n'obtenait pas satisfaction. L'amitié de la reine et les bienfaits qui l'accompagnent étaient l'objet d'une compétition très rude. La plus petite faveur manifestée à l'un irrite tous les autres et vaut à celle qui montre ainsi ses préférences de solides inimitiés. Que Marie-Antoinette manifestât de la complaisance pour son frère, quoi de plus naturel, et cependant son attitude fut non seulement blâmée, mais aggrava les préjugés que l'on nourrissait contre « l'Autrichienne ». En 1775 en effet l'archiduc Maximilien visita Paris. Aussitôt s'élevèrent des contestations d'étiquette, des querelles de préséance entre les princes du sang français et le prince autrichien et Marie-Antoinette prit assez naturellement parti pour son frère. Il n'en fallut pas plus pour que les vieilles méfiances reparussent et que l'on accusât la jeune reine de ménager les intérêts de l'Autriche et de nourrir des préférences antifrançaises. Plus généralement, ses amitiés provoquent le mécontentement de la cour. Montre-t-elle son affection pour Mme de Lamballe, qu'elle a promue surintendante de sa maison, aussitôt toutes les dames d'honneur, vexées dans leur vanité, manifestent à grand bruit leur opposition à l'élévation de cette favorite à une charge aussi importante. Il y a plus grave; le mécontentement de la cour gagne l'opinion publique. C'est d'abord une moquerie : on raille ses chapeaux, ses modes, ses coiffures; mais très vite on l'accuse plus gravement. Dépensière, dit-on, elle dilapide les ressources du Trésor et pousse à la ruine bien des familles dont les femmes multiplient les prodigalités pour rivaliser en toilettes élégantes. Ces reproches, qui prennent vite un tour dangereux, d'où viennent-ils? Des femmes les moins recommandables de la cour, de celles qui, sous Louis XV, se sont compromises sans vergogne avec Mme du Barry. Ce sont Mmes de Monaco, de Châtillon, de Valentinois, Mazarin, devenues prudes parce que l'âge de la réforme a sonné pour elles, qui font à Marie-Antoinette la réputation détestable de femme légère et insouciante, indigne de sa haute position. La faveur des Polignac fit encore plus de ravages. La reine a distingué la comtesse Jules et, dans l'isolement où elle se trouvait, s'est profondément attachée à cette nouvelle amie et l'a couverte ainsi que sa famille de multiples bienfaits avec une prodigalité excessive sans doute : les cadeaux, les dons, les pensions accordés aux Polignac se chiffrent par millions. Les puissantes familles, les Noailles surtout, crièrent à la dilapidation, mais ce ne fut pas par vertu. Ces courtisans de haut parage se souciaient fort peu du salut de l'État, du déséquilibre des finances royales que ces largesses inconsidérées mettaient un peu plus à mal ou de la popularité du roi contre lequel se retournait l'opinion publique. La raison de leur protestation était l'envie : tout ce que la reine donnait aux Polignac échappait à leurs mains avides, ils s'estimaient lésés et ne pardonnaient pas.

La reine provoquait aussi bien d'autres blessures d'amour-propre en vivant à Trianon comme une particulière, dans une grande simplicité, avec les amis de son choix. Elle n'y conviait que ses fidèles, blessant mortellement ceux qui n'étaient pas admis à vivre dans sa familiarité champêtre. Les haines et les rancœurs s'accumulaient ainsi en abondance au moment où le « parti français » avait de grands sujets d'inquiétude. Le roi, revenu de ses préventions et devenu peu à peu amoureux de sa femme, avait donné à Marie-Antoinette une fille d'abord, en 1778, puis en 1781 un dauphin. Non seulement sa position s'en trouvait consolidée, mais on pouvait redouter qu'elle prît sur le roi toujours plus d'ascendant et exerçât sur lui son influence. Elle avait donné un héritier au trône; c'est par là qu'on essaya de l'atteindre. Des rumeurs coururent Versailles, des chuchotements accompagnèrent chaque grossesse, on murmurait des noms, Dillon, Coigny, Guines, Fersen, Lauzun, avec qui la reine, calomnieusement accusée de manquer de vertu, aurait eu des relations coupables.

Contre toutes ces attaques stratégiquement calculées pour déshonorer la reine, pour la perdre de réputation dans l'esprit du roi comme dans l'opinion, Marie-Antoinette devait se défendre et trouva dans l'affection profonde que Louis XVI lui portait désormais un soutien puissant mais qui se retourna finalement contre elle. Si elle parvint en effet par son influence à faire nommer des ministres, elle fut rendue responsable de leurs fautes et, plus généralement, fut accusée de tous les maux qui frappèrent le royaume. Après une longue période d'insignifiance politique, elle avait en effet réussi à faire nommer Castries à la Marine et Ségur à la Guerre et, après la mort de Maurepas, avec le soutien des Polignac, avait propulsé Calonne au contrôle général des Finances. Elle regagnait donc du terrain et pouvait compter sur un ministère débarrassé de ses ennemis les plus déterminés, quand éclata la scandaleuse affaire du Collier où Marie-Antoinette, toute innocente qu'elle était, fut choisie comme bouc émissaire par tous ceux qui, par-delà une vulgaire affaire d'escroquerie, voulurent régler leurs comptes non seulement avec la reine mais avec le régime que, par elle, ils tentèrent de déconsidérer. Dans cette grossière affaire de faux, dans cette duperie monstrueuse à laquelle nul esprit sensé ne pouvait se laisser prendre, le Parlement et ses suppôts étaient infiniment plus coupables que la voleuse éhontée qui n'avait obéi qu'à sa cupidité, et les courtisans qui accueillirent complaisamment les rumeurs les plus absurdes et se réjouirent de l'humiliation de la reine montrèrent, une fois encore, la nature vulgaire de leur prétendu attachement au trône et l'ineptie profonde de leurs calculs intéressés. Raconterai-je encore l'affaire si connue du Collier de la reine ? Tout a été dit sur la comtesse de La Motte, l'artisan de l'intrigue, une gourgandine qui n'en était pas à son coup d'essai et sur son amant et complice. On n'ignore rien de la naïveté stupide du cardinal de Rohan que son ambition aveugla. On sait que les reproches faits à Marie-Antoinette ne pouvaient qu'être faux parce qu'ils étaient impossibles. Personne n'a pu croire, surtout ceux qui connaissaient les arcanes et l'étiquette du palais, qu'une reine de France pût rencontrer en secret, de nuit, dans un bosquet, un cardinal en disgrâce que, de plus, elle détestait. Le roi et ses ministres commirent une faute absurde, ce fut de confier au Parlement le jugement d'un procès où la reine serait compromise car les grands juges se comportèrent comme il était à prévoir, avec partialité, dans le seul souci d'attirer sur eux l'attention et d'accroître leur popularité : ils acquittèrent Rohan et laissèrent planer un soupçon terrible sur l'honnêteté de la reine. Avec elle, c'est toute la monarchie qui se trouvait compromise, et la liberté avait bien peu à gagner à ce scandale malgré l'explosion de joie du conseiller Fréteau qui, traduisant l'opinion de beaucoup de ses collègues, s'écriait : « Grande et heureuse affaire ! Un cardinal escroc, la reine impliquée dans une affaire de faux ! Que de fange sur la crosse et sur le sceptre ! Quel triomphe pour les idées de Liberté ! »

Dans les années qui suivirent, l'impopularité de la reine grandit au point qu'en 1787 on n'osa pas exposer au Salon du Louvre son portrait par Mme Vigée-Lebrun par crainte des outrages. Son influence sur le roi était alors assez grande pour qu'elle pût faire nommer Loménie de Brienne, mais ce succès se retourna contre elle : la crise des finances, aggravée par le refus du Parlement d'entériner les réformes nécessaires, l'exil de ce même Parlement, conséquence de son opposition, qui provoqua de profonds remous dans l'opinion, tout fut imputé à crime à Marie-Antoinette rendue responsable de tous les embarras de l'État et même de la grêle qui ravagea les récoltes. A la veille de la Révolution, Marie-Antoinette était complètement déconsidérée dans l'esprit public, et, avec elle, le roi, traité en cocu complaisant, et la monarchie ont été profondément atteints dans leur prestige millénaire. Le temps approchait où le respect, même conventionnel, viendrait à manquer.

Certes le règne de Louis XVI correspondait à une période d'infléchissement des relations entre le roi et la reine et leurs sujets, et la monarchie subissait le contrecoup de la laïcisation qui transformait progressivement le souverain thaumaturge en simple magistrat. Mais rien n'indiquait que la fonction royale dût tomber dans le discrédit, ni la philosophie des Lumières, plutôt favorable au « despotisme éclairé », ni les théories politiques qui faisaient d'un souverain limité et contrôlé le paradigme du bon gouvernement. Il avait fallu, pour que la reine et le roi tombassent dans le mépris, orchestrer savamment des campagnes de calomnies, de mensonges orduriers et d'injures gratuites. Les fautifs doivent être cherchés parmi ceux qui, apparemment insoupçonnables, avaient les plus grands intérêts à entreprendre cette œuvre de subversion. Les mobiles étaient nombreux et visibles. La méthode utilisée était de tradition et ceux qui l'utilisèrent en avaient une longue pratique. Les mêmes courtisans qui s'en prenaient aujourd'hui à la reine avaient, pendant des siècles, lancé leurs traits empoisonnés contre les maîtresses du roi. Louis XVI eut le tort de n'avoir pas de favorite et la reine était toute désignée; elle était le substitut idéal, d'autant plus vulnérable qu'elle était ingénue, d'autant plus coupable que sa position était plus élevée, et sa ruine d'autant plus profitable qu'elle mettait en jeu, au-delà de la femme, l'avenir d'un régime et l'héritage d'une couronne. C'est en effet dans sa propre famille, dans son entourage immédiat que Marie-Antoinette recueillit d'abord toutes les inimitiés et les perfidies qui entouraient naguère les maîtresses des rois. Ses tantes d'abord, Mesdames, qui reportèrent sur elle toutes leurs rancœurs et jalousies mesquines. Ses beaux-frères et belles-sœurs plus encore, surtout le comte de Provence, ambitieux et retors, qui fit planer les premiers doutes sur la légitimité de enfants royaux, espérant hériter d'une couronne si, l'adultère étant constaté, le dauphin était privé de la succession. Mais aussi le prince de Condé, ulcéré que la reine eût refusé de recevoir Mme de Monaco, sa maîtresse, et le duc d'Orléans qui attribuait à l'influence de la reine le peu de sympathie que le roi lui manifestait. Plus généralement Marie-Antoinette avait dû supporter l'animosité de courtisans jaloux irrités de toutes les faveurs que la reine réservait à ses favorites. Les cours étrangères elles-mêmes, l'Angleterre, la Prusse, qui voyaient en elle le gage de l'alliance franco-autrichienne, n'épargnèrent rien pour donner de la reine une image antipathique.

Marie-Antoinette méritait mieux pourtant que cette conjuration d'hostilités. Devenue très française et sincèrement attachée au roi et à son nouveau pays, on ne pouvait même pas lui reprocher de manquer de patriotisme. A son frère qui se plaignait de son peu d'empressement à user de son empire en sa faveur, elle répondait fièrement : « Je suis maintenant française avant d'être autrichienne. »

Si la famille et la cour avaient les premiers répandu le poison qui devait tuer Marie-Antoinette, ils avaient très vite trouvé des relais infâmes pour répandre leurs calomnies dans l'opinion. Les chansons et les pamphlets se multiplièrent rapidement et formèrent un abondant florilège des prétendues turpitudes de Marie-Antoinette. De cette débauche de mensonges seuls sont vrais les enfantillages à laquelle la reine se livrait, il est vrai, sans retenue : les caprices vestimentaires ; le jeu, coutumier à la cour et qui avait très mauvaise réputation car les tricheurs étaient nombreux. Marie-Antoinette jouait beaucoup, trop sans doute ; d'après Mercy-Argenteau elle aurait perdu, en 1778, 181 344 francs. Elle allait aussi au bal de l'opéra et il n'en fallait pas plus pour que l'on prétendît que, sous le masque, elle se laissait lutiner. Son insouciance, son imprudence, sa futilité lui firent certes le plus grand tort. On peut lui reprocher d'avoir trop naïvement provoqué des situations inhabituelles que la malignité pouvait aisément transformer en aventure scabreuse. L'affaire du fiacre est un bel exemple de son caractère joueur, mais elle est aussi révélatrice de son inconscience. Un jour qu'elle se rendait à l'opéra avec la duchesse de Luynes, sa voiture cassa à l'entrée de Paris. Elle entra dans une boutique en attendant un fiacre et, arrivée à l'opéra, raconta son aventure, comme une chose plaisante, à tous ceux qui l'approchèrent. Aussitôt Paris résonna des bruits les plus alarmants : la reine avait donné un rendez-vous dans une maison particulière, on citait le nom de l'élu (le duc de Coigny) et après lui on en nomma bien d'autres. Et Mme Campan, que son affection ne doit pas faire suspecter de partialité, décrit l'escalade et la surenchère qui permettait de traîner Marie-Antoinette dans la boue : « La reine, tranquillisée par l'innocence de sa conduite, et par la justice qu'elle savait bien que tout ce qui l'entourait devait rendre à sa vie privée, parlait avec dédain de ces faux bruits et se contentait de supposer que quelque fatuité de la part des jeunes gens cités avait donné lieu à ces méchancetés. Elle cessait alors de leur adresser la parole, et même de les regarder. Leur vanité en était blessée, et le plaisir de la vengeance les portait à dire ou à laisser penser qu'ils avaient eu le malheur de cesser de plaire. » De la même façon les rancunes firent de Trianon, où la reine menait avec ses amis une vie simple et agreste, un lieu de débauches et d'orgies. Il fut facile, à partir de là, à Monsieur de faire courir le bruit que les enfants royaux étaient des bâtards et le dauphin le fruit de l'adultère et une chanson ironique ne tarda pas à courir à Paris : « Belle Antoinette, disait-elle, qu'importe d'où vient cet enfant ? C'est sans doute quelque planète qui nous a fait ce doux présent. »

Il serait fastidieux de dresser la liste de tous les pamphlets dont le leitmotiv était la vie débauchée de la reine. Leurs titres – *Les Nuits de Marie-Antoinette, Les Passe-temps d'Antoinette, La Reine dévoilée* – indiquent assez la nature de leur contenu. *Les Amours de Charlot et Toinette*, publié en 1781, commençait de manière non équivoque : *Une reine jeune et fringante – Dont l'époux très auguste était mauvais fouteur – Faisait de temps en temps en femme très prudente – Diversion à sa douleur.* Malgré la surveillance de la police et l'interdiction de les vendre, ces pamphlets connaissaient parfois de très grands succès. Le plus célèbre, *Essais historiques sur la vie de Marie-Antoinette*, a connu dix-huit éditions successives, sans parler des nombreuses contre façons. La reine y était qualifiée d' « infâme Messaline » et d' « infernale furie ». Le plus souvent ces libelles étaient l'œuvre de maîtres-chanteurs, parfois même celle de policiers véreux. Ainsi, en 1780, l'inspecteur Goupil avertit le ministre de la maison du roi qu'un pamphlet très calomnieux était en cours d'impression et se fit remettre mille écus pour le découvrir. On s'aperçut bientôt qu'il en était lui-même l'auteur et qu'il n'était pas à son coup d'essai en matière d'escroquerie et de chantage. Des exemplaires de ce pamphlet qui, d'après Barbier, s'intitulait *La Vie privée, libertine et scandaleuse de Marie-Antoinette*, ouvrage qui, selon Mme Campan, « contenait d'atroces calomnies, mais présentées avec un art qui pouvait les rendre très funestes à la renommée de la reine », furent brûlés à la Bastille sans que cependant le livre fût entièrement anéanti.

Cette campagne de calomnies avait commencé très tôt. L'abbé Baudeau, dans sa chronique de Paris, écrit à la date de 1774, juste à l'avènement des jeunes souverains : « On tire à boulets rouges sur la reine ; il n'y a pas d'horreurs qu'on n'en débite. On lui donne M. le duc de Chartres et M. de Lamballe, puis Mme de Lamballe, Mme de Picquigny etc. C'est la cabale jésuitique du chancelier [Maupéou] et des vieilles bigotes de tantes qui font courir tous ces bruits-là pour perdre, s'ils peuvent, cette pauvre princesse. » L'affaire du Collier accéléra l'impopularité de la reine et les pamphlets se multiplièrent, de plus en plus odieux et suggestifs, jusqu'en 1788-1789 où l'héroïne scandaleuse de cette sordide escroquerie, Mme de La Motte, publia des Mémoires justificatifs accompagnés de lettres apocryphes échangées entre la reine et le cardinal de Rohan. A partir de 1791 il n'y eut plus aucune retenue, la police ne prit même plus la peine de pourchasser les auteurs de ces libelles orduriers qui s'étalèrent aux devantures des libraires.

Les injures et les calomnies, d'abord sorties du cabinet des ministres, nées des ambitions rivales, colportées par les proches de Marie-Antoinette, par des courtisans jaloux et avides, adroitement mises en scène par des folliculaires sans scrupule, avaient fini par dépopulariser la reine, par la rendre odieuse à la nation française; par contrecoup le roi était apparu comme un benêt complaisant, la monarchie s'était déconsidérée et, avec le respect, le prestige s'était éteint. Certes de nombreux facteurs, qui n'avaient aucun rapport avec la personnalité de Marie-Antoinette, avaient convergé dans le même sens. Mais la réputation de la reine était de trop grande conséquence pour la royauté, édifice qui reposait en partie sur son honorabilité, pour qu'il ne fût pas frappé de plein fouet par le venin du soupçon. Paradoxalement, la vertu de Louis XVI fut en partie la cause du scandale. Sa vie familiale irréprochable fit de sa femme une victime. Il fallait à la cour, pour satisfaire les ambitions des uns, les rancunes des autres, un arbitre ou un bouc émissaire pour chercher un appui où déverser ses rancœurs : les favorites royales avaient jusqu'à Louis XV rempli ce double rôle, épargnant ainsi à la reine, insignifiant faire-valoir entouré de respect, l'assaut des convoitises comme les injures et les mépris. Les maîtresses concentraient sur elles les haines comme les admirations et les compliments, détournaient sur leurs personnes les protestations et la déconsidération. Elles constituaient un système immunitaire qui préservait la famille royale. Marie-Antoinette eut la malchance de ne pas bénéficier de ce bouclier efficace qui, en la condamnant peu ou prou à la nullité, l'eût protégé. En rompant avec la tradition de la favorite, Louis XVI supprima l'écran de protection et détourna vers la reine le flot des malveillances qui avaient jusqu'alors convergé vers celles que leur position désignait tout naturellement à la malignité. La monarchie n'est pas morte seulement de son embourgeoisement et de sa moralisation; mais ils comptent aussi parmi les facteurs qui ont compté dans sa déconsidération et qui ont contribué à lui préparer l'échafaud.

[illegible]

[illegible] production [illegible] [illegible]

[illegible] de la [illegible]

[illegible]

CONCLUSION

La femme n'existe souvent, en tant que sujet historique, que comme reproductrice ou instrument de plaisir. A l'époque moderne, la théologie aussi bien que la réflexion laïque l'ont enfermée dans ces rôles complémentaires, pour les exalter ou les dénoncer, les sublimer ou les calomnier, sans parvenir à empêcher qu'entre la génitrice et la dispensatrice des félicités érotiques un espace se créât où un autre visage de la femme pût se glisser, et dans cet espace il y eut place pour le pouvoir, pour la gloire, pour la culture, voire pour le mythe. Souveraine par condition, ou élite de la beauté et de l'esprit par privilège de nature, la femme surgit, à l'occasion, de l'office nocturne où les hommes prétendaient l'enfermer. Elle put alors rayonner de tout l'éclat de son intelligence comme une Catherine de Médicis, défier la mythologie elle-même en se sacrant déesse comme Diane de Poitiers, ou comme la marquise de Pompadour s'instituer prêtresse des arts et jouir ès qualités de la reconnaissance universelle.

Il serait tout à fait excessif de prétendre que la femme, comme reine ou comme favorite, a joué les grands premiers rôles dans l'histoire de la monarchie moderne. Mais, comme reine d'abord, de Catherine de Médicis à Anne d'Autriche, comme maîtresse ensuite, d'Agnès Sorel à Pompadour, elle n'a cessé d'affirmer son empire et de renforcer son éclat. Reine, elle ne se contente pas, entre deux règnes, d'assurer la soudure dynastique. Elle exerce le pouvoir avec une compétence et une autorité qui la placent souvent au premier rang des souverains, et Anne d'Autriche, par exemple, accouche durant sa longue régence, en bonne sage-femme, la monarchie absolue qui rendit possible l'acmé du règne Louis-quatorzien. Favorite, elle est souvent contemporaine de la jeunesse du règne et de ses bonheurs. Elle en partage l'éclat et lui prête son sourire; bien mieux, image de l'amour mais aussi courtisane des Muses, elle l'illustre. La femme bienfaisante, la femme bienfaitrice, le trésor de beauté et de sagesse que les poètes ont chantée, que les philosophes ont proclamée, ne s'enferma pas toujours dans le rôle joyeux, souriant et ludique d'entraîneuse des fêtes curiales; elle ne se borna pas à la satisfaction des plaisirs du roi ou à la parturition dynastique. Reine ou favorite, elle fut d'abord, elle fut essentiellement créatrice; les constructions, l'esprit, la beauté fleurirent sous ses pas, et l'Ancien Régime lui dut cette fameuse douceur de vivre, faite d'élégance, de discrétion et d'insouciance, dont bénéficièrent des élites qu'elle avait façonnées sur ses formes voluptueuses et ses grâces délicates et lumineuses. La figure du roi imposait hiératisme et contrainte. A son côté, la femme lui apporta la liberté et la vie. Elle donna à la monarchie, ainsi qu'à la cour qui l'abritait, le mouvement et la souplesse qui les garantirent du formalisme qui les guettait. Sans elle la civilisation curiale n'eût pas été ce qu'elle fut. Parfois effacée pendant de longues périodes et écartée du gouvernement du royaume, la femme triompha, soit comme reine, soit le plus souvent comme favorite, comme inspiratrice des lettres, des arts et de la culture.

CONCLUSION

Dans l'équilibre complexe obtenu par la convergence du roi, de la reine et de la favorite, le premier représenta l'élément apollinien, la dernière l'élément dionysiaque qui fit glisser sur le trio royal le souffle du désordre mais en même temps celui de la créativité, et la monarchie s'enrichit de son dérèglement même. Qu'elle fût la gardienne vigilante de l'autorité souveraine, ou l'inspiratrice amoureusement blottie contre l'épaule du prince, la femme a joué pleinement la partie que son génie lui attribuait dans une société qui ne lui reconnaissait officiellement de place que dans les rôles d'épouse ou de courtisane. Elle sut, d'une position subalterne ou triviale, faire un tremplin pour imposer son autorité ou faire reconnaître la validité de son conseil. Reine ou favorite, elle légua à la postérité un modèle de caractère qui devait marquer l'évolution de la condition féminine et servir de référence et de norme dans la lente conquête de l'égalité de ses droits.

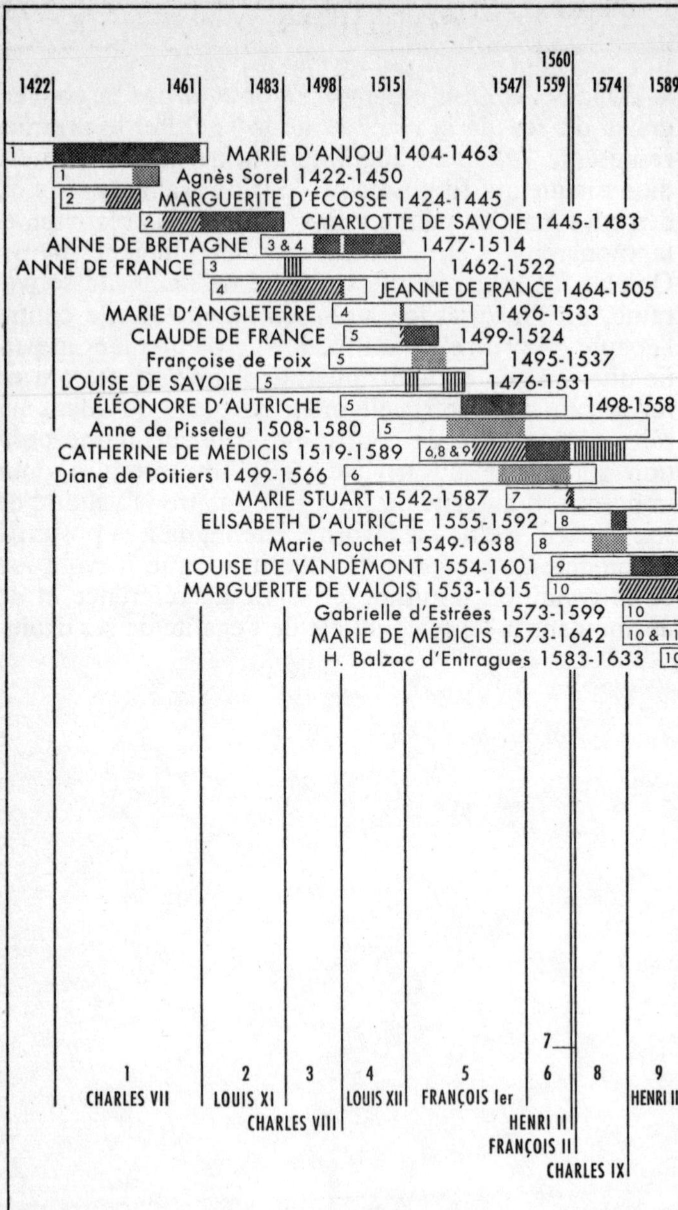
1422
1461
1483
1498
1515
1547
1559
1560
1574
1589
MARIE D'ANJOU 1404-1463
Agnès Sorel 1422-1450
MARGUERITE D'ÉCOSSE 1424-1445
CHARLOTTE DE SAVOIE 1445-1483
ANNE DE BRETAGNE 1477-1514
ANNE DE FRANCE 1462-1522
JEANNE DE FRANCE 1464-1505
MARIE D'ANGLETERRE 1496-1533
CLAUDE DE FRANCE 1499-1524
Françoise de Foix 1495-1537
LOUISE DE SAVOIE 1476-1531
ÉLÉONORE D'AUTRICHE 1498-1558
Anne de Pisseleu 1508-1580
CATHERINE DE MÉDICIS 1519-1589
Diane de Poitiers 1499-1566
MARIE STUART 1542-1587
ELISABETH D'AUTRICHE 1555-1592
Marie Touchet 1549-1638
LOUISE DE VANDÉMONT 1554-1601
MARGUERITE DE VALOIS 1553-1615
Gabrielle d'Estrées 1573-1599
MARIE DE MÉDICIS 1573-1642
H. Balzac d'Entragues 1583-1633
1 CHARLES VII
2 LOUIS XI
3 CHARLES VIII
4 LOUIS XII
5 FRANÇOIS Ier
6 HENRI II
7 FRANÇOIS II
8 CHARLES IX
9 HENRI III

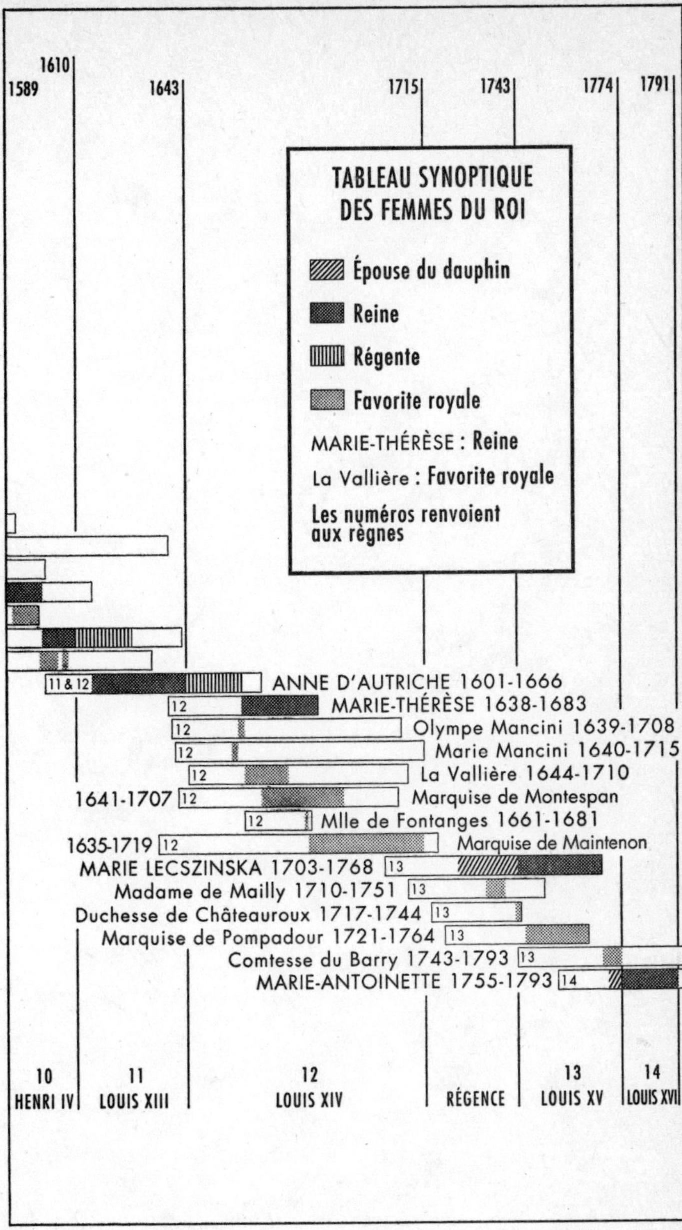

1589
1610
1643
1715
1743
1774
1791
TABLEAU SYNOPTIQUE DES FEMMES DU ROI
Épouse du dauphin
Reine
Régente
Favorite royale
MARIE-THÉRÈSE : Reine
La Vallière : Favorite royale
Les numéros renvoient aux règnes
11 & 12
ANNE D'AUTRICHE 1601-1666
12
MARIE-THÉRÈSE 1638-1683
12
Olympe Mancini 1639-1708
12
Marie Mancini 1640-1715
12
La Vallière 1644-1710
1641-1707
12
Marquise de Montespan
12
Mlle de Fontanges 1661-1681
1635-1719
12
Marquise de Maintenon
MARIE LECSZINSKA 1703-1768
13
Madame de Mailly 1710-1751
13
Duchesse de Châteauroux 1717-1744
13
Marquise de Pompadour 1721-1764
13
Comtesse du Barry 1743-1793
13
MARIE-ANTOINETTE 1755-1793
14
10 HENRI IV
11 LOUIS XIII
12 LOUIS XIV
RÉGENCE
13 LOUIS XV
14 LOUIS XVI

BIBLIOGRAPHIE

J'ai longuement hésité avant de me décider à donner une bibliographie à ce livre. Le sujet, tel qu'il est abordé ici, n'avait encore tenté aucun écrivain. En revanche les biographies, œuvres d'historiens, de romanciers ou de polygraphes, abondaient et elles étaient de qualité très inégale. J'avais d'abord été tenté de ne citer que les rares livres fraîchement parus, dont la problématique générale pouvait servir de toile de fond à ma propre entreprise. Tels étaient les ouvrages de Norbert Elias, de Jean-François Solnon, de Georges Minois. Les témoignages des contemporains, irremplaçables pour épier leurs réactions, devaient aussi trouver leur place. Mais se borner à ce parti minimal, n'était-ce pas frustrer le lecteur qui ne trouverait pas, dans ce livre, la satisfaction de toutes ses curiosités et qui souhaiterait en savoir plus sur telle reine ou favorite qui n'aura été évoquée que très rapidement et seulement dans la mesure où elle illustrait mon propos ? On trouvera donc énumérées ici de nombreuses biographies, qui ne représentent cependant que la centième partie d'une production surabondante. Mon choix est sans doute arbitraire et critiquable puisqu'il est un choix personnel; il fait place aussi à des ouvrages vieillis, parce qu'ils n'ont pas été remplacés, et parce que l'histoire d'aujourd'hui se fait aussi en partie avec l'érudition d'hier.

ANTOINE, Michel, *Le Dur Métier de roi*, Paris 1986.
ARGENSON, marquis d', *Mémoires et journal inédit*, Paris 1857.
BABELON, Henri, *Henri IV*, Paris 1982.
BALLIEU, Jacques, *Henriette de Balzac d'Entragues*, Paris 1887.
BARDON, Françoise, *Diane de Poitiers et le mythe de Diane*, Paris 1963.
BASSOMPIERRE, prince de, *Nouveaux Mémoires*, Paris 1802.
BATTIFOL, Louis, *La Vie intime d'une reine de France au XVIIe siècle, Marie de Médicis*, Paris 1931.
BELLEVAL, Marquis de, *Les Bâtards de la cour de France*, Paris 1901.
BENABOU, Erica-Marie, *La Prostitution et la police des mœurs au XVIIIe siècle*, Paris 1987.
BOUCHER, François, *Histoire du costume en Occident de l'Antiquité à nos jours*, Paris 1965.
BOUCHER, Jacqueline, *La Cour d'Henri III*, Ouest-France 1986.
BRANTÔME, *Les Dames galantes*, Paris 1947 et Folio 1981.
BRAUX, Gustave, *Louise de La Vallière*, Tours 1981.
BRETON, Guy, *La Chanson satirique*, Paris, Perrin 1967.
BURNAND, R., *La Cour des Valois*, Paris 1938.
CAMPAN, madame, *La Cour de Marie-Antoinette*, Paris 1971.
CARMONA, Michel, *Marie de Médicis*, Paris 1981.
CARRÉ, Henri, *La Marquise de Pompadour, le règne d'une favorite*, Paris 1937.
CARRÉ, Henri, *Gabrielle d'Estrées*, Paris 1935.
CASTRIES, René, duc de, *La Pompadour*, Paris 1983; *Histoire des régences*, Paris 1982.

CASTRO, Ève de, *Les Bâtards du Soleil*, Paris 1987.
CHALON, Jean, *Chère Marie-Antoinette*, Paris 1988.
CHANDERNAGOR, Françoise, *L'Allée du roi*, Paris 1981.
CHATEAUBRIAND, René de, *Analyse raisonnée de l'histoire de France*, in *Œuvres complètes*, t. X, Paris s.d.
CLEMENCEAU-JACQUEMAIRE, Madeleine, La Vie sensible de Louis XIV, Paris 1946.
CLOUSAS, Ivan, *Catherine de Médicis*, Paris 1979.
Correspondances des nonces en France, publiées par J. Lestoquoy, 1963-1972.
Correspondance secrète entre Marie-Thérèse et le comte de Marcy-Argenteau avec les lettres de Marie-Thérèse et de Marie-Antoinette, Paris 1875.
COUDEY, J., *Inventaire après décès des biens de Mme de Pompadour*, Paris 1939.
DECKER, Michel de, *Madame de Montespan*, Paris 1985.
DECRUE, F., *La Cour de France et la société au XVIIIe siècle*, Paris 1888.
DESJARDINS, E., *Anne de Pisseleu duchesse d'Étampes et François Ier*, Paris 1909.
DESMOIRESTERRES, Gaston, *Les Cours galantes*, Paris 1860-1864.
DIMIER, L., *Le Château de Fontainebleau et la cour de François Ier*, Paris 1930.
DULONG, Claude, *Anne d'Autriche*, Paris 1980; *Le Mariage du Roi Soleil*, Paris 1986.
DUMÉZIL, Georges, *Mariages indo-européens*, Paris 1979.
ELIAS, Norbert, *La Société de cour*, Paris 1974.
EMARD, P., *Tartuffe, sa vie et son milieu*, Paris 1932.
FLAMMERMONT, Jules, *Les Correspondances des agents diplomatiques étrangers avant la Révolution*, Paris 1896.
FLANDRIN, Jean-Louis, *Familles*, Paris 1976.
FLEISCHMANN, H., *Les Pamphlets libertins contre Marie-Antoinette*, rééd. Slaktine, 1976.
FLEURY, comte, *Louis XV intime et les petites maîtresses*, Paris 1899.

GALLET, Danielle, *Madame de Pompadour ou le pouvoir féminin*, Paris 1985.
GONCOURT, Edmond et Jules de, *La Duchesse de Châteauroux et ses sœurs*, rééd. 1985; *Marie-Antoinette*, rééd. Paris 1983; *La Du Barry*, Paris s.d.
GRIMAL, Pierre, sous la direction de, *Histoire mondiale de la femme*, Paris 1965.
GRIMMER, Claude, *La Femme et le bâtard*, Paris 1985.
GROULARD, Claude, *Mémoires*, in *Mémoires pour servir à l'histoire de France*, Michaud et Poujoulat 1938, t. XI.
GUIFFREY, Georges, *Lettres inédites de Diane de Poitiers*, Paris 1866.
GUYONNET DE VERTON, Claude-Charles, *La Nouvelle Pandora ou les femmes illustres du siècle de Louis Le Grand*, Paris 1698.
HAURÉAU, J. -B., *François Ier et sa cour*, Paris 1853.
HAUSSET, Mme du, *Mémoires sur Louis XV et Mme de Pompadour*, Paris 1985.
HEIM, Maurice, *François Ier et les femmes*, Paris 1956.
HENRI IV, *lettres d'amour et de guerre*, présentées par A. Lamandé, 1987.
HENRY-BORDEAUX, Paule, *Louise de Savoie, régente et « roi » de France*, Paris 1954.
HÉROARD, Jean, *Journal sur l'enfance et la jeunesse de Louis XIII (1601-1628)*, éd. E. Soulié et E. de Barthélemy, Paris 1868.
Journal d'un bourgeois de Paris sous Charles VI et Charles VII, présenté par A. Mary, Paris 1929.
KANTOROWICZ, Ernst, *The King's Two Bodies*, Princeton 1957.
LA BATUT, Guy de, *Les Amours des rois de France racontées par leurs contemporains*, Paris 1929.
LA COSTE, Hilarion de, *Les Éloges et les vies des reynes, des princesses et des dames illustres*, Paris 1667.
La Femme à l'époque moderne, XVIe-XVIIIe, Paris, Association des historiens modernistes, 1985.

LAIR, J. -A., *Louise de La Vallière*, Paris, Plon 1881.
La Magnificence de la superbe et triomphante entrée (...) de Henri II (...), Lyon 1548, publié par G. Guigne, Lyon 1927.
LANOUVELLE, colonel de, *Gabrielle d'Estrées et les Bourbon-Vendôme*, Paris 1936.
L'ESTOILE, Pierre de, *Journal pour le règne de Henri III, de Henri IV*, Paris 1943 et 1960.
LEVRON, Jacques, *La Vie quotidienne à la cour de Versailles*, Paris 1965; *Les rois de France ne divorcent jamais*, Paris 1986.
LUSSAN, mademoiselle de, *Annales galantes de la cour de Henri second*, Amsterdam 1749.
MERKI, Charles, *La Marquise de Verneuil et la mort d'Henri IV*, Paris 1912.
MEYRAC, A., *Louis XIV, sa cour, ses maîtresses, d'après Saint-Simon et L'Histoire amoureuse des Gaules.*
MICHELET, *Histoire de France*, rééd., Lausanne 1966.
MINOIS, Georges, *Le Confesseur du roi*, Paris 1988.
MONTGREDIEN, Georges, *Madame de Montespan et l'affaire des poisons*, Paris 1953.
MOUSNIER, R., *L'Age d'or du mécénat*, Paris 1985.
MUHLSTEIN, Anka, *La Femme-soleil, les femmes et le pouvoir, une relecture de Saint-Simon*, Paris, Denoël, 1976.
NÉRAUDAU, J. -P., *L'Olympe du Roi Soleil*, Paris 1986.
NICOLLE, Jean, *Madame de Pompadour et la société de son temps*, Paris 1980.
NIEL, *Portraits des personnages les plus célèbres du XVIe siècle*, Paris 1848.
NOLHAC, Pierre de, *Louis XV et madame de Pompadour*, Paris 1904.
ORLIAC, Jehanne d', *Diane de Poitiers*, Paris 1930.
OROUX, abbé, *Histoire ecclésiastique de la cour de France*, Paris 1776.
PALATINE, princesse, *Lettres*, Paris 1981.
PAUTHÉ, abbé L., *Madame de La Vallière. La Morale de Bossuet à la cour de Louis XIV*, Paris 1889.

PETITFILS, Jean-Christian, *Madame de Montespan*, Paris 1988.

PHILIPPE, Robert, *Agnès Sorel*, Paris 1983.

PICOT, E., *Les Italiens en France au XVIe siècle*, Bordeaux 1901-1918.

POMPADOUR, marquise de, *Lettres inédites*, Librairie bleue, Troyes 1986.

ROCHE, Daniel, *La Culture des apparences*, Paris 1989.

ROEDERER, *Mémoire sur la société polie en France*, Paris, Didot 1835.

ROUSSELOT, J., *La Vie passionnée de Diane de Poitiers*, Paris 1961.

ROYER, L.-Ch., *Les Cinquante-et-Une Maîtresses du Vert-Galant*, Paris 1956.

SAINT-AMAND, Imbert de, *Les Femmes de la cour des derniers Valois*, Paris 1885.

SAINTE-BEUVE, C.-A., *Causeries du lundi, portraits de femmes*, Paris s.d.

SAINT-SIMON, duc de, *Mémoires*, éd. La Pléiade, Paris 1966.

SALOMON, H.P., *Tartuffe devant l'opinion française*, Paris 1962.

SARDE, M., *Regards sur les Françaises*, Paris 1983.

SÉVIGNÉ, madame de, *Correspondance*, Paris 1972.

SOLAR, P. et DUFAU, L., *Précis historique des régences en France*, Paris 1842.

SOLÉ, Jacques, *L'Amour en Occident à l'époque moderne*, Paris 1976.

SOLNON, Jean-François, *La Cour de France*, Paris 1987.

SPANHEIM, Ezéchiel, *Relation de la cour de France*, Paris 1973.

SULLY, *Mémoires*, nouvelle édition, Paris 1788.

THIERRY, Adrien, *Diane de Poitiers*, Paris 1955.

THOMAS, Chantal, *La Reine scélérate*, Paris 1989.

THOMMASCO, N., *Relations des ambassadeurs vénitiens sur les affaires de France*, Paris 1838.

TOUDOUZE, Georges, *Françoise de Chateaubriant et François Ier*, Paris 1948.

TOUDOUZE, G., *Anne, duchesse de Bretagne et reine de France*, Paris 1959.

VALYNSEEL, J., *Les Enfants naturels de Louis XV*, Paris 1953.

VIREY, J.-J., *De l'influence des femmes sur le goût dans la littérature et les beaux-arts*, Paris 1810.

INDEX

ABBATE (NICOLO DELL'), 87.
ADAM, 209.
ADELAÏDE (Madame), 213, 228, 229.
AIGUILLON (duc d'), 212, 213, 214, 215, 216, 225, 226, 229.
ALBRET (maréchal d'), 149.
ALÈGRE (marquis d'), 60.
ALEMBERT (d'), 208, 210.
ALEXANDRE VI BORGIA, 92.
AMERVAL (NICOLAS D'), 61.
ANDOUYN (DIANE D'), 59.
ANGOULÊME (comte d'), 50.
ANNE D'AUTRICHE (reine de France), 49, 51, 52, 108, 109, 111, 115, 119, 120, 121, 122, 134, 218, 219, 243, 244.
ANNE DE BRETAGNE (reine de France), 10, 17, 30, 31, 34, 36, 50, 51, 71, 114.
ANNE DE DANEMARK, 55.
ARGENSON (marquis d'), 57, 103, 167, 187, 188.
ARGENSON (comte d'), 199.
ARGENSON (comtesse d'), 155.
AUBIGNÉ (AGRIPPA D'), 62.
AUTRICHE (cardinal d'), 66.
AUVERGNE (comte d'), 126-127, 128, 129, 130, 131, 200, 202.

BARRY (comte du), 212.
BARRY (JEANNE BÉCU, dite BEAUVARNIER, comtesse du), 20, 27, 90, 94, 203, 211-221, 226, 232.
BASCHI (Mme de), 196.
BASSOMPIERRE (maréchal de), 60.
BAUDEAU (abbé), 239.
BEAUFORT (FRANÇOIS, duc de), 133, 134, 135, 137.
BEAUJEU (ANNE DE), 50, 108, 109, 112, 113, 114, 122.
BEAUJEU (PIERRE DE), 112.
BEAUVAIS (abbé de), 94.
BEAUVAIS (Mme de), 52.
BELLAY (cardinal du), 81.
BELLAY (JOACHIM DU), 87.
BELLEGARDE, 60, 64.
BERNIS (abbé de), 91 n, 202, 203, 206, 208.
BERRY (duc de), 227, 229.
BERRYER, 203.
BERTIN, 203.
BERTRAND (JEAN), 82.
BINET, 192.
BIRAGUE (chancelier), 33.
BIRON (maréchal de), 69, 128, 129.
BLANCHE DE CASTILLE, 111, 118.
BLOIS (Mlle de), 153.
BOCCACE, 33.
BOSSUET, 21, 22, 94, 95, 96, 97, 137, 145, 146, 147.

Bouchardon, 209.
Boucher (peintre), 166, 209.
Bouillon (Henri de la Tour d'Auvergne, duc de), 32, 105, 128, 130, 133.
Bourbon (abbé de), 140.
Bourbon (duc de), 56, 57, 78, 122.
Bourdaloue, 21, 94.
Bouthillier, 120.
Boyer (Mgr), 198.
Brancas (duchesse de), 100.
Brantôme, 7, 16, 17, 20, 21, 30, 31, 34, 41, 78, 85, 163, 164.
Brezé (Louis de), 78.
Brinvilliers (marquise de), 154.
Brizon (la), 219.
Brosse (Jean de), 38.
Brûlart de Sillery, 69.
Brunetti, 209.
Buckingham (duc de), 120.
Buffon, 208.
Bussy-Rabutin, 7.

Calonne, 234.
Campan (Mme), 238, 239.
Castiglione, 33.
Castries (maréchal de), 234.
Catherine de Médicis (reine de France), 17, 30, 33, 54, 55, 59, 79, 83, 86, 108, 109, 114, 115, 116, 118, 122, 127, 173, 243.
Cellemare, 139, 238.
Cellini (Benvenuto), 16, 87.
Chabot (maréchal de France), 39.
Chalais (comte de), 120, 133.
Charles Ier, 216.
Charles (prince), 104.
Charles V, 85.
Charles VII, 11, 12, 25, 34, 37, 40, 41, 42.
Charles VIII, 31 33, 50, 112, 113, 114, 122.
Charles IX, 33, 55, 112, 115, 116, 126, 127, 128, 130.
Charles Quint, 38, 39, 60, 115, 122.
Chartres (duc de), 230, 239.
Chateaubriand (René de), 26, 42, 95, 106.
Chateaubriant (Françoise de Foix, comtesse de), 36, 37, 38, 164, 165, 175, 176.
Chateauneuf (Renée de), 12.
Chateauroux (Marie-Anne de Nesles, marquise de la Tournelle, duchesse de), 100, 104, 105, 167, 170, 171, 172, 189, 191, 192.
Châtillon (Mme de), 232.
Châtillon (duc de), 105.
Chavigny, 120.
Cheverny (chancelier), 60, 61, 63, 69.
Chevreuse (Mme de), 134.
Choiseul (Étienne-François de Stainville, duc de), 54, 193, 194, 200, 203, 211, 212, 213, 214, 215, 216, 217, 218, 220, 225, 226, 229.
Choiseul-Romanet (comtesse de), 200.
Cinq-Mars, 120, 133.
Claude de France (reine de France), 35, 51.
Clément VI, 59.
Clément VIII, 69.
Clermont (général de), 207.
Coigny (duc de), 233, 238.
Colbert (Jean-Baptiste), 209.
Concini, 116-117.
Condé (prince de), 120, 133, 134.
Condé (Louis Joseph de Bourbon, prince de), 236.
Condorcet, 101.
Conti (prince de), 194, 199.
Conti (princesse de), 193, 194.
Cossé (Mme de), 229.
Crébillon, 208, 210.

Damiens, 202.
Delorme (Philibert), 16, 87.
Diderot, 208.
Dillon, 233.
Dixhommes (avocat), 35.

Dubois (cardinal), 138.
Duclos, 208.
Dupont de Nemours, 208.

Éléonore d'Autriche (reine de France), 38, 78.
Entragues (François de Balzac d'), 127, 128, 130, 131.
Entragues (Henriette d'), 13, 18, 45, 46, 47, 49, 54, 69, 127, 128, 129, 130, 131, 132, 170, 174, 175.
Épernon (duc d'), 60, 116, 117, 129, 130, 131, 132.
Escoman (Mlle d'), 131-132.
Essarts (Charlotte des), 46, 132.
Estrades (Mme d'), 200.
Estrées (Antoine d'), 61, 67.
Estrées (Diane d'), 60.
Estrées (Gabrielle d'), 15, 19, 23, 46, 53, 58, 59, 60, 61, 62, 63, 64, 65, 66, 67, 68, 69, 70, 71, 73, 93, 127, 132, 169, 175, 178, 179, 180.
Étampes (Anne de Pisseleu, duchesse d'), 13, 37, 38, 39, 40, 76, 77, 82, 164, 175, 176.

Falconet, 209.
Ferdinand (grand-duc de Toscane), 53, 54, 64, 69.
Fersen, 233.
Fitz-James, 105.
Fitz-James (duc de), 212.
Flaming (Marie), 82.
Flavacourt (Mlle de Nesle, comtesse de), 192.
Fleury (cardinal de), 22, 99, 100, 101.
Fontanges (duchesse de), 142, 153-154, 155, 157, 177, 180.
Fontenelle, 191.
Fouquet (Mlle), 201.
François Ier, 11, 13, 20, 31, 32, 33, 34, 35, 36, 37, 38, 40, 51, 59, 76, 78, 114, 115, 164, 175.
François II, 79, 115.
François II (duc de Bretagne), 50.
Frédéric II, 202, 205.
Fréteau (conseiller), 235.

Gabriel, 209.
Galigaï (Leonora), 116.
Geoffrin (Mme), 191.
Girard (Bernard de), 41.
Gondi, 33.
Gontaut (duc de), 202.
Goujon (Jean), 87.
Goupil (inspecteur), 239.
Gourdan (La), 219.
Gouthery (jésuite), 93.
Gramont (Mme de), 213.
Gramond, 198.
Groulard (président), 19, 68, 69, 127.
Guibourg (abbé), 155-156.
Guines, 233.
Guise (maison de), 55, 66.
Guise (duc de), 116.
Guise (Mlle de), 62.
Guise (Mme de), 62, 66.

Habert, 77.
Hannebaut (amiral de France), 39.
Hausset (Mme du), 200.
Helvetius, 208.
Henault (Mlle), 201.
Henri II, 13, 14, 33, 39, 40, 55, 59, 75, 76, 78, 79, 80, 81, 82, 83, 84, 85, 86, 87, 88, 98, 115.
Henri III, 54, 55, 60, 116, 163.
Henri IV, 13, 15, 18, 19, 21, 23, 24, 25, 26, 40, 45, 47, 48, 53, 58, 59, 61, 62, 63, 64, 65, 66, 67, 68, 69, 70, 71, 72, 93, 102, 114, 116, 119, 126, 127, 128, 129, 130, 132, 134, 137, 138, 139, 167, 168, 170, 175, 178, 179, 218.
Henri VIII, 113, 114.
Hérouard (médecin), 46.
Hugo (Victor), 78.

Isabelle de Suède, 55.

Jeanne d'Arc, 41.
Jeanne de France, 51, 71, 114.

JOSEPH II, 230.

KAUNITZ, 206.

LA CHAISE (père de), 93.
LACORDAIRE, 95.
LA FAYETTE (Mme de), 31.
LA FERTÉ-IMBAULT (Mme de), 191.
LA MARCK (ROBERT, maréchal de), 81.
LAMBALLE (prince de), 239.
LAMBALLE (princesse de), 229, 232, 239.
LA MOTTE (comtesse de), 239.
LA POUPLINIÈRE (Mme de), 192.
LA REYNIE, 156.
LASSURANCE, 209.
LAURAGAIS (Mme de), 192.
LAUTREC, 36, 37.
LAUZUN (duc de), 233.
LAVAL, 198.
LA VALLIÈRE (FRANÇOISE-LOUISE DE LA BEAUME LEBLANC, duchesse de), 26, 48, 96, 97, 136, 142, 144, 145, 146, 147, 148, 155, 156, 157, 165, 169, 176, 177, 219.
LA VAUGUYON (duc de), 118, 198, 227, 229, 231.
LE BEL, 192, 201, 212.
LECZINSKI (STANISLAS), 56, 57.
LEMAIRE DE BELGES, 31.
LENCLOS (NINON DE), 149.
LE NORMANT DE TOURNEHEM, 189, 191, 209.
LENZI (LORENZO), 98.
LESCUN, 36.
LESDIGUIÈRES (connétable de), 130.
LESPARRE, 36.
L'ESTOILE, 23, 55, 56, 63.
L'HÔPITAL (marquise de), 214.
LINIÈRE (père de), 103.
LOMÉNIE DE BRIENNE (cardinal), 235.
LONGUEVILLE (duc de), 130.
LORRAINE (duc de), 50.
LORRAINE (CHARLES, cardinal de), 81.
LOUIS IX, 74, 112.
LOUIS XI, 51, 109, 112, 113, 122.
LOUIS XII (LOUIS, duc d'Orléans), 33, 35, 51, 71, 111, 112, 114, 115.
LOUIS XIII, 46, 49, 72, 111, 116, 117, 118, 119, 120, 126, 133, 134, 138.
LOUIS XIV, 12, 15, 18, 21, 22, 48, 51, 52, 58, 85, 88, 93, 97, 102, 119, 121, 122, 125, 126, 136, 137, 139, 141-160, 161, 165, 169, 177, 218.
LOUIS XV, 12, 19, 24, 25, 45, 49, 56, 57, 89, 93, 94, 99, 102, 103, 104, 105, 139, 140, 162, 166, 169, 170, 171, 178, 181, 189, 191, 192, 197, 200, 201, 202, 203, 204, 205, 206, 207, 208, 209, 211, 212, 214, 215, 216, 218, 219, 220, 225, 232, 240.
LOUIS XVI, 25, 54, 106, 140, 225, 226, 227, 229, 230, 231, 233, 235, 236, 240, 241.
LOUISE DE SAVOIE, 35, 37, 38, 108, 109, 114, 115, 122.
LUC (marquis du), 140.
LUDRES (Mme de), 153.
LUXEMBOURG (maréchal de), 155.
LUYNES (duchesse de), 202, 238.

MACHAULT D'ARNOUVILLE, 199, 202, 204.
MADAME (HENRIETTE D'ANGLETERRE), 142.
MAGNY (OLIVIER DE), 87, 90-91.
MAILLY (LOUISE JULIE DE NESLE, comtesse de), 22, 99, 100, 101, 170, 171, 181, 182, 189, 192.
MAINE (duc du), 136, 138, 139, 145, 150, 160.
MAINE (duchesse du), 138, 139.
MAINIÈRES (président de), 204.
MAINTENON (FRANÇOISE D'AUBIGNÉ, veuve SCARRON, mar-

quise de), 58, 95, 142, 149, 150, 151, 152, 156, 157, 158, 159, 160, 165, 166, 169, 173, 196, 214.
MALESHERBES, 207.
MANCINI (LAURE), 135.
MANCINI (MARIE), 51, 52.
MANCINI (OLYMPE), 52.
MARAIS (Mathieu), 68.
MARGUERITE (reine de France), 59, 61, 63, 64, 71, 129, 223.
MARIE-ANTOINETTE (reine de France), 10, 20, 54, 121, 181, 218, 223-241.
MARIE LECZINSKA (reine de France), 44, 49, 56, 57, 58, 198.
MARIE DE MÉDICIS (reine de France), 18, 45, 47, 49, 53, 61, 64, 69, 71, 72, 108, 109, 111, 115, 116, 117, 118, 122, 128, 129, 132.
MARIE-THÉRÈSE D'AUTRICHE, 20, 54, 205, 226.
MARIE-THÉRÈSE (reine de France), 48, 52, 142, 144, 157, 173, 174, 206.
MARIE-STUART (reine de France), 10, 49.
MARIGNY (marquis de), 209.
MARIVAUX, 191.
MARMONTEL, 208.
MAROT (JEHAN), 31.
MARSAN (Mme de), 228.
MARSILLY (marquis de), 149.
MAUPÉOU, 214, 215, 216, 218, 239.
MAUREPAS (comte de), 170, 199, 229, 231, 234.
MAXIMILIEN (archiduc), 231.
MAXIMILIEN D'AUTRICHE, 50.
MAYENNE (CLAUDE DE LORRAINE, duc de), 65, 66, 81, 116.
MAZARIN (cardinal), 51, 52, 108, 119, 121, 134, 135, 218, 219.
MAZARIN (Mme de), 232.
MÉDICIS (COSME), 81.
MERCŒUR (LOUIS, duc de), 133, 135, 136.
MERCŒUR (FRANÇOISE DE), 132.
MERCY-ARGENTEAU (comte de), 237.
MIREPOIX (duc de), 205.
MIREPOIX (maréchal de), 214.
MONACO (Mme de), 232, 236.
MONTBAZON (Mme de), 134.
MONTESPAN (marquis de), 145, 148.
MONTESPAN (marquise de), 18, 19, 22, 26, 48, 93, 95, 136, 142, 144, 145, 146, 147, 148, 150, 151, 152, 153, 154, 155, 156, 157, 158, 160, 165, 166, 169, 174, 180.
MONTESQUIEU, 191.
MONTMORENCY (HENRI, connétable de), 39, 76, 79, 82, 83, 127, 143.
MONTMORENCY (princesse de), 214.
MONTPENSIER (Mlle de), 62, 66.
MONTPENSIER (duchesse de), 163.
MONTPENSIER (duc de), 129.
MORET (ANTOINE DE), 47, 123.
MORET (comtesse de), 47, 130, 131.
MURPHY (MARIE-LOUISE), 201.
MUY (du), 198, 229.

NATTIER, 209.
NAVARRE (CATHERINE DE), 19.
NAVARRE (MARGUERITE DE), 35, 114.
NICOLAY (Mgr), 198.
NOAILLES (Mme de), 228.

ŒILLETS (Mlle des), 155-156.
OLIVIER (FRANÇOIS), 82.
ORLÉANS (duc d'), 236-237.
ORLÉANS (GASTON D'), 120, 133, 134.
ORLÉANS (PHILIPPE, duc d', régent), 136, 138.

PALATINE (princesse), 136, 146, 149.

PARIS DE MONTMARTEL, 190, 192, 199.
PARIS DU VERNEY, 199, 209.
PAUL III, 81, 98.
PHILIPPE III (roi d'Espagne), 130.
PHILIPPE IV (roi d'Espagne), 51.
PHILIPPE V (roi d'Espagne), 138, 187.
PICQUIGNY (Mme de), 229, 239.
PIGALLE, 209.
PIRON, 210.
POISSON (Mme), 189, 131, 192.
POITIERS (DIANE DE), 12, 13, 14, 19, 25, 26, 39, 40, 75, 76, 77, 78, 79, 80, 81, 82, 83, 84, 85, 86, 87, 88, 90, 98, 99, 173, 243.
POLIGNAC (comtesse de), 155.
POLIGNAC (comtesse JULES DE), 232.
POMPADOUR (JEANNE ANTOINETTE POISSON, marquise de), 17, 19, 24, 27, 40, 42, 88, 91, 166, 174, 178, 179, 181, 182, 183, 184, 185, 188-210, 211, 217, 229, 243, 244.
PORTAIL (Mme), 192.
PRASLIN (duc de), 203.
PRÉVOST (abbé), 191.
PRIE (Mme de), 56, 57.
PRIMATICE, 38, 87.
PROVENCE (comte de), 236, 238.

QUENTIN LA TOUR, 209.
QUESNAY, 178, 208.

RABAUD (pasteur PAUL), 205.
RADONVILLIERS (père), 229.
RAMBOUILLET (Mme de), 31.
RAVAILLAC, 131-132.
RETZ (cardinal de), 134.
RICHARD III, 113.
RICHELIEU (cardinal de), 108, 118, 119, 120, 121, 133, 134.
RICHELIEU (duc de), 100, 171, 172, 181, 182, 192, 200, 205, 212, 213, 214.
ROBERT (Mlle), 201.
ROCHECHOUART (Mme de), 192.
ROHAN (cardinal de), 103, 234, 240.
ROMANS (Mlle de), 140.
RONSARD, 87.
ROURE (comtesse du), 155.
ROUSSEAU (JEAN-JACQUES), 208.

SAINT-CYR (abbé de), 198.
SAINT-MÉGRIN (Mme de), 229.
SAINT-SIMON (duc de), 18, 125, 136, 149.
SAINTE-MARTHE (CHARLES), 31.
SAULX-TAVANNES (JEAN DE), 34.
SCARRON, 149.
SÉGUIER (chancelier), 120.
SÉGUR, 234.
SÉVIGNÉ (Mme de), 48, 152, 153, 166.
SOISSONS (comte de), 133.
SOISSONS (comtesse de), 155.
SOLIMAN, 115.
SOREL (AGNÈS), 11, 34, 36, 40, 41, 42, 169, 180, 219, 244.
SOUBISE (maréchal de), 202, 207, 214.
SOUBISE (Mme de), 153, 177.
SOUFFLOT, 209.
SOURDIS (Mme de), 60, 61.
STAHRENBERG, 206.
STANHOPE, 138.
STROZZI (PIETRO), 33.
SULLY (duc de), 69, 129, 212.

TASSAERT, 209.
TENCIN (Mme de), 100, 191, 192.
TERRAY (abbé), 214, 216, 218.
THOU (de), 133.
TILLET (Mlle du), 132.
TOUCHET (MARIE), 126-127, 128.
TOULOUSE (comte de), 136, 153.
TOURNON (cardinal de), 39.
TRUSSON (Mlle), 201.
TURGOT, 208, 229.

VALENTINOIS (duchesse de), 214, 232.
VAN DYCK, 216.
VAN LOO (CARLE), 209.

VAUDEMONT (LOUISE DE, reine de France), 54, 55.
VENDÔME (ALEXANDRE DE), 67, 132, 133.
VENDÔME (CESAR DE), 46, 63, 64, 69, 132, 133, 134, 135.
VENDÔME (CATHERINE DE), 132.
VERBRECHT, 209.
VERGENNES (comte de), 229, 231.
VERMANDOIS (COMTE DE), 144.
VERMOND (abbé de), 227.
VERNEUIL (HENRI DE), 46, 47, 130, 132.
VEXIN (comte de), 150.
VIEFVILLE (CÉCILE DE), 30.
VIGÉE-LEBRUN (Mme), 235.
VILLEROY (maréchal de), 100.
VINTIMILLE (FÉLICITÉ DE NESLE, (Mme de), 140, 170, 189.
VITRY (bailli de), 39.
VIVONNE (général de), 145.
VIVONNE (Mme de), 155.
VOISIN (La), 144, 155.
VOLTAIRE, 17, 206, 208, 210.

TABLE DES MATIÈRES

Introduction. – La reine plurielle 7

I. – La cour des dames 29
II. – Mariages 43
III. – Mortelles et déesses................ 73
IV. – L'Adultère royal et l'Église........ 89
V. – La reine-régente ou l'éclipse du soleil 107
VI. – Favorites, bâtards et complots....... 125
VII. – Les trois femmes du grand roi...... 141
VIII. – Les artifices de la séduction...... 161
IX. – Le ministère de l'idéal.............. 187
X. – Un duel inégal : ministre contre favorite 211
XI. – La déchéance d'une reine 223

Conclusion................................. 243

Tableau synoptique des reines et des favorites 246

Bibliographie 249

Index 257

Cet ouvrage a été réalisé par la
SOCIÉTÉ NOUVELLE FIRMIN-DIDOT
Mesnil-sur-l'Estrée
pour le compte des Éditions Hachette
en août 1990

Imprimé en France
Dépôt légal : 9103, septembre 1990
N° d'édition : 90070/15817 – N° d'impression : 15080
23.42.4078.01.4
ISBN : 2.01.011356.X
ISSN : 0768.0074